Le ragazze della spiaggia

Judith Keim

LIBRI DI JUDITH KEIM

LA SERIE DELLE DONNE HARTWELL:

L'albero che parla – 1
Chiacchiere dolci – 2
Chiacchiere dirette – 3
Chiacchiere infantili – 4
Le donne Hartwell – Cofanetto

LA SERIE DEGLI HOTEL DELLA CASA SULLA SPIAGGIA:

Prima colazione all'Hotel The Beach House - 1
Pranzo al Beach House Hotel - 2
Cena al Beach House Hotel - 3
Natale al Beach House Hotel - 4
Margarita al Beach House Hotel - 5
Dolce al Beach House Hotel - 6

IL GRUPPO DEI VENERDÌ GRASSI:

Venerdì grasso - 1
I sabati di Sassy - 2
Domeniche segrete - 3

LA SERIE DI SALTY KEY INN:

Trovarmi - 1
Trovare la mia strada - 2
Trovare l'amore - 3
Trovare la famiglia - 4
La serie Salty Key Inn - Cofanetto

LIBRI DEL SEASHELL COTTAGE:

Una stella di Natale
Cambiamento di cuore
Un'estate di sorprese

Un viaggio in auto da ricordare
Le ragazze della spiaggia

LA SERIE DELLA LOCANDA DI CHANDLER HILL:
Andare a casa - 1
Tornare a casa - 2
Finalmente a casa - 3
La serie Chandler Hill Inn - Cofanetto

LA SERIE DELLA LOCANDA DELLA SALVIA DEL DESERTO:
I fiori del deserto - Rosa - 1
I fiori del deserto - Giglio - 2
I fiori del deserto - Salice - 3
I fiori del deserto - Vischio e agrifoglio - 4

LE ANIME SORELLE AL CEDAR MOUNTAIN LODGE:
Sorelle di Natale - Antologia
Baci di Natale
Castelli di Natale
Storie di Natale - Antologia Soul Sisters
Gioia di Natale

LA SERIE DELLA LOCANDA DI SANDERLING COVE:
Onde di speranza -
Auguri di sabbia - (2023)
Baci salati - (2023)

ALTRI LIBRI:
L'ABC della convivenza con un bassotto
C'era una volta un'amicizia - Antologia

Vincere alla grande - una piccola storia d'amore per tutte le età

Speranze per le vacanze

I biglietti vincenti - (2023)

Per maggiori informazioni: www.judithkeim.com

Le ragazze della spiaggia

I racconti del Seashell Cottage

Judith Keim

WILD QUAIL PUBLISHING

Le ragazze della spiaggia è un'opera di fantasia. Nomi, personaggi, luoghi, istituti pubblici o privati, corporazioni, città e avvenimenti sono il prodotto dell'immaginazione dell'autrice o sono usati in modo fittizio. Qualsiasi somiglianza con eventi reali, stabilimenti commerciali, o persone vive o morte, è casuale.

wildquail.pub@gmail.com
www.judithkeim.com

Pubblicato negli Stati Uniti da:

Wild Quail Publishing
PO Box 171332
Boise, ID 83717-1332

ISBN# 978-1-962452-40-3

Traduzione dall'inglese a cura di **Well Read Translations**

DEDICA

Questo libro è dedicato a tutte le donne, per onorare la vostra forza e la capacità di sostenervi a vicenda nei momenti di bisogno. Auguro a ciascuna di voi di poter contare su questo tipo di sostegno e di conoscere l'amore, un amore per sempre.

CAPITOLO UNO

CATE

Catherine "Cate" Tibbs fissava fuori dalla finestra dell'ufficio di casa i pini che delimitavano il cortile della sua proprietà a nord di New York, per osservare il modo in cui il vento e la pioggia della tempesta autunnale facevano ondeggiare i rami fitti di aghi verdi come leggiadre ballerine. Non le venivano facilmente le parole che voleva mettere sullo schermo del computer per il nuovo libro che stava scrivendo. Sapeva perché. Non riusciva a smettere di pensare a quando lei e le sue due migliori amiche erano diventate 'le ragazze della spiaggia'. Erano un trio di tredicenni davvero strano, ma in qualche modo la loro amicizia si era consolidata ed era rimasta negli anni. Ovvero fino a poco tempo prima. Da diversi mesi non aveva più notizie né di Amber né di Brooke.

Cate si mise comoda sulla sedia, prese qualche appunto prima di allontanarsi dalla scrivania, poi andò in cucina e si preparò una tisana. *È ora di mettersi in moto*, pensò. Lei e le sue amiche avrebbero compiuto quarant'anni l'anno successivo e Cate aveva un piano.

Afferrò dal lato del frigorifero la sua foto preferita di loro tre da giovani, quando la loro amicizia era appena nata. La famiglia di Brooke aveva invitato Cate e Amber a trascorrere un paio di giorni nella propria lussuosa casa estiva, sulla costa di Long Island. Nella fotografia erano tutte e tre in costume da bagno e stavano sedute in fila sulla sabbia di fronte alla casa, mentre si tenevano per mano e guardavano il padre di Brooke. Si erano appena definite "le ragazze della spiaggia" e pensavano che fosse la cosa più bella del mondo. Il padre di Brooke rideva con loro mentre scattava foto.

Cate mise la fotografia sotto la luce. Brooke aveva trovato l'originale qualche anno prima e ne aveva fatto delle copie per Amber e per lei. Brooke era la ragazza in carne con i capelli rossi al centro. Aveva gli occhi verdi incorniciati da occhiali marroni, portava l'apparecchio e il suo sorriso di solito vacillava un po' per l'insicurezza, ma quel giorno, con la presenza del padre, era ampio. Amber era seduta alla sua destra. Già bella, con i capelli biondo naturale, gli occhi azzurri e la figura alta e slanciata, Amber aveva uno stile deciso e una sfacciataggine che fin dall'inizio avevano incuriosito Cate, ma che in realtà copriva molte ferite.

Poi Cate posò lo sguardo sulla versione più giovane di se stessa. I lunghi capelli castani erano legati all'indietro in una coda di cavallo. Gli occhi marroni fissavano il mondo con curiosità e l'espressione seria nascondeva molta timidezza. Pensò che fosse interessante il modo in cui, crescendo, fossero diventate persone diverse, pur restando in più di un senso le stesse.

Dopo aver preparato la tisana, si sedette al tavolo della cucina, incerta su chi chiamare per prima. Amber era l'assistente personale del proprietario dell'agenzia Galvin Modeling e ogni tanto faceva la modella per uno dei loro clienti, un'azienda di profumi. Forse stava facendo un servizio fotografico con loro. Senza la possibilità che Amber si unisse a loro, probabilmente Brooke non avrebbe voluto lasciare la California. Era sempre stato così. O tutte e tre o niente. Forse perché si equilibravano a vicenda.

Cate bevve un sorso di tisana calda e si interrogò su un luogo perfetto per l'incontro che sperava di organizzare. Poi le venne in mente. Due anni prima, quando stava lottando per rispettare una scadenza editoriale, il suo agente le aveva parlato di un posto chiamato Seashell Cottage. Era il luogo perfetto per un ritiro, si trovava sulla spiaggia lungo la costa del Golfo della Florida. Anche se veniva chiamato cottage, si trattava di un'elegante casa con tre camere da letto, ognuna con bagno annesso, una cucina moderna, una piscina e un centro benessere, entrambi privati e coperti.

Cate era entusiasta della possibilità e si affrettò a tornare alla scrivania per consultare le informazioni sul cottage. Su internet sembrava incantevole come lo ricordava. Controllò il calendario. Pensò che il primo fine settimana di novembre sarebbe potuto andare bene. Sarebbe stato dopo Halloween e in anticipo rispetto alle vacanze di Natale e del Ringraziamento, il che avrebbe evitato problemi anche a una mamma impegnata come Brooke. Durante le feste, Amber era solita viaggiare in posti insoliti per evitare di dover passare del tempo con la madre. Per quanto riguardava lei stessa, era disponibile in qualsiasi momento. Non aveva una famiglia degna di quel nome, la relazione con il fidanzato di lunga data era tale che non sarebbe stato un problema staccare per un fine settimana lungo e inoltre non avrebbe dovuto consegnare il successivo libro all'editore prima di sei mesi. Per quel libro, quello a cui stava lavorando, aveva le idee già piuttosto chiare: il vantaggio di scrivere una serie di successo, ambientata in un mondo di sua creazione.

Cate ricordò a se stessa che Amber sarebbe stata felice di sentirla e sollevò il telefono per chiamarla. Di solito, Amber la metteva un po' in soggezione, prima che la conversazione decollasse.

Quando arrivò il messaggio vocale di Amber, Cate si sentì quasi sollevata. Amber era un topo di città rispetto a lei, che si sentiva un topo di campagna. Stava per chiudere la chiamata quando sentì una voce che diceva:

"Pronto? Pronto? Sei tu Cate?"

"Amber? Ciao!"

"Ehi, tesoro, come stai? Da quanto tempo..."

"Lo so," rispose Cate. "Troppo. È per questo che ti chiamo, ho un'idea. Dovremmo trovarci per festeggiare i nostri compleanni. È un anno importante per tutte noi, potremmo iniziare a festeggiare in anticipo."

"Festeggiare? Nel mio lavoro compiere quarant'anni equivale a compierne ottanta."

"Ma non lavoriamo tutte nella moda," disse Cate. "E incontrarci farà bene a tutte e tre, anche se non festeggiamo. Mi mancate, sono passati quasi due anni dall'ultima volta che ci siamo trovate... e non parliamo da allora. Non possiamo permettere che passi tutto questo tempo."

"Hai ragione," rispose Amber. "Siete le mie migliori amiche. Va tutto bene?"

"Ho un sacco di pensieri," le disse Cate con sincerità. "È per questo che dobbiamo vederci."

"Oh, va bene," accettò in fretta Amber. "Dove? A quali giorni stavi pensando?"

Cate le parlò del Seashell Cottage e del fine settimana lungo che sperava di organizzare.

"Ci sono," disse Amber. "C'è qualcosa nella tua voce che mi preoccupa. Me lo diresti se ci fosse qualcosa che non va, vero?"

"Certo," confermò Cate. "Tu stai bene?"

"Sempre la solita storia, ma potrebbe tornarmi utile qualche spunto da parte vostra. Fammi sapere se Seashell Cottage è disponibile così me lo segno sul calendario."

"Va bene, ti aggiorno, li chiamo subito."

Cate era al telefono dell'ufficio che parlava con l'agenzia per l'affitto quando le arrivò una chiamata sul cellulare. Mise in attesa, terminò rapidamente la discussione con l'agenzia immobiliare, prese il cellulare e cinguettò: "Ciao, Brooke!"

"Ciao, Cate! Ho appena parlato al telefono con Amber. Mi

ha detto del tuo piano. Mi ha anche detto che era preoccupata per te. Va tutto bene?"

"Sì, ma mi sei mancata e penso che dovremmo vederci per festeggiare i nostri compleanni. Amber odia l'idea di compiere quarant'anni, ma è sempre meglio dell'alternativa... La parte più importante è stare di nuovo insieme."

Brooke ridacchiò. "Beh, sai com'è Amber riguardo al suo fisico. Deve essere perfetta e compiere quarant'anni è stressante, nel settore della moda. A quali giorni pensavi?"

"Sembra che il cottage sia libero il primo fine settimana di novembre. Ti può andare bene?"

"Farò in modo di organizzarmi," disse Brooke. "Mi farà bene al cuore passare un po' di tempo con voi due. Mandami tutte le informazioni e ci vedremo a novembre. Mancano solo quattro settimane. Non vedo l'ora!"

Cate sentì l'eccitazione nella voce di Brooke e sorrise. "Fantastico. Confermo tutto e siamo a posto."

"Mandami il conto. Questo lo pago io," disse Brooke.

"Vedremo," disse Cate, che non voleva accettare l'offerta di Brooke senza il parere di Amber. Brooke era molto generosa, lo era sempre stata, e a volte Amber si sentiva a disagio. Era cresciuta povera e si preoccupava che gli altri dovessero pagare per lei. Inoltre, in quel momento ognuna di loro era in grado di pagare la propria parte.

Dopo aver preso gli ultimi accordi con l'agenzia di affitto, Cate inviò messaggi di conferma ad Amber, Brooke e al suo agente, poi chiamò le compagnie aeree. Aveva pensato per un attimo di guidare e allungare la vacanza, ma dopo averci riflettuto meglio, scelse di volare, noleggiare un'auto e rimandare qualsiasi decisione sul prolungamento del fine settimana. La verità era che, come aveva detto ad Amber, aveva bisogno di quei giorni per riflettere su alcune questioni.

Sentì il rumore di qualcuno che entrava dalla porta sul

retro e si alzò. Jackson Hubbard era la fonte delle sue preoccupazioni. Andò a salutarlo.

Le si riempì il cuore alla vista dell'uomo in piedi nella sua cucina. Sembrava riempire la stanza con la sua figura alta e le spalle larghe. Il sorriso sul volto gli increspava la pelle all'angolo degli occhi azzurri e irradiava felicità nel vederla.

"Ciao, tesoro! Come va il romanzo?" chiese mentre si sfilava la giacca e posava una borsa della spesa sul bancone della cucina. "Ho comprato della pasta fresca. Che ne dici dei miei famosi spaghetti, stasera?"

"Famosi, eh?" Cate rise mentre lo abbracciava e gli si accoccolava contro il petto forte. "Direi che è perfetto."

Si distaccarono e si sorrisero a vicenda.

"Come sono stati i bambini, oggi?" chiese lei.

"Irrequieti. Ogni anno diventa più difficile controllare quelli che si annoiano, quando invece dovrebbero ascoltare il loro straordinario insegnante di biologia." Sospirò. "Davvero, mi servirebbe già una pausa e l'anno scolastico è appena iniziato. Ho la sensazione che sarà lungo e difficile."

"Mi dispiace," rispose lei. "A proposito di pause, all'inizio di novembre andrò in Florida con Amber e Brooke per un fine settimana lungo."

"Bello. Non vedi le tue migliori amiche da un po', vero?"

"Sono passati quasi due anni. Non vedo l'ora di incontrarle per scambiare aggiornamenti con loro. Possono succedere un sacco di cose in tutto questo tempo."

"È vero," disse con solennità Jackson. "Come è capitato a noi."

Cate annuì, era troppo combattuta per dire qualcosa. Aveva ancora tante faccende a cui pensare. Lui voleva un matrimonio e dei figli e lei non era ancora pronta. Ciò che per lui era semplice e facile, per lei non lo era affatto.

Il pensiero le andò alla zia, che era stata costretta ad

accoglierla quando la madre se ne era andata dicendo che si sarebbe fatta sentire. Non era successo. Poco dopo aver lasciato Cate con zia Margaret, la madre morì in un incidente stradale che lasciò Cate, a soli cinque anni, nelle mani di una donna che non l'aveva voluta. Crescere la figlia di qualcun altro non faceva per lei: zia Margaret brontolava spesso mentre preparava la cena in serate che si protraevano lunghe e silenziose.

La voce di Jackson fece trasalire Cate dai vecchi e tristi ricordi che albergavano nella sua mente. "Ho comprato un buon pinot nero. Beviamo un bicchiere e poi inizio a preparare il sugo per gli spaghetti."

Il rumore dei grattini alla porta attirò la loro attenzione.

Lei si avvicinò all'entrata posteriore. "Faccio entrare Buddy. Ha fatto il bravo al centro per cani. Lì lo adorano."

Un bassotto dal pelo liscio, nero e marrone irruppe dalla porta aperta, corse verso di lei e la fissò, scodinzolando tanto furiosamente che tutto il corpo gli tremolava. Lei ridacchiò e si chinò a grattargli le orecchie. "Ciao, piccolo!"

Sapeva che chiunque l'avesse sentita avrebbe riso per il modo in cui parlava al cane, ma non le importava. Buddy era come un figlio per lei. L'unico che Cate aveva pensato di volere.

"È bello per lui uscire con altri cani, ma mi manca quando non c'è," disse. "E questo è un giorno in cui le sue buffonate non mi avrebbero dato fastidio. Non riesco a trovare una motivazione che spinga Serena a lottare per la supremazia dei Galeon. Deve essere qualcosa di diverso dal solito. Anche se si tratta di fantascienza, deve avere un senso. Inoltre,i suoi sentimenti per Rondol sono troppo intensi, la fanno sembrare debole."

Jackson le porse un bicchiere di vino. "La passione non è un segno di debolezza, Cate," le rispose dolcemente.

Aveva ragione. Lei lo sapeva. Sapeva anche che non stava parlando dei personaggi del suo libro. Accettò il vino e aspettò in silenzio che Jackson sollevasse il bicchiere per il loro solito brindisi.

Il vino vellutato le scivolò in gola e le ricoprì la lingua con un finale morbido e fruttato. Lei e Jackson si erano conosciuti sette anni prima, a un corso di scrittura. Erano andati subito d'accordo e in poco tempo erano passati dall'amicizia all'amore. Ma in quel momento Jackson voleva di più: matrimonio e figli. E sebbene lei lo amasse, il pensiero di avere dei figli con lui la spaventava. Non si vedeva nei panni di genitore. La madre e la zia non erano state dei buoni esempi da seguire. Temeva che quella mancanza di amore materno fosse una questione genetica...

"Ti amo Jackson, più di quanto tu possa mai sapere," disse, con la speranza che lui capisse tutto quello che gli stava cercando di dire.

"Ma non abbastanza per sposarmi," rispose lui, con una familiare frustrazione che gli contorceva il volto. Posò il bicchiere di vino. "Siamo migliori amici e grandi amanti. A quarantasei anni, non voglio aspettare ancora per avere dei bambini. Quando un nostro figlio prenderà la sua strada, io avrò quasi settant'anni. Sempre che tu rimanga incinta subito."

"E se ci fossero delle complicazioni? Potrebbe essere terribile sia per te che per il bambino."

"Come insegnante di biologia, so quanto facilmente possa accadere. Ma tu sei sana e ancora abbastanza giovane per avere figli." La avvolse in un abbraccio. "Inoltre, ti amo più di ogni altra cosa. Mi prenderò sempre cura di te."

"Ti amo anch'io," mormorò Cate, che si sentiva al sicuro tra le sue braccia. Lui non l'avrebbe mai delusa. Lei sperava solo che la pensasse diversamente, sulla necessità di sposarsi e di avere figli. Tuttavia, aveva ragione, il tempo passava in fretta per entrambi.

CAPITOLO DUE

BROOKE

Brooke Ridley Weston chiuse la telefonata con Cate e fissò fuori dalla finestra della cucina i bambini che giocavano in piscina. Il figlio maggiore, Paul Jr., aveva diciannove anni e frequentava l'università in un'altra città. Le figlie gemelle, Brynn e Bradley, stavano ospitando degli amici per un incontro dopo la scuola. Erano ragazze bellissime, la copia esatta l'una dell'altra e i loro lineamenti erano un misto tra quelli di Paul e quelli di Brooke. I capelli rossi li avevano presi da lei, gli occhi azzurri incorniciati da folte ciglia ricordavano quelli di Paul, mentre i tratti del viso classici li avevano ereditati da tutti e quattro i nonni. A dieci anni erano un duo socievole e avevano molti amici.

Brooke era contenta di vederle circondate da compagne di gioco. La sua infanzia era stata solitaria, fino a quando non aveva conosciuto Amber e Cate. Con la loro amicizia, il suo mondo si era aperto. Purtroppo, era già stata vittima di bullismo per via del suo peso e aveva già subito dei traumi. Per quanto sembrasse estroversa, si portava ancora dentro quel dolore nella vita da adulta.

Non appena le ragazze uscirono dalla piscina e si sdraiarono sotto il sole caldo della California, Brooke disse loro dove sarebbe andata e salì al piano di sopra, nella camera da letto principale, per vedere quali vestiti avrebbe potuto mettere in valigia per la Florida. Cate le aveva detto tramite messaggio che sperava di passare una serata tranquilla e informale, ma Brooke voleva apparire al meglio; aveva fatto notare all'amica che Amber si preoccupava del proprio aspetto e che... beh, lei non voleva essere da meno. Infatti, prima dell'ultimo anno di liceo, aveva deciso di sottoporsi a un intervento di chirurgia plastica per rimodellare il naso, era stato il regalo di fine anno da parte della madre. Quello, insieme a un programma di dimagrimento, all'intervento di Lasik agli occhi e alle mascherine per i denti, l'aveva resa più sicura di sé.

Fu una vera fortuna quando, al primo anno di università, Brooke incontrò Paul Weston. Come il padre di Brooke e le due migliori amiche, Paul era una persona che la amava per quello che era. Brooke studiò il grosso diamante che aveva sull'anulare della mano sinistra. Delle tre ragazze della spiaggia, lei era stata l'unica a sposarsi. Cate non aveva voluto fare il grande passo, né diventare madre. E Amber? Usciva con qualcuno, ma stava attenta a non impegnarsi troppo in una relazione ed era piuttosto riservata riguardo alla propria vita privata.

Brooke sospirò. Tutte avevano dei difetti, ma le piaceva l'idea di loro tre insieme. Le ABC, come il padre le aveva chiamate a volte: Amber, Brooke e Cate, il terrificante trio. Era stata una battuta tra loro, per stimolare la fiducia in loro stesse. Oh, quanto le mancava il padre... Era stato un tale sostegno per lei. La madre? Non molto.

Brooke si guardò allo specchio. Aveva un bell'aspetto per una donna che si avvicinava ai quaranta. Il problema era che si poteva cambiare qualcuno all'esterno per farlo sembrare migliore, ma ci voleva molto più lavoro per convincerlo. E con il comportamento insolito di Paul negli ultimi tempi, l'autostima di Brooke era ai minimi storici.

"Ehi, mamma! Abbiamo fame!" esclamò Brynn, mentre entrava come un turbine in camera da letto scacciando i pensieri di Brooke.

"Sì, noi ragazze abbiamo bisogno di uno spuntino," aggiunse Bradley, entrando subito dopo la sorella; indossava un costume da bagno rosa che riportò alla mente di Brooke un'estate in cui le ragazze della spiaggia indossavano qualcosa di simile.

Brooke sorrise alle figlie, che adorava con tutto il cuore. "Troviamo qualcosa da mangiare."

Le seguì al piano di sotto, fino in cucina. Automaticamente prese delle mele, le affettò e le mise su un vassoio, insieme a dei pezzi di formaggio, una ciotola di noci e un grappolo d'uva verde ghiacciata. Per quanto poteva, teneva le gemelle lontane dallo zucchero. Nelle occasioni in cui non ci riusciva, però, non parlava mai di zucchero, di peso, di aspetto fisico o di rimpianti.

Il fratello non aveva quelle preoccupazioni. "PJ", Paul Junior, assomigliava molto al padre: alto e magro, con tratti del viso decisi e gradevoli. Ma era il buon umore, che il figlio aveva ereditato proprio dal padre di Brooke, a far sì che lei lo amasse così tanto. La sua nascita improvvisa aveva provocato una brusca interruzione del college, ma lei non si era pentita di averlo avuto. Aveva sempre desiderato diventare madre e moglie.

Le squillò il cellulare. *Paul.* Rispose alla chiamata. "Ciao, tesoro!"

"Ti chiamo solo per dirti che rientrerò a casa tardi. Iniziate pure a cenare senza di me."

"Un altro bambino in arrivo?" In quanto moglie di un ginecologo, era abituata a orari irregolari.

Il clic che indicava la fine della chiamata le risuonò nell'orecchio. Brooke si accigliò. Non era da Paul essere tanto scortese; inoltre, non aveva risposto alla domanda che lei gli aveva fatto.

CAPITOLO TRE

AMBER

Amber Anderson studiò le informazioni sullo schermo del computer e tirò un sospiro di sollievo. L'elenco con i dettagli fornito da Cate era proprio quello di cui aveva bisogno. Un'occasione per stare con vere amiche che avrebbero capito il suo dilemma. A quasi quarant'anni, nemmeno tutti i buoni geni del mondo sarebbero potuti esserle d'aiuto. Nel suo settore, rischiava di trovarsi presto senza lavoro.

Molte volte aveva giurato in silenzio di non comportarsi come sua madre, si era ripromessa di essere migliore, più forte, più gentile, più attenta. Ma si trovava in un pasticcio simile a quelli in cui tipicamente finiva la madre, e tutto perché aveva pensato di essersi innamorata. Un'altra decisione che si era ripromessa di non prendere mai.

"Amber?"

La voce stridente che la chiamava la costrinse ad accantonare quei pensieri. Balzò in piedi e affrontò il suo capo. "Sì, Belinda? Cosa c'è?"

Una donna alta, magra e appariscente, dai capelli grigio acciaio, studiava Amber con due occhi freddi, di colore marrone scuro, che le arrivavano in profondità e la costrinsero a deglutire con forza. Belinda "la Stronza" Galvin era una donna che aveva lottato e combattuto per arrivare ai vertici dell'agenzia di modelle che dirigeva. Nessuno andava contro i suoi desideri. Chi osava metterla in discussione subiva le terribili frustate verbali per cui Belinda era nota. Amber aveva lavorato con lei per tre difficili anni, eppure, anche se c'erano molti aspetti di Belinda che non le piacevano, la rispettava per essere una donna forte e autorevole.

"Ho bisogno che ti assicuri che l'intera troupe di Jesse Carpenter ci dia la conferma per le riprese ad Antigua e che ci concedano quattro giorni, non tre, per lo spot del profumo che stai facendo per noi con *L'eau Ange*. Capito?" Belinda si accigliò. "Jesse è entusiasta di girarlo con te. Dai il meglio, Amber. Ricorda, questo è un grosso cliente per noi. È insolito che una persona come te, che lavora come mia assistente, venga inclusa in un servizio fotografico."

"Sì, lo so," disse Amber mentre il capo le aveva girato le spalle; Belinda, che non era certo tipa da trattenersi a chiacchierare, si era già allontanata.

Amber chiamò lo studio di Jesse, parlò con Gayle Nickerson, l'assistente di cui si era servita per anni, e confermò gli accordi.

"Dovrebbe essere un bel posto per te," disse Gayle. "Sono... tre anni, se non sbaglio, che filmiamo per voi."

"Sì," confermò Amber. Ottenere il contratto era stato un colpaccio per lei. Se Jesse non avesse insistito, Belinda non avrebbe accettato.

"Il tempo vola," disse Gayle. "Non posso credere di stare con Jesse da dodici anni. Ricordo quando sei andata a lavorare per Belinda. Non pensavo che avresti resistito tanto a lungo, ma sei riuscita a lavorare con lei, nonostante molte persone abbiano mollato. Come fai?"

Amber rise. "Tengo la bocca chiusa per dimostrare a mia madre che posso farcela da sola."

Gayle ridacchiò dolcemente. "Motivi abbastanza validi. Dirò a Jesse che hai chiamato e che Belinda ha bisogno che tutti rimangano ad Antigua un giorno in più."

"Grazie," disse Amber. "Allora ci vediamo." Rapidamente,

visto che Belinda sembrava di buon umore, le inviò via mail una richiesta per i due giorni di ferie di cui avrebbe avuto bisogno per incontrare le sue amiche al Seashell Cottage. Amber non poteva mancare. Cate e Brooke erano le uniche due persone al mondo a cui poteva chiedere aiuto per uscire dal guaio in cui si trovava.

CAPITOLO QUATTRO

CATE

Cate, frustrata da un blocco nello scrivere, si alzò dalla scrivania e si mise a camminare per l'ufficio. A un certo punto prese la leggera spada di legno che Jackson le aveva costruito durante la lezione di falegnameria e la fece oscillare avanti e indietro, ma Buddy iniziò ad abbaiare.

"Va tutto bene, piccolo Buddy," disse Cate mentre assumeva una posizione di combattimento. "È solo Serena. Si è imbattuta nella sua acerrima nemica e deve combattere per risolvere un problema spinoso. Sto solo cercando di creare i movimenti giusti per il mio libro."

Cate posò la spada sulla scrivania e prese in braccio Buddy per una coccola veloce. "Forse Serena ha bisogno di un nuovo drago guardiano. Il suo fedele compagno è stato ferito nell'ultimo libro."

Buddy le leccò il viso come se fosse d'accordo.

Lei rise e lo mise a terra. "Ok, m'inventerò qualcosa di nuovo."

Si sedette di nuovo davanti al computer e cercò di concentrarsi sul mondo che aveva creato. Era rimasta sorpresa dal successo del primo libro della serie *Guerre di Galeon*. Serena era un personaggio avvincente, tutto ciò che Cate non era. Grande, coraggiosa e forte, Serena non aveva paura di affrontare nessun problema o persona, né di esporsi a qualsiasi pericolo, immaginario o reale.

Era buffo, pochi sospettavano quanto Cate amasse il

mondo in cui viveva Serena. Scrivere di quel mondo le permetteva di sentirsi libera come non le era mai stato concesso.

La necessità di essere silenziosa, contenuta e completamente nascosta era iniziata quando si era trasferita dalla zia, una donna che meno Cate vedeva o sentiva, meglio stava. La situazione era peggiorata ulteriormente quando la zia Margaret era andata a lavorare per il signor Ira Pennyman, un vicino della famiglia di Brooke. La zia era un'infermiera professionale e aveva ammirato l'anziano signore in seguito deceduto, di cui si occupava sei giorni alla settimana. Ira Pennyman era sulla sedia a rotelle a causa di un incidente d'auto che gli aveva schiacciato la schiena e lo aveva paralizzato dalla vita in giù; era un uomo di settant'anni, molto esigente, che non amava i bambini. Un tratto caratteriale che Ira condivideva con la zia.

Il signor Pennyman aveva incontrato Cate poche volte e solo per caso. La zia le aveva ripetuto a più riprese di stare zitta e di non farsi vedere, perché se lui avesse saputo che Margaret portava in giro una bambina, lei avrebbe rischiato di perdere il lavoro e avrebbe poi fatto molta fatica a trovarne un altro altrettanto valido.

Un giorno, mentre Cate giocava tranquillamente nel grande cortile della casa di Ira, vide Brooke, che viveva lì accanto, e fece amicizia con lei. Quando poi una mattina Amber le incontrò al parco del quartiere, da una coppia divennero un trio: tre ragazze di origini diverse unite dalla solitudine e dal destino.

Buddy abbaiò e distrasse Cate da quei pensieri bizzarri.

Si concentrò ancora una volta sul suo libro e decise che Buddy aveva ragione. Serena aveva bisogno di un nuovo drago. Passò rapidamente in rassegna i nomi che aveva in mente e si decise per Condora. Riusciva già a immaginare la piccola creatura. Cominciò a descrivere la battaglia, a raccontare come un giovane drago fosse apparso al fianco di Serena e la avesse aiutata a salvare la situazione. Era così persa nella storia che le ci vollero alcuni istanti prima di accorgersi che il suo cellulare stava squillando. Frastornata da quell'improvviso ritorno alla realtà, rispose alla chiamata. *Abby Francis, la sua agente.*

"Pronto?"

"Ciao, Cate. Sono Abby. C'è la possibilità di intervenire a un convegno di piccoli librai che si terrà il primo fine settimana di novembre. Le vendite sono un po' in calo. Credo che tu debba farlo."

Cate deglutì a fatica. Odiava deludere Abby, che era stata una sua convinta sostenitrice fin dall'inizio. "Mi dispiace, Abby. Non posso. Ho un impegno personale in quel periodo."

"Non dirmi che finalmente sposerai quel fusto," ribatté Abby.

"No, no, niente del genere. Devo incontrare le mie due migliori amiche in Florida. È molto importante per tutte e tre."

"Sei sicura di non poterlo spostare?"

"Negativo," disse Cate con fermezza. Riuscire a riunirle tutte e tre non era facile. Era una fortuna che Brooke e Amber avessero accettato di trovare il tempo per unirsi a lei.

"Ok, sono dispiaciuta, ma capisco. Di solito non mi deludi. Ti concedo questa opportunità, ma ricorda quanto sia importante il quinto libro per la tua carriera. La casa editrice dovrebbe presentare presto la copertina e poi dovrai iniziare a promuoverlo."

Cate sospirò. "Lo so. Non è la parte che preferisco. C'è un modo per ottenere da loro più soldi per la pubblicità e la promozione?"

"Magari," brontolò Abby. "Ogni anno diventa sempre più

difficile. È per questo che dobbiamo tenere alti i tuoi dati di vendita. È un gioco di numeri. Ma non preoccuparti. Ci proverò. I tuoi lettori sono in attesa."

"Lo so. Ci sto lavorando adesso."

"Beh, concediti una pausa e poi consegna subito una bozza al tuo redattore. Chi ha tempo non aspetti tempo."

Cate rise. Abby se ne usciva spesso con proverbi del genere. "Serena avrà un altro drago. Questa volta una bella femmina."

"Bello. Mi piace questa prospettiva. Ci sentiamo più tardi. Ho un'altra chiamata in arrivo."

Cate riattaccò e si chiese cosa avrebbe fatto senza Abby. Quando aveva iniziato a pubblicare, era talmente inesperta e ingenua riguardo al mondo dell'editoria, che se Abby non fosse intervenuta, lei avrebbe rischiato di fallire. In quel momento, dopo molti passi falsi, tanti sentimenti feriti e tanta determinazione, Cate aveva costruito uno scudo immaginario intorno a sé, per superare il processo di negoziazione con la casa editrice e il redattore. Il mercato editoriale non era per le femminucce.

Si alzò, andò in cucina e preparò una tazza di tè, mentre la mente le frullava di idee su dove portare la trama del romanzo. Sperava di riuscire a completare la maggior parte della prima stesura prima di partire per la Florida. Aveva la sensazione che il fine settimana con le amiche sarebbe stato pieno di sorprese. Di solito, quando si riunivano non mancavano i colpi di scena. Non vedeva l'ora!

Mentre lavorava al libro, i giorni sembravano volare e al contempo trascinarsi, e anche se sapeva che il romanzo avrebbe avuto bisogno di molte modifiche, Cate si era imposta di continuare a scrivere.

Finalmente arrivò il giorno di fare le valigie, così Cate

salutò Jackson con affetto e partì per prendere l'aereo. Invece di andare in città, guidò fino all'aeroporto di Westchester County, a White Plains, per prendere un volo per Tampa. Quasi tutti i voli che partivano da lì prevedevano uno scalo, ma Cate riuscì a ottenere un posto sul volo diretto. Era molto più facile che raggiungere New York in auto, affrontando il traffico sulla strada per gli aeroporti LaGuardia o Kennedy.

Una volta superati i controlli di sicurezza, aspettò di salire a bordo e poi si sistemò al posto; si sentiva come una bambina prima della sua festa di compleanno. Non vedeva l'ora di rivedere le amiche, di sapere quello che avevano fatto e quali fossero i loro progetti futuri. Il quarantesimo compleanno era considerato una pietra miliare per molte ragioni. Un tempo, le persone di quarant'anni erano considerate a metà della loro vita, se erano fortunate. Anche se i quaranta erano ormai salutati come i nuovi trenta, rappresentavano comunque una traguardo importante.

Sull'aereo, Cate fissava fuori dal finestrino le minuscole città sottostanti. Grandi nuvole bianche e gonfie si libravano pigramente nell'aria e creavano ombre sulla terra sotto di loro, prima di svanire.

Mentre si dirigevano verso sud, il morale di Cate si sollevò. Aveva bisogno di quello stacco dal lavoro e dalla preoccupazione per la scelta che Jackson le chiedeva di prendere. Decise che sarebbe stato il momento di lasciarsi andare come non si concedeva di fare da tempo.

Appoggiò la testa al sedile, contenta di aver prenotato un posto con più spazio. Non era elegante, ma era meglio che stare in fondo all'aereo.

Subito dopo, il pilota annunciò che si stavano avvicinando all'Aeroporto Internazionale di Tampa. Controllò l'orologio. 11:40. Perfetto, l'aereo di Amber sarebbe arrivato a mezzogiorno. Insieme, sarebbero scese al cottage e lo avrebbero preparato per l'arrivo di Brooke nel pomeriggio.

Al segnale che consentiva di slacciare le cinture di sicurezza, Cate si alzò in piedi e aspettò che si aprisse il portellone di uscita; era talmente impaziente che si sarebbe messa a ballare. Aveva portato a bordo solo un piccolo bagaglio a mano, il che rendeva tutto più facile.

Uscì dall'aereo e si unì alla folla di passeggeri diretti alla navetta che portava al terminal principale e all'area di ritiro bagagli. Lei e Amber erano d'accordo di incontrarsi lì. Mentre pensava all'amica, Cate si passò automaticamente la mano su una piega dei pantaloni. Amber aveva un'eleganza che Cate non avrebbe mai potuto eguagliare, né nel fisico né nello stile. A volte, Cate, nelle giornate in cui era particolarmente in vena di scrivere, lavorava a casa in pigiama per tutto il tempo.

Arrivata al terminal, trovò un posto libero e si sedette a guardare la gente. Per lei era uno sport come un altro. Osservava gli sconosciuti, studiava ciò che indossavano, ascoltava le conversazioni e la sua mente veloce inventava facilmente delle storie su di loro. Anche se viveva in un mondo di sua creazione, ciò non le impediva di immaginare altre storie, contemporanee e ambientate nel mondo reale. Fin a quel momento non aveva cambiato genere letterario, ma un giorno avrebbe potuto scegliere di scrivere sotto pseudonimo un romanzo di narrativa contemporanea.

Cate balzò in piedi quando finalmente una donna attirò la sua attenzione: era alta, bionda e si dirigeva verso di lei mentre ondeggiava i fianchi con un'andatura da modella. Amber era vestita con un paio di jeans bianchi e un ampio maglione turchese: era bella come lo era sempre stata. Tuttavia, quando l'amica fu abbastanza vicina, Cate si riempì di sgomento. Sotto gli occhi azzurri, il viso era segnato dalle occhiaie. Trattenne un sussulto; Amber aveva un aspetto... beh, terribile.

"Ehi, Cate!" esclamò Amber. Spuntò un sorriso che ne illuminò i lineamenti perfetti e la fece sembrare più simile alla Amber che Cate conosceva, dopodiché alzò la mano per bloccare la conversazione. "Non dire niente. So di avere un aspetto orribile."

Cate avvolse le braccia intorno all'amica e la abbracciò forte. "A prescindere da tutto, sei bellissima."

Amber si allontanò e la guardò, senza perdersi nulla. "Sei spettacolare. Jackson deve trattarti bene. Molto bene."

Cate pensò all'incontro d'amore che aveva avuto con il compagno la sera prima e sentì il calore salirle sulle guance. Jackson era un amante meraviglioso, appassionato e generoso. Aveva detto chiaramente che gli sarebbe mancata, anche se sarebbe stata via solo per un fine settimana lungo.

Amber rise. "Lo sapevo!"

"Hai dei bagagli?" le domandò Cate, per cambiare rapidamente argomento. Non era pronta a parlare di Jackson. Non finché Brooke non fosse stata con loro.

"Ho una valigia," ammise Amber.

"Grande, senza dubbio," scherzò Cate.

Amber scrollò le spalle. "Una ragazza deve essere pronta a tutto. Giusto?"

Cate sorrise e scosse la testa. Amber raramente viaggiava leggera. Perché avrebbe dovuto? La sua collezione di abiti firmati era adatta a una principessa.

Dopo aver preso l'enorme valigia di Amber, la portarono verso il chiosco dell'autonoleggio. Mentre camminavano, Cate studiò Amber con la coda dell'occhio. Di solito, Amber era quella pronta a partecipare a qualsiasi avventura, ma quel giorno sia l'aspetto che l'atteggiamento suggerivano che le cose sarebbero andate diversamente.

CAPITOLO CINQUE

AMBER

"Va tutto bene?" le chiese Cate, senza riuscire a nascondere il tono preoccupato.

"Aspettiamo che Brooke sia qui, devo parlare con entrambe." Gli occhi di Amber si riempirono di lacrime. "Sono in un tale stato di confusione."

"Oh, ma..." Cate sembrò colpita.

Amber fece un sospiro e si raddrizzò, come per nascondere in un luogo sicuro dentro di sé il senso d'impotenza che provava. "Mi dispiace, presto starò bene. Questo incontro è la migliore idea di sempre, Cate. Cosa faremmo, noi ragazze della spiaggia, senza la tua guida?" Gentile, dolce e con una bellezza naturale e tranquilla, Cate era quella che teneva il trio unito.

Cate fece un sorriso che le riempì il viso e le illuminò gli occhi castani. "Sono felice che tu e Brooke siate riuscite a venire. Mi siete mancate tanto. Forza, prendiamo la macchina e andiamo. Voglio che tutto sia perfetto per Brooke. Sai quanto lei ci tenga."

"Come se la sua vita non fosse già abbastanza perfetta," disse Amber con la voce leggermente incrinata.

Allo sguardo sorpreso di Cate, Amber sentì un calore sulle guance. "Mi dispiace di averlo detto. Brooke può aver avuto tutti i vantaggi economici del mondo, ma la sua vita non è stata facile, visto che è cresciuta con una madre che le trovava costantemente dei difetti."

"Grazie al cielo, il padre di Brooke la adorava," disse Cate. "Tuttavia, il rifiuto di una madre è qualcosa che nessun bambino riesce a superare... Io lo so fin troppo bene."

Amber mise un braccio intorno alla spalla di Cate. "Le madri. Chi ha bisogno di loro?"

Cate ridacchiò. "Direi nessuna di noi tre."

Scelsero di noleggiare una decappottabile rossa a un prezzo maggiorato.

"Questa lo offro io," disse Cate, mentre tirava fuori dalla borsa il portafoglio. Non parlava spesso di cifre e del suo successo, ma Amber sapeva che i suoi libri le garantivano un buon reddito.

Caricarono le valigie nel bagagliaio dell'auto, abbassarono la capote e con Cate alla guida e Amber che dava indicazioni, lasciarono l'aeroporto.

Mentre guidavano sulla strada sopraelevata attraverso la baia di Tampa e poi a sud, lungo la costa, nell'auto regnava il silenzio. Con l'aria che soffiava intorno a loro e scompigliava i capelli, la conversazione, nel migliore dei casi, sarebbe stata difficile. Era meglio restare in silenzio, pensò Amber. Se avesse iniziato a parlare, avrebbe rischiato di non fermarsi più.

Quando Cate entrò nel vialetto del Seashell Cottage, Amber lo guardò e tirò un sospiro di soddisfazione. Era incantevole come nelle foto che aveva visto online.

"Siamo arrivate!" gridò Cate con gioia e la guardò raggiante.

"Grazie al cielo!" rispose Amber, mentre si slacciava rapidamente la cintura di sicurezza. "Sbrigati, andiamo ad aprire la porta."

"Aspetta! Ho già memorizzato il codice." Cate scese

dall'auto e si precipitò verso il tastierino numerico fissato sopra al pomello della porta d'ingresso.

Non appena l'amica aprì la porta, Amber corse dentro e scomparve nel corridoio a lato.

Pochi istanti dopo tornò ad affiancare Cate all'ingresso e studiò l'ambiente circostante. Grazie a una ricerca online, sapeva che una delle camere da letto era alla sua sinistra, di fronte alle acque del golfo. Le altre due, che si affacciavano sul cortile e sulla piscina, si trovavano nel corridoio dove era andata lei. Davanti, il soggiorno era pieno di mobili confortevoli. Dietro la camera da letto anteriore si trovava una cucina grande e moderna. Nel complesso, era tutto come Amber aveva visto sullo schermo del computer.

Sorrise. "Wow! È fantastico! Deve esserci costato un bel po'."

"Beh, in realtà Brooke si è offerta di pagare," disse Cate. "Forse dovremmo lasciarglielo fare. Sai che le fa piacere viziarci."

Amber alzò gli occhi al cielo. "Come al solito, eh?" Odiava essere in debito nei confronti di qualcuno. Non aveva soldi per fare la brillante con le amiche.

"Ha buone intenzioni, Amber. Per quanto mi riguarda, le sarò eternamente grata per avermi accolto, per avermi mostrato posti nuovi e per aver condiviso con me nuove esperienze. È una persona generosa."

"Hai ragione," disse Amber mentre si chiedeva il perché del proprio atteggiamento. Era forse colpa degli ormoni che sentiva scatenarsi dentro di sé? O la mancanza di sonno negli ultimi tempi? Si schiarì la gola e combatté le lacrime. "Brooke è stata buona anche con me. Entrambe lo siete state. Prima di voi due avevo poche amiche, soprattutto perché non potevo portare nessuno a casa. Le rare volte che lo facevo, le madri delle ragazze si assicuravano che le proprie figlie non tornassero più a casa mia. E perché? Non sapevo mai con quale uomo mia madre si sarebbe potuta intrattenere la volta successiva."

Cate non disse nulla. Non ce n'era bisogno.

La madre di Amber, Tessa, era una donna single che aveva costantemente nuove storie d'amore con uomini inadatti, che a volte mostravano un interesse malsano verso Amber. Per quel motivo, Amber continuava a stare lontana dalla madre il più possibile. Tra loro circolava energia negativa.

"Portiamo dentro le valigie e poi facciamo un giro lungo la spiaggia," suggerì Cate. "Brooke non arriverà a breve, quindi abbiamo tempo per una passeggiata veloce prima di andare a fare la spesa e mettere qualcosa sotto ai denti."

"Ho scelto una delle stanze in fondo al corridoio," disse Amber.

"E io prendo l'altra," disse Cate. "Così Brooke avrà più privacy e una stanza con vista sul mare. Se paga, se lo merita."

Ognuna si sistemò nella propria stanza e poi si riunirono in cucina.

"Ho iniziato una lista della spesa. Anche se è solo per qualche giorno, voglio assicurarmi di essere ben rifornita," iniziò Cate.

Amber le diede una gomitata. "Sei la nostra organizzatrice."

Cate rise e le prese il braccio. "Ok. Facciamo questa passeggiata. Parleremo più tardi, quando Brooke sarà qui. Non voglio lasciarla fuori."

Uscirono di casa e rimasero un attimo in giardino, a guardare le acque blu del Golfo del Messico. Amber respirò l'aria salmastra e un sorriso le attraversò il viso mentre si riempiva di soddisfazione. C'era qualcosa di quasi magico nell'odore dell'aria fresca, nel modo in cui la brezza leggera del mare le accarezzava le guance e nel suono dell'acqua che si avvicinava alla riva e si allontanava di nuovo in una danza antica come il tempo. Alzò gli occhi al cielo, mentre gabbiani, rondini e altri uccelli volteggiavano e il colore delle loro ali bianche si stagliava contro il blu profondo del cielo.

“Bello, eh?” domandò Cate, in piedi accanto a lei. “A volte dimentico di prendermi il tempo per guardare la bellezza che mi circonda.”

“Lo so. Sono appena tornata dai Caraibi e giuro che quasi non mi sono accorta di essere lì. C’è stato tempo solo per lavorare.”

“Un altro servizio fotografico?” le chiese Cate.

Amber annuì solennemente e per una frazione di secondo le sue labbra tremarono, poi riuscì a controllarle. “Potrebbe essere l’ultimo. Vedremo.”

“Oh, tesoro! Sei sconvolta. Quando Brooke arriverà, voglio sapere ogni minimo dettaglio di quello che ti sta succedendo,” disse Cate mentre la studiava.

Amber si disse di sopportare e di essere forte. “Dai, andiamo. Camminare mi farà bene.”

Mentre pensava a quanto fosse bello essere lì, Amber si mosse rapidamente sull’erba verso la spiaggia.

Cate corse frettolosamente per stare al passo con le lunghe falcate dell’amica.

La sabbia compatta lungo il bordo dell’acqua sembrava solida sotto i sandali turchesi di Amber. Se li tolse, li tenne in mano e cominciò a correre con il desiderio di poter sollevare le ali e volare via da tutti i problemi.

Cate le si mise al fianco.

Quando si fermarono, Cate le sorrise e tra un respiro e l’altro, disse: “È così bello essere lontana da casa e dalle infinite trame e riscritture del nuovo libro. Vorrei essere una di quelle scrittrici di romanzi che fin dall’inizio delineano accuratamente ogni libro. Ma io mi lascio guidare dall’istinto, lascio che la storia si srotoli dal cuore man mano che mi vengono in mente nuovi colpi di scena."

"È per questo che tutti amano i tuoi libri. Sono scritti con il cuore," disse Amber, che le sorrise con affetto. "E il tuo cuore è grande come il tuo sorriso."

"Oh, grazie," rispose timidamente Cate. Indicò la spiaggia poco distante da loro. "Ti porto al molo."

Corsero fianco a fianco e poi rallentarono quando si avvicinarono al molo di legno, che si allungava sull'acqua fresca come un dito tentennante che si appresta a sentirne la temperatura.

"Ahhh, è stato bello. Mi rendo conto che dovrei uscire e fare più esercizio," disse Cate mentre cercava di riprendere fiato e si abbassava su una delle panche di legno costruite lungo i lati del molo.

"Dovresti cercare di correre all'aria aperta o di andare in palestra il più possibile," disse Amber. "Desidero ardentemente il giorno in cui non mi importerà più di rimanere così magra, ma poi cosa farei? È da troppo tempo che sono nel giro della moda a New York e faccio la modella part time."

"Compiere quarant'anni fa venire in mente anche a me molti cambiamenti." Cate controllò l'orologio. "È meglio tornare indietro. Dobbiamo pranzare e fare la spesa prima che arrivi Brooke. Muoio dalla voglia di vederla."

"Mi chiedo quale sarà il suo nuovo look," disse Amber. "Cerca sempre di cambiare aspetto."

"È una vecchia abitudine, anche se sta benissimo così com'è. Non importa quanto sia bella, non crede di essere attraente. Sua madre le ha fatto davvero del male." Cate lasciò andare uno sbuffo amaro che sorprese Amber. "Per certi versi credo che sia stata fortunata. Io dovevo lottare per ottenere le attenzioni di mia zia e di solito non finiva bene."

"Sì, me lo ricordo," rispose Amber con sincera solidarietà. "Era come se non esistessi per lei... Dava molte più attenzioni al gatto."

Tornarono a casa e, vista l'ora, decisero di prendere un'insalata al supermercato mentre facevano la spesa, piuttosto che rischiare di non tornare al cottage prima dell'arrivo di Brooke.

A pranzo, Amber rimosse con cura qualsiasi condimento che potesse avere calorie indesiderate e mise diligentemente da parte il contenitore con la salsa per l'insalata.

Cate la guardò. "Spero che ti divertirai, con noi. Mangia, sii felice... e tutto il resto."

Amber fece una smorfia. "Hai ragione. Starò attenta a quello che mangio, ma senza fare la fanatica." Aprì il condimento dell'insalata e lo spruzzò sulla lattuga. "Vedi?"

"Non volevo metterti a disagio," disse Cate. "So che fa parte del tuo lavoro."

Amber non rispose. Cate non aveva idea di quanto fosse competitiva la situazione che l'amica viveva al lavoro.

CAPITOLO SEI

CATE

Tornata a casa, Cate andò in veranda e si sedette su una sedia a dondolo accanto ad Amber. Cominciò a muoversi avanti e indietro al ritmo delle onde che baciavano la riva con tocchi secchi, per poi tirarsi indietro per averne ancora, come un amante avido. Chiuse gli occhi e ascoltò il sussurro delle palme vicine, le cui fronde ondeggiavano nella brezza e raccontavano segreti.

"Ho sentito arrivare una macchina," gridò Amber mentre saltava in piedi. "È qui!"

Cate seguì Amber fuori dal portico, poi intorno alla casa fino al vialetto, dove si era fermata una limousine bianca.

L'autista scese e aprì la portiera posteriore.

Cate trattenne il respiro mentre aspettava di vedere Brooke. Appena la vide, con i suoi riccioli rossi naturali, tirò un sospiro di sollievo. Sembrava che Brooke stesse bene. Quando l'amica stava passando un brutto periodo, optava per tagli e acconciature stravaganti. Dopo la nascita delle gemelle, era rimasta per mesi con i capelli tinti di un verde irlandese, inoltre, non aveva più smaltito i chili presi durante la gravdanza.

Brooke sorrise e si diresse a braccia aperte verso Cate e Amber. "È così bello vedervi! Finalmente sono arrivata!"

Dopo lo scambio di abbracci, Cate si mise in disparte e la osservò. Brooke era più alta di lei, ma era messa in ombra da Amber, che era di gran lunga la più alta. La chirurgia plastica le aveva raddrizzato il naso, che un tempo presentava una protuberanza, e aveva modellato l'area intorno agli occhi, il cui difetto visivo era stato corretto con il Lasik. Tuttavia, Brooke sfoggiava un sorriso genuino, bianco e a denti stretti, che conteneva un po' dell'insicurezza che faceva parte della sua natura.

Mentre Brooke pagava l'autista, Cate prese la valigia che aveva posato sul vialetto, senza però avviarsi verso la casa. Amber afferrò la grande borsa a mano.

"Tutto pronto?" chiese Brooke rivolta verso di loro.

"Abbiamo le tue valigie." Cate si diresse verso il cottage.

Amber e Brooke la seguirono a ruota.

All'interno, Cate condusse Brooke nella camera da letto che avevano lasciato per lei, poi le fece fare un rapido giro della casa.

"È perfetta," disse Brooke. "E... ragazze, ho proprio bisogno di questa vacanza." Fece una pausa e poi sbottò: "Sto pensando di lasciare Paul."

Seguì un silenzio attonito, rotto dal grido acuto di Cate. "Paul?"

Brooke annuì. "Ultimamente si comporta in modo strano e io ho preso qualche chilo, nel caso non l'aveste notato."

"Wow! Hai un aspetto fantastico," disse Cate. "Per gli standard di Los Angeles potresti sembrare un po' pesante, ma per i canoni ordinari sei magra. Forse troppo." Non volle dire che il viso di Brooke aveva un'elasticità scheletrica che si verificava quando l'amica si sottoponeva a una dieta troppo ferrea.

"Paul è un bravo ragazzo," disse Amber. "C'è stato un episodio con una paziente, un paio di anni fa, ma cosa ti fa pensare che ti stia tradendo?"

Brooke sospirò. "Lascia che mi metta qualcosa di più comodo, poi ci sediamo e parliamo. E già che ci sei, apri una bottiglia di vino. Deve pur essere l'ora dell'aperitivo, da qualche parte, e siamo qui per festeggiare i nostri prossimi compleanni, anche se con mesi di anticipo."

"Apro un vino bianco," rispose Cate.

"E io preparo un piatto di stuzzichini," propose Amber.

Dopo che Brooke le lasciò, Cate si rivolse ad Amber. "Non posso credere che abbia pensato di lasciare Paul."

"Forse è solo stanca di preoccuparsi per lui, di chiedersi se il marito abbia un flirt con un'altra paziente. Mi ha detto che non è mai a casa," commentò Amber.

Cate aprì la bottiglia di vino promessa e riempì tre bicchieri. Le cinque non erano poi così lontane.

Quando Brooke uscì dalla camera da letto, indossava pantaloni capri neri e una camicia a righe bianche e nere che metteva in mostra un bel fisico.

"Stai benissimo," disse Cate, con convinzione. Aveva pensato spesso che Brooke fosse quella carina.

"Grazie. Ci ho lavorato e il tempo ha collaborato. Riuscivo a usare la piscina al mattino per fare esercizio dopo che le ragazze erano andate a scuola."

"E come sta quel tuo bell'ometto?" chiese Cate; era la madrina di P.J. e apprezzava quel ruolo.

Il volto di Brooke si illuminò. "Sta benissimo. Di questo passo potrebbe anche entrare nella lista degli studenti migliori." Accettò il bicchiere di vino che Cate le offrì. "Voglio sapere tutto di voi due." Posò lo sguardo su di loro e la sua espressione divenne più sobria quando si concentrò su Amber.

Amber sollevò un piatto di frutta, olive e noci. "È bello fuori dal portico. Possiamo parlare lì."

"E se siamo fortunate, forse stasera vedremo il raggio verde di cui tutti parlano," aggiunse Cate. "Se si vede il sole nel momento esatto in cui scivola dietro l'orizzonte e la temperatura e l'umidità sono giuste, appare un lampo di luce verde. Non l'ho mai visto, ma lo cerco sempre."

"Speriamo di sì. Potrebbe essere un buon segno per tutte noi," disse Brooke.

Uscirono nel portico e formarono un cerchio con le sedie a dondolo. Al centro c'era un tavolino con gli stuzzichini, ma nessuno li prese. Troppe parole non dette fluttuavano nell'aria come piume.

"Ok, signorina Brooke," disse Amber. "Cosa sta succedendo tra te e Paul? Stai davvero pensando di lasciarlo?"

Brooke posò il bicchiere di vino e scosse la testa. "Non lo so. Ho deciso di affrontarlo quando torno a casa e se si sta prendendo gioco di me, la considero finita. Posso vivere comodamente da sola."

"Ma rinunceresti a molto: a un nucleo familiare stretto, forse alla casa e a parte del denaro della famiglia. Il divorzio in California non è economico," fece notare Cate.

"Credimi, ne varrebbe la pena. Non riesco più a sopportare le domande che continuo a farmi. Ultimamente non è più lui e... Sai quello che dicono in tutti quei programmi televisivi pomeridiani. È un segno che gli sta succedendo qualcosa."

"Senti del profumo sulle sue camicie? Hai visto tracce di rossetto ?" chiese Amber.

"No, niente del genere. È solo che... c'è qualcosa che non va. Capisci? Mi salutava con un bacio la sera e mi lasciava con un bacio la mattina." Gli occhi di Brooke si accesero. "Ora non mi parla quasi più."

"L'importante è prepararsi mentalmente, fisicamente ed emotivamente a una decisione così drastica come la separazione e il divorzio," disse Cate con dolcezza. "Metti per iscritto quanto più possibile."

"Perché non assumi un detective?" propose Amber. "Per assicurarsi che sia come tu pensi, per avere delle prove. Paul non è quel tipo di persona. È vero che ha sbagliato una volta, ma ha ammesso che è stato un errore e che non si trattava di una relazione, solo di un bacio per consolare una paziente che aveva perso un figlio."

Brooke si distese sulla sedia con un'aria infelice.

Il cuore di Cate si strinse a lei. "Non riesco a immaginare che Paul ti abbia fatto questo, ma se è così, ricordati che sei una donna forte e capace."

Brooke si coprì il viso con le mani. Dopo qualche istante di silenzio, si raddrizzò sulla sedia. "Dannatamente giusto. Grazie, Cate. Mi fai sentire meglio." Prese il bicchiere di vino. "Ok, basta parlare di me. Cosa sta succedendo a voi due?"

"Sei pronta a parlare, adesso?" domandò Cate ad Amber. Poi si rivolse a Brooke. "Abbiamo deciso di aspettare il tuo arrivo prima di affrontare discussioni profonde."

Amber sospirò e scosse la testa. "Sono nei guai. Sapete entrambe quanto sia difficile il mio capo, Belinda Galvin."

"È leggendaria," commentò Cate.

"Sì, una vera stronza," concordò Brooke.

"È una figura potente nel mondo della moda ed è abituata ad avere la meglio su tutti e su tutto. Per andare d'accordo con lei, ho dovuto mettere da parte l'orgoglio. Non è facile, ma credo che ne sia valsa la pena. Non solo per i soldi, ma anche per imparare il mestiere. Fuori dall'ufficio, ho un bellissimo appartamento, una vita interessante e tutto ciò che si può desiderare."

"Ma?" Cate trattenne lo sguardo su di lei e la scoprì triste.

"Ma ho combinato un pasticcio innamorandomi dell'uomo che Belinda sostiene essere il suo fidanzato, anche se lui nega e mi ha detto di essere uscito con lei solo un paio di volte, prima di chiudere la storia."

"Allora?" disse Brooke. "Non dovrebbe essere un problema. Succede sempre a Hollywood."

"Questa non è Hollywood, anche se potrebbe esserlo," disse Amber, con una voce dura che sorprese le amiche.

"Qual è il problema?" chiese Cate, perché sapeva che la storia doveva essere molto più complessa.

"Il problema è che Belinda, nonostante si siano frequentati pochissimo, dice di volerlo ancora: gli manda fiori, organizza incontri di lavoro con lui e gli fa avances di ogni tipo. Lui mi ha detto che ha chiuso la storia diversi mesi fa, ma lei non vuole rinunciare all'idea di mettersi insieme a lui."

"Chi è questo tizio?" disse Brooke.

Le guance di Amber diventarono rosa. "Jesse Carpenter."

Le sopracciglia di Cate si alzarono per la sorpresa. "Jesse Carpenter? Il tizio famoso per il suo lavoro di fotografo? Ha recentemente pubblicato un libro di fotografie di persone in diverse parti del mondo e l'opera sta ricevendo recensioni brillanti. Alcuni lo definiscono addirittura l'Ansel Adams delle persone e ha fatto lavori straordinari sia in bianco e nero che a colori."

"Sì, è lui. Un ragazzo davvero dolce. L'ho incontrato per caso diverso tempo fa. Ci siamo conosciuti molto meglio negli ultimi due anni, da quando ho iniziato a posare per l'azienda di profumi. Se Belinda scoprisse mai di me e Jesse, perderei il lavoro."

"E come lo potrebbe scoprire?" chiese Brooke.

Amber si imbronciò. Le lacrime le scivolarono sul viso. "Perché sono incinta."

I sussulti di Brooke e Cate rimasero sospesi nell'aria come palloncini pieni di elio che galleggiavano sopra di loro.

"Vedi? Sapevo che sareste rimaste scioccate tanto quanto lo sono io. Credo di essere verso le otto settimane. Ci frequentiamo da pochi mesi e sono molto prudente. Sai come la penso sui bambini. Mi piacciono, ma non ne voglio di miei. Lo capisci, giusto, Cate?"

Cate si accasciò sulla sedia. "È di questo che avevo bisogno di parlare con voi due. Jackson non vuole più aspettare per creare una famiglia con me. Gli ho detto che ho bisogno di tempo per pensarci."

"Per pensarci? Cielo, Cate, voi due insieme siete meglio di una vecchia coppia sposata," dichiarò Brooke con affetto. "Saresti una sciocca a lasciar perdere. Inoltre, saresti una mamma fantastica. Guarda come sei con Buddy! Ed è solo un cane."

"Non è un cane qualsiasi. È un bassotto," le ricordò Cate. La donna si morse l'angolo del labbro perché in quel momento era incapace di parlare. "Siamo tutte in difficoltà, non è vero?" Sollevò il bicchiere. "Brindiamo a noi!"

Amber sollevò il bicchiere e lo posò. "Non posso bere. Ricordi?"

"Aspetta," disse Brooke. Corse in casa e tornò con un bicchiere da vino pieno di tè freddo. "Ok. A noi! A tutte noi!"

"Le ragazze della spiaggia!" gridò Amber.

Fecero tintinnare i bicchieri, ma il suono non rallegrò molto Cate. Non aveva immaginato che tutte e tre si sarebbero trovate nei pasticci.

Poco dopo, erano tutte e tre insieme sulla sabbia, di fronte al tramonto. Il globo luminoso del sole scivolava lentamente sotto l'orizzonte. Con la coda dell'occhio, Cate studiò le donne accanto a lei e notò lo sguardo speranzoso sui loro volti, ma quando il sole fu completamente nascosto dietro l'orizzonte di nuvole grigie, nessuna aveva gridato di aver visto il raggio verde.

CAPITOLO SETTE

BROOKE

La mattina successiva Brooke si sdraiò a letto per pensare alle sue amiche e ai problemi che tutte dovevano affrontare. Avrebbero parlato ancora molto, ma restava il fatto che parlare non sarebbe bastato per sistemare quelle situazioni.

Si alzò dal letto e sbirciò fuori dalla finestra. Il cielo azzurro e il sole la salutarono e lei si sentì sollevata. Erano tre donne forti e intelligenti. Insieme avevano elaborato idee e piani. C'era una certezza. Nei giorni a venire, avrebbero dovuto essere presenti l'una per l'altra.

Si vestì con pantaloncini e maglietta, uscì in punta di piedi dalla sua stanza e in silenzio lasciò la casa. Aveva bisogno di un po' di natura per calmare l'animo turbato. Aveva detto alle altre che avrebbe divorziato in fretta da Paul, ma la verità era che un divorzio le avrebbe spezzato il cuore. Come aveva detto Cate, lui l'aveva amata per quello che era fin dall'inizio. Si erano conosciuti quando lei era una matricola all'università e Paul frequentava l'ultimo anno di medicina. Era figlio unico di genitori anziani e non aveva paura di essere un ragazzo poco popolare, un tipo secchione che era cresciuto con il desiderio di diventare medico. Fu dopo che lei rimase incinta di lui che Paul decise di specializzarsi in ostetricia.

Vide Amber in lontananza e le andò incontro.

"Cosa fai in piedi così presto?" chiese Brooke mentre si avvicinava a lei.

Amber le rivolse un sorriso imbarazzato. "Sto cercando di

capire come gestire la situazione. Come ho detto a te e Cate ieri sera, Jesse non sa del bambino. Non sono sicura che ne sarà felice. Mi ha detto chiaramente che, dopo il divorzio di sei anni fa, non desidera avere una relazione a lungo termine con nessun'altra. Ha due figli al college e non riesco a immaginare che voglia ricominciare tutto da capo. Inoltre, viaggia molto per lavoro."

"Tuttavia, ha il diritto di sapere," disse Brooke.

"Sì, so di doverglielo dire." La voce di Amber aveva un tono sferzante, ma a Brooke non dispiaceva. Sapeva che Amber non impazziva all'idea di perdere la propria indipendenza, soprattutto quando si trattava di un uomo. Un'ombra della sua infanzia.

"Sto cercando di pensare a un modo per dire a Belinda che tra qualche mese avrò bisogno di ferie per portare avanti la gravidanza."

"E dopo?" Brooke si chiese se Amber si rendesse conto di tutti i cambiamenti che avrebbe dovuto affrontare.

Amber scrollò le spalle. "Questa è la parte di cui non sono sicura. Ci sono così tanti fattori a cui pensare."

"Buongiorno, care amiche," disse Cate mentre le raggiungeva. "Voglio che sappiate quanto sono felice che siamo di nuovo insieme. Anche se stanotte mi sono rigirata su me stessa, so che in qualunque situazione ci ritroveremo, resteremo migliori amiche e ci aiuteremo a vicenda."

"Hai proprio ragione," disse Amber prima di abbracciare velocemente Cate.

"Di che cosa stavate parlando voi due?" domandò Cate.

"Sto cercando di escogitare un piano per mantenere il lavoro e poter chiedere a Belinda un periodo di ferie per avere il bambino."

"Senti, se ti serve un posto dove stare mentre aspetti il bambino o dopo, puoi venire a casa mia. Jackson ha trascorso la maggior parte delle vacanze estive a ristrutturare la vecchia baita della proprietà per farne il mio spazio personale, una specie di 'capanno'. Mancano ancora gli ultimi ritocchi, ma è stupenda. Oltre al mio ufficio, ha una camera da letto, un bagno e una cucina."

"Sembra più una dépendance per gli ospiti," disse Amber. "Grazie. Potrei accettare."

"Non è così semplice. Ci saranno molti cambiamenti nella tua vita," disse Brooke ad Amber. "E lo stesso vale per te Cate, se deciderai di andare avanti e avere un bambino con Jackson."

"Sì, questa è una delle parti che mi preoccupano," concordò rapidamente Cate. "Ricordo quanto mia zia non sopportasse prendersi cura di me. Qualsiasi figlio mio e di Jackson sarà la mia preoccupazione per il resto della vita. Questo pensiero mi spaventa a morte. E se mi dimostrassi insensibile e fredda come lo era la zia nei miei confronti? Non vorrei mai fare una cosa del genere a un bambino. È stato terribile."

Brooke la studiò. "Non sei affatto come tua zia."

"Ma sia lei che mia madre erano così. E se fosse nei miei geni?" Le lacrime inumidirono gli occhi di Cate.

"Oh, tesoro," disse Amber. "Sei una persona molto dolce, non credo che possa accadere."

"È una mia grande preoccupazione," ammise Cate. "Ma non voglio perdere Jackson. È la parte migliore di me."

"Non è possibile. *Tu* sei la parte migliore *di lui.*" Brooke sorrise e diede un colpetto col gomito a Cate. "Ricorda quello che abbiamo detto ieri sera. È ora che le ragazze della spiaggia prendano in mano la situazione, vivano pienamente la vita e siano forti."

Si schierarono lungo la spiaggia, di fronte all'acqua. Davanti a loro, i tre pellicani che sfioravano la superficie in cerca di cibo sembravano perfetti; assomigliavano a dei caccia in formazione ed erano vivaci come le tre donne che li osservavano.

A pranzo, Brooke si sedette con Amber e Cate a un tavolo all'aperto del Purple Pig. Era un bar nuovo nella zona ed era noto per servire cibo eccellente e fantasiosi margarita. Di solito Brooke non beveva durante il giorno, ma quando Cate le chiese di unirsi a lei per festeggiare i loro compleanni, non poté resistere a ordinare un margarita texano. Aveva messo in secondo piano la situazione a casa. Era più importante passare del tempo con le amiche e aiutarle a decidere come organizzare il loro futuro. Per quanto riguardava se stessa, avrebbe ascoltato tutti i consigli che volevano darle. A parte Paul, nessuno la conosceva meglio di loro.

Mentre sorseggiava il drink, Brooke si soffermò a guardare l'interno dell'edificio attraverso le porte scorrevoli aperte. Le pareti erano dipinte di un viola prugna e facevano da sfondo alle stampe comiche di maiali che ricoprivano una buona parte dei muri. I tavoli erano coperti da tovaglie di lino viola, abbinate a tovaglioli rosa pallido e alla cristalleria scintillante. Un vaso a stelo in cristallo conteneva un'orchidea bianca dai riflessi viola. L'ambiente era eccentrico ma piacevole e il bar si rivelò una bella sorpresa.

Durante il pasto, Brooke disse: "Andiamo a fare shopping. È passato un po' di tempo dall'ultima volta che ho avuto bisogno di vestiti per bambini e ora ci sono un sacco di novità fantastiche alle quali vorrei dare un'occhiata. Amber, faresti bene a impratichirti... e anche a te, Cate, dovrebbero interessare, se stai pensando di avere un figlio"

Amber e Cate si scambiarono uno sguardo.

"Per me va bene," disse Amber. "È un mondo di cui non ho fatto parte e il cielo sa che avrò bisogno di tutto l'aiuto possibile."

"Anch'io." Cate si chiuse in un abbraccio. "Non riesco a immaginarmi con un bambino vero."

"Spero che tu decida di andare avanti. La maternità è stata un piacere per me. P.J., Brynn e Bradley sono il mio orgoglio e la mia gioia." Brooke fece una pausa, sopraffatta per un momento dalla tristezza. "E hanno reso felice anche Paul. È un buon padre. Glielo concedo." Prese un'ultima forchettata della sua Caesar Salad con salmone grigliato. "Deliziosa."

"Siete pronte? Pago io il pranzo." Amber alzò il conto che la cameriera aveva messo sul tavolo. Tirò fuori dalla borsa alcune banconote e le infilò sotto il piatto. "Ecco. Ora possiamo andare."

Brooke la guardava, divertita dalla pacca decisa che aveva dato alle banconote. Amber era sensibile quando si trattava di soldi, soprattutto perché da piccola non ne aveva avuti.

Lasciarono il ristorante e si diressero verso un grande magazzino dove era esposto tutto ciò di cui un neonato potesse avere bisogno.

Alla vista di tutti i colori, le attrezzature per bambini e i vestitini, Brooke strinse le mani. Le tornarono alla mente davvero tanti ricordi. Purtroppo, era stata così impegnata con i gemelli che non aveva avuto il tempo di goderseli come aveva fatto con P.J. Si rivolse ad Amber. "Hai detto che sei di otto settimane, quindi partorirai in primavera. Quei mesi sono un buon periodo per una bambina. Potrai fare passeggiate con lei e..."

Amber alzò una mano per fermarla. "Aspetta un attimo! Lei? Forse avrò un maschio. Lo spero."

Brooke rise. "Ok... fare passeggiare con *lui* e stare all'aria aperta. Diamo un'occhiata ai passeggini qui e poi facciamo una ricerca online."

"Guarda questo." Cate sollevò un minuscolo pigiama. Di

colore bianco, la tutina con i piedi sfoggiava una farfalla rosa di stoffa tridimensionale sulla spalla superiore sinistra. Lì vicino, ricamata, una coccinella sembrava pronta ad andare in esplorazione.

"È adorabile. Ok, comincerò a buttar giù una lista degli oggetti di cui avrai bisogno," disse Brooke mentre prendeva un foglio di carta e una penna dalla borsa. "Così non sarai troppo confusa."

"Non riesco a immaginare di crescere un figlio a New York, soprattutto nel mio piccolo appartamento," disse Amber. "Ma credo sia meglio che inizi a pensarci."

"Ricordati che c'è spazio a casa mia, se ne hai bisogno," ripetè Cate.

"O da me," interviene Brooke.

"Spero che non si arrivi a tanto," disse Amber. "Continuiamo, così avrò una migliore idea di ciò che mi serve. Mi gira la testa. Ogni vestitino sembra così piccolo da andare bene a una bambola e ogni mobile sembra enorme. Che cosa farò? La mia vita, il mio spazio, il mio tempo saranno completamente stravolti."

"Un giorno alla volta," disse Brooke.

Cate le seguì mentre Brooke guidava Amber da una sezione all'altra. Si fermarono tutte e tre dove erano esposti dei cellulari musicali. Il suono tintinnante della musica fece sorridere Brooke. Guardò una mucca, un piatto e un cucchiaio che giravano sopra una culla, con forme e colori intriganti, pensati per intrattenere un bambino, al che ripensò alle proprie figlie e sentì il cuore scaldarsi. Sdraiate l'una accanto all'altra in una culla, raggiungevano contemporaneamente gli stessi oggetti sul mobile sopra di loro. Era rimasta affascinata dal loro legame.

Al suono di un singhiozzo, Brooke si voltò verso Amber. L'angoscia sul suo volto la spaventò. "Cosa c'è che non va, tesoro?"

"E se il bambino fosse una femmina? Come potrò mai proteggerla? O anche un maschio?"

Brooke le mise un braccio intorno alle spalle. "Sono sicura che ti prenderai cura del tuo bambino."

"Sarai una buona madre, Amber," disse Cate a bassa voce.

Ad Amber scesero le lacrime sulle guance. "Non capite. Non ve l'ho mai detto prima, ma c'è stata una volta in cui nessuno mi ha protetta."

Brooke provò lo stesso malessere che tradiva lo sguardo di Cate. Sapeva che Amber si era sentita minacciata dagli amici maschi della madre, ma non aveva capito che la vicenda era andata oltre.

"Oh, tesoro!" Brooke avvolse le braccia intorno ad Amber e la strinse forte. "Mi dispiace tanto, davvero tanto. Vorrei che ce l'avessi detto."

"Non potevo..." rispose Amber. "È da poco che ho cominciato a guardare in faccia i miei problemi. Compreso quello." Le lacrime le scendevano sulle guance in un flusso continuo.

"Dai, tesoro, andiamo via di qui," disse Cate, con gli occhi lucidi.

Brooke trattenne le lacrime e le prese un braccio, Cate le afferrò l'altro e insieme uscirono dal negozio.

CAPITOLO OTTO

CATE

Cate guidava, mentre Amber e Brooke erano sedute sul sedile posteriore. Gli unici suoni all'interno dell'auto erano i singhiozzi di Amber e i mormorii di compassione di Brooke.

Quando tornarono al cottage, andarono in veranda e si sedettero.

La mente di Cate stava ancora girando intorno al pensiero che Amber fosse stata abusata sessualmente. Il pensiero le dava la nausea. "Non mi ero resa conto..."

"Resa conto di quanto fosse brutta la situazione, in casa con la cara vecchia mamma?" domandò Amber con una durezza che Cate comprese. "All'epoca non osavo dirlo a nessun altro, ma ora potrei parlarne con voi due. Sembra che questo sia il momento di affrontare molti discorsi, vecchi e nuovi."

"Se non vuoi parlarne, non farlo," intervenne Cate. "Siamo dalla tua parte, qualunque cosa accada."

"Giusto," disse Brooke. "Sapevo che i rapporti tra te e tua madre non erano buoni, per questo continuavo a invitarti a casa mia, ma non avevo idea di quanto fosse effettivamente brutta la situazione."

"Sì, non è stato bello. Sapevo che se avessi detto qualcosa a qualcuno, mi avrebbero potuta dare in affidamento, e sarebbe stato ancora peggio. Per questo ho fatto finta che andasse tutto bene."

"È terribile," disse Cate. Le si stringeva il cuore per l'amica.

"Dopo aver lavorato con Belinda per un po' e aver cercato di adattarmi al suo modo difficile di gestione, mi sono resa conto di ciò che provavo nei confronti di mia madre. L'anno scorso sono andata in terapia e finalmente ho raccontato a un consulente professionista quello che mi era successo." Amber sospirò. "Dopo vari tentativi di riconciliazione con mia madre, ho parlato con il consulente e ha convenuto che dovevo stare lontana da una relazione così malsana. Ecco perché non ho più nulla a che fare con mia madre."

"Mi dispiace tanto," disse Brooke.

Amber le sorrise. "Per me stare con voi è stato come vivere in una favola."

Brooke scosse la testa. "Mia madre ti adorava. Perché non avrebbe dovuto? Eri bellissima, tutto ciò che io non ero. E tu, Cate, oltre a essere bella, eri intelligente, gentile ed educata. Non hai idea di come sia stato vivere in casa mia con Diana Ridley come madre. Però, Amber, non ho dovuto sopportare le difficoltà che hai dovuto affrontare tu. E... Cate, mia madre almeno passava del tempo con me, mentre la tua ti lasciava sola."

"Eppure, tua madre non è stata facile," ribatté Cate.

"Io e lei ci vediamo abbastanza spesso, ora che viviamo entrambe in California, ma non è piacevole. Però lo faccio per i miei figli... Le gemelle la adorano e lei stravede per loro. Quindi, credo di aver preso la decisione giusta."

"I tuoi figli sono meravigliosi, Brooke," disse Cate, pronta a intervenire in difesa dell'amica.

"Grazie a Dio non hanno preso il mio naso irregolare," disse Brooke, all'improvviso tutte e tre scoppiarono a ridere: grandi risate di pancia che contribuirono ad alleviare la tensione del momento.

"Credo sia ora di bere un bicchiere di vino," disse Cate mentre si alzava in piedi. "Ti preparo un tè freddo?" chiese ad

Amber.

"Grazie. Mi rinfrescherà," disse Amber.

Quando Cate tornò, distribuì le bevande e si sedette. Nel guardare l'acqua, sentiva il corpo rilassarsi. Era rimasta terribilmente scossa dal fatto che né lei né Brooke sapessero quello che Amber aveva passato. D'altronde, anche le amiche più intime nascondevano qualche segreto.

A Brooke squillò il cellulare. Lo controllò e uscì dalla veranda.

"Hai deciso cosa fare?" chiese Amber a Cate. "Se rimarrai presto incinta, i nostri bambini potrebbero diventare amici."

"Sarebbe bello, ma non sono ancora sicura di portare avanti un'idea del genere. Ci sono così tanti lati da considerare. Tuttavia, voi due mi avete fatto iniziare a pensarci seriamente."

Amber le prese la mano. "So che non sei una grande amante del rischio, ma la vita è piena di opportunità. Se non le coglierai, ne avrai vissuta solo una parte."

Cate si sedette e la fissò con stupore. "Da quando sei diventata così filosofica? Mi piace."

"Immagino sia stato quel mio bravo strizzacervelli," disse Amber, che diede una strizzatina alla mano di Cate prima di lasciarla andare.

Brooke tornò da loro. "Scusate se ci ho messo tanto. Era Paul." Sprofondò su una sedia. "Mi ha detto che quando torno a casa dobbiamo parlare."

"Di cosa?" chiese Cate.

Brooke scosse la testa con tristezza. "Non mi ha voluto spiegare, ma ha detto che era importante." Fissò il vuoto, con gli occhi gonfi di lacrime. "Sembrava stressato. Deve trattarsi di un'altra donna."

"Non giudicate troppo in fretta. Forse si tratta di qualcosa di molto diverso," commentò Amber.

"Non riesco a capirlo, ma è diventato talmente silenzioso e riservato che mi spaventa. Di solito parliamo di tutto," rispose Brooke. "O almeno lo facevamo. Ho rinunciato a provarci."

Cate studiò le amiche e cercò di farsi coraggio. "Una certa persona saggia mi ha detto che la vita è piena di opportunità. Il fatto di trovarci insieme in Florida è un'occasione per mettere da parte le preoccupazioni e divertirci. Questa sera, vestiamoci bene e andiamo a cena fuori. Ho sentito dire che Gavin's al Salty Key Inn è meraviglioso ed è vicino. Mentre aspettiamo che si faccia ora di cena, potremmo concederci una bella nuotata."

"Hai ragione," disse Brooke con un cenno deciso del capo. "Dobbiamo divertirci. Il mio pianto ora non cambierà nulla."

"Sono d'accordo," disse Amber. "Godiamoci il tempo che abbiamo a disposizione per stare insieme. Ma dopo questo fine settimana, dobbiamo sentirci più spesso. Va bene a tutte?"

"Sì," dissero insieme Cate e Brooke.

"Sembra che abbiamo un piano," disse Amber.

"Un ottimo piano," precisò Brooke, che poi si alzò in piedi. "È una bella giornata. L'ultima volta che ho controllato la piscina era a trenta gradi."

Cate entrò, prenotò un tavolo al ristorante, si mise il costume da bagno e uscì per raggiungere le sue amiche. Erano distese sulle sdraio e si stavano rilassando.

Brooke poteva lamentarsi di essere in carne, ma era carina e le sue curve sembravano piacere agli uomini. O forse erano i capelli rossi, una soffice corona sopra il viso, ad attirare la loro attenzione. Non poteva immaginare che Paul si cacciasse in un altra situazione spinosa, ma sapeva anche che alcuni uomini si allontanavano. Ci era andato vicino una volta... Avrebbe potuto farlo di nuovo?

La sua attenzione si rivolse ad Amber. Come avrebbe

gestito tutti i cambiamenti che sarebbero avvenuti nel suo corpo? La sua autostima era sempre stata legata all'aspetto. Anche in quel momento, l'aspetto era la sua fonte di sostentamento: lavorava nel settore della moda e faceva la modella part time.

Cate pensò a quante donne fossero oppresse dal tentativo di assomigliare a qualcuno che vedevano in televisione o al cinema e si chiese perché lei e altre cadessero in quella terribile trappola. In più di un'occasione, quando Cate si lamentava del proprio aspetto o della propria apparenza, Jackson le aveva detto che per lui era sempre bellissima e che la amava. *Jackson è un uomo davvero buono! Sarà un ottimo padre, se avrò il coraggio di andare avanti.*

Brooke e Amber si voltarono verso di lei e Cate si rese conto di aver espresso i suoi pensieri ad alta voce.

"Sembra che Cate si stia avvicinando alla decisione di avere un figlio con Jackson," disse Brooke, poi le mostrò il pollice in su.

Cate ridacchiò. "Mi avvicino." Il cuore le si riempì d'amore per Jackson. Era vero. Era un uomo meraviglioso e sarebbe stato un ottimo padre. Doveva forse dare a entrambi l'opportunità di diventare genitori?

L'eccitazione di Cate cresceva mentre entravano nel Salty Key Inn. Aveva dimenticato quanto fosse divertente vestirsi eleganti per andare a cena in un bel ristorante. Tutte le recensioni indicavano che quello di Gavin era uno dei migliori. Sebbene lei e Jackson avessero molte occasioni per uscire, tendevano a rimanere a casa, in modo che lui potesse cucinare un pasto da gourmet per loro due.

"La locanda e il ristorante hanno una storia molto carina," raccontò Brooke. "Una volta l'ho letta su una rivista di cronaca mondana."

Cate si fermò sulla zona del servizio di parcheggio. "Raccontacela a cena. Mi piacerebbe sentirla."

"Questo posto è pieno di gente. È un miracolo che siamo riuscite a prenotare," disse Amber, poi scese dal sedile posteriore della decappottabile mentre un giovane le teneva la porta e le offriva anche la mano.

"Siamo un po' in anticipo." Brooke salì sul marciapiede e si girò verso di loro. "Possiamo aspettare al bar, se necessario. Non ti dispiace vero, Amber?"

"No. Comunque non sono abituata a bere. Le regole di Belinda. Nessuna persona grassa può lavorare nell'ufficio di Belinda. Soprattutto io."

"È terribile," commentò Cate. "Non ce la farei mai a lavorare in quell'ufficio. Non finché mi godo la cucina di Jackson."

"La politica non è mai stata dichiarata tale, ma è così," disse Amber. "È uno degli aspetti che mi preoccupano. È probabile che con la gravidanza, perda il lavoro."

"Questo sarebbe motivo di un'azione legale," disse Brooke, che prese il braccio di Amber e si rivolse a Cate. "Non è così?"

"Non necessariamente. Ma se tutte le storie che ho sentito su Belinda sono vere, non importa. Troverà un modo per sbarazzarsi di lei," rispose Cate, e si girò verso Amber con uno sguardo comprensivo.

"È attenta a tutto. Mi daranno un lavoro lontano dagli sguardi e avrò sempre meno influenza, finché alla fine mi arrenderò e me ne andrò."

La loro conversazione terminò quando entrarono nel ristorante. Cate si fermò un attimo per osservare l'ambiente circostante. Ricche boiserie in legno scuro rivestivano le pareti, illuminate in modo soffuso da applique di cristallo. I lampadari di cristallo proiettavano la luce dal soffitto. Le tovaglie bianche coprivano i tavoli, i bicchieri da vino e i calici d'acqua in cristallo riflettevano la luce e davano alla stanza una bella lucentezza. L'argenteria scintillava su ogni tavolo. Il tocco finale perfetto era un semplice supporto a forma di fiore con un ibisco luminoso al centro di ogni tavolo.

"È incantevole," disse Brooke con un sorriso. "Spero che il cibo sia buono come dicono. Se è così, potrei non andarmene più. Siamo tutte d'accordo che ci divertiremo."

Un'assistente di sala si avvicinò, prese i loro nomi e li consegnò al maître perché le facesse accomodare.

Furono accompagnate a un tavolo nell'angolo della sala principale. Sebbene il ristorante fosse affollato, il loro posto era situato in modo da dar loro un senso di privacy.

"Stasera vi servirà Stephanie, con l'assistenza di Mark.," annunciò il maître prima di lasciarle. "Buon appetito. Siamo lieti che siate qui."

"Brooke ha ragione. Siamo fortunate ad essere qui," disse Amber mentre si guardava intorno. "Come hai fatto?"

Una splendida donna dai capelli rossi si avvicinò al loro tavolo. "Catherine Tibbs? Salve, mi chiamo Darcy Sullivan Blakely, sono una delle proprietarie. Quando ho visto il suo nome sulla lista, sono venuta a salutarla. Adoro i suoi libri. Un tempo pensavo di fare la scrittrice, ma poi la mia vita ha preso un'altra direzione. Non mi sono arresa, sto solo dedicando il mio tempo alla famiglia, che sta diventando più grande."

"Ho letto di lei e delle sue sorelle," disse Brooke con un sorriso verso Darcy. "Questo posto è spettacolare."

Darcy sorrise. "Grazie. Le mie sorelle saranno felici di saperlo. È dedicato a mio zio, da cui prende il nome. Godetevi la cena. Sono felice che vi siate unite a noi."

Dopo aver lasciato il tavolo, Amber diede una gomitata a Cate. "Ora sappiamo come siamo riuscite a prenotare all'ultimo minuto. Una certa proprietaria è anche una fan di una scrittrice famosa."

Cate rise. "Io? Scrittrice famosa? Improbabile. Ma è bello quando a un lettore piace il mio lavoro. Fa sì che tutte le ore di lavoro da sola ne valgano la pena." Si voltò quando il sommelier si avvicinò al tavolo.

"Posso offrire dei suggerimenti per il vino di stasera?" chiese loro.

"Ci puoi scommettere," rispose Brooke, e Cate fu lieta di vedere che lo sguardo cupo che Brooke aveva assunto prima era sparito.

Dopo aver ordinato quello che il sommelier aveva definito un pinot nero delizioso e leggero del Chandler Hill Inn and Winery nella Willamette Valley dell'Oregon, Brooke raccontò a Cate e Amber delle tre sorelle Sullivan che avevano ereditato il Salty Key Inn quando era un rudere e di come lo avevano trasformato in un locale di alto livello.

"Mi piace ascoltare storie di donne forti," disse Cate.

"Ho deciso che se Paul ha una relazione non aspetterò, andrò avanti con il divorzio. Non voglio essere come alcune mie conoscenze che chiudono un occhio sulle scappatelle del marito perché lui può garantire loro un buon tenore di vita. Non voglio che mio figlio o le bimbe pensino che sia giusto comportarsi in quel modo. Paul e io abbiamo lavorato duramente per appianare la crisi e creare un rapporto più forte dopo quel brutto episodio con la sua paziente, ma non ho intenzione di ricominciare da capo."

"Qualunque cosa accada, noi siamo qui per te," disse Cate, preoccupata per via della tristezza che riempiva gli occhi di Brooke. Dato che non era mai stata all'altezza delle aspettative della madre, Cate avrebbe sofferto molto più di altre persone, se il marito davvero la tradiva.

Quando arrivò il momento di ordinare il dolce, la cameriera chiese se qualcuna di loro volesse un caffè o qualcos'altro da bere, visto che il dolce era già stato ordinato appositamente per loro.

Amber e Brooke si rivolsero a Cate.

Lei sorrise. "Ho detto loro che era la festa del nostro compleanno."

Sorrisero e ordinarono caffè e tè.

Appena la cameriera si allontanò, Brooke si accarezzò lo stomaco. "Non mi interessa quanto sono piena, prenderò la mia parte di dolce. Festeggiare insieme i nostri compleanni è la migliore idea di sempre." Alzò il bicchiere di vino. "Vi voglio bene."

"A noi," disse Cate, contenta che il tempo trascorso insieme stesse trascorrendo tanto bene.

Quando la cameriera tornò, era seguita da un giovane con una giacca da cuoco bianca e pantaloni a quadri neri che portava una torta su un piatto.

"Ho saputo che abbiamo non uno, ma tre compleanni da festeggiare. Auguri a ciascuna di voi. Buon divertimento!"

Posò il piatto al centro del tavolo. "È la nostra torta lemon-chiffon. E come da vostra richiesta, ci siamo attenuti al tema della spiaggia." La glassa bianca che ricopriva la torta era decorata con una piccola serie di conchiglie e un singolo fiore di ibisco rosa.

Deliziata, Cate batté le mani. "È bellissima! Grazie mille!"

"Sì! Grazie!" fecero eco Amber e Brooke.

Qualche istante dopo, mentre dava l'ultimo morso alla sua fetta della piccola torta al limone, Cate emise un sommesso gemito di soddisfazione. "È stato il miglior pasto che io abbia fatto da molto, molto tempo a questa parte. Non so come ci riescano, ma era tutto perfetto, dalla tartare di carne, alla sogliola alle mandorle e al miglior dolce di sempre."

Da quando viveva con Jackson, aveva imparato ad apprezzare la buona cucina. Lui amava provare nuove ricette, ma anche quelle vecchie e collaudate andavano bene. A ogni modo, gli avrebbe raccontato del cibo che avevano mangiato e del condimento al lime sull'insalata. Era particolarmente buono con una spolverata di scorza.

"Il mio agnello era da urlo," disse Brooke.

"Le capesante scottate erano tenerissime, come non le avevo mai mangiate," aggiunse Amber. "Non che le mangi spesso, con tutto quel burro."

"Ora che sai di essere incinta, la tua dieta dovrà un po' cambiare," disse Brooke. "Non puoi privare il tuo bambino per paura di ingrassare."

Una nuvola scura sembrò attraversare il volto di Amber. "Lo so, lo so. Non riesco a immaginare quello che mi riserveranno i prossimi mesi. Non biasimo Jesse perché non vuole figli."

Cate non riuscì a trattenersi dal dire: "Aspetta! Perché dici così? Non gli hai nemmeno detto del bambino."

Amber si portò il bicchiere d'acqua alle labbra e lo posò. "Il problema è quello che non gli ho detto. È qualcosa che non ho mai detto a un uomo." I suoi occhi brillarono di lacrime. "Credo di essere innamorata di lui."

Cate e Brooke si scambiarono uno sguardo di sorpresa.

"Cavolo! Questa è una situazione completamente diversa," affermò Brooke.

"Ti va di parlarne?" le chiese Cate.

Amber scosse la testa con decisione. "No, non voglio."

CAPITOLO NOVE

AMBER

Dopo essere rientrate al cottage, Brooke disse: "Guardiamo un film romantico, qualcosa che ci faccia piangere. Così possiamo dare sfogo ai nostri sentimenti."

Amber sapeva che Brooke stava cercando di aiutarla ed era commossa dal suo sforzo.

"Farà bene a tutte... e più tardi, se volete dei popcorn, li preparerò," disse Cate con un sorriso sbarazzino.

Amber rise. "Quelli al burro bruciato?"

Le tre ridacchiarono al ricordo di Cate a quattordici anni, che aveva bruciato il burro nella padella prima di gettare i popcorn durante uno dei suoi primi tentativi di preparazione. Ma dopo aver aggiustato le dosi di burro e olio, i popcorn di Cate erano diventati i loro preferiti: una vera e propria tradizione, quando tutte e tre si ritrovavano per dormire a casa di Brooke.

Brooke rivolse loro un sorriso misterioso. "Prima di iniziare, vado a mettermi in pigiama. Aspettate qui. Ho una sorpresa per voi!"

Uscì dalla stanza ridacchiando.

"Chissà che sta per combinare," disse Amber.

Divertita, Cate scosse la testa. "Non lo so, ma sembrano i vecchi tempi. Ti ricordi quante volte se ne usciva con queste mosse?"

"Come quando ci ha obbligato a farci dei tatuaggi finti?" disse Amber.

Cate portò una mano sulla guancia. "Oh cielo! Quando mia zia se n'è accorta, si è infuriata. Mi ha dato della sgualdrina."

Sentendo il "Ta-dà!" di Brooke, Amber e Cate si girarono di scatto.

Brooke si mise in posa per loro. Ancheggiava con indosso un top rosa senza maniche, scollato, con il disegno di una donna nuda sul davanti e la scritta "Beach Babe" sotto l'immagine. I pantaloncini di seta rosa, punteggiati di cuori rossi e bordati di pizzo, completavano la mise.

"Che ne pensate?" Brooke fece ruotare i fianchi e inarcò il corpo in modo da mettere in evidenza il seno.

Amber rise. "Non c'è niente di più kitsch."

"Sì! Perfetto," esclamò Cate.

Mentre continuava a ridere, Brooke consegnò a ciascuna di loro un pacchetto.

"Vado subito a indossare il mio," disse Amber, che si sforzava di rimanere allegra mentre usciva dalla stanza con il suo pacchetto. Il vestito era qualcosa che sarebbe piaciuto molto a sua madre.

In camera da letto, Amber mise da parte i pensieri legati alla madre e si infilò il pigiama. Davanti allo specchio, notò la leggera curva del suo stomaco solitamente piatto, e rabbrividì al pensiero di come la gravidanza le avrebbe cambiato il fisico. Si disse che era una sciocca, ma d'altra parte il suo corpo magro era parte del motivo per cui aveva avuto successo come modella. Forse avere un bambino l'avrebbe costretta a riconsiderare la sua vita.

I pensieri volarono a Jesse. Forse perché lavorava sempre con le modelle, era l'unico uomo della sua vita che l'aveva fatta sentire speciale in un modo che non aveva nulla a che fare con il suo aspetto esteriore. Insieme, si divertivano a parlare di musica e di arte. Si erano incontrati più volte al Museo d'arte moderna prima di cenare in tranquillità in uno dei tanti localini alternativi che si trovavano lì vicino. Amber aveva persino pensato di frequentare dei corsi d'arte per avere qualcosa in più da dire durante le loro chiacchierate.

Un colpo alla porta mise fine alle sue riflessioni.

"Sei pronta?" domandò Cate mentre apriva uno spiraglio nella porta. "Brooke vuole fare delle foto di noi tre."

"Pronta," disse Amber. Andò in corridoio caricaturando un'andatura da modella.

"Mio Dio! Anche questo vestito ti sta benissimo!" disse Cate tra le risa.

Dalla fine del corridoio, Brooke le guardò con approvazione. "Lo sapevo! È proprio quello che ci voleva per questa festa! Voi due siete bellissime!"

"Lo sei anche tu, tesoro," disse Amber. Allargò le braccia e fece una piroetta, si sentiva più simile alla giovane ragazza speranzosa di un tempo. Era davvero bello essere una ragazza da spiaggia.

CAPITOLO DIECI

CATE

Cate era presa dal film, seguiva con attenzione ogni filo della trama per capire le parti che funzionavano e immaginare sviluppi potenziali, quando Brooke le scosse la spalla. "Cate? Mi hai sentito?"

Lei trasalì. "Cosa?"

"Il tuo telefono sta squillando. Devi averlo lasciato in camera da letto."

Cate alzò la testa per ascoltare. Era la suoneria di Jackson. "Torno subito!" Si precipitò in camera da letto e prese il telefono dalla scrivania. "Pronto?"

Nessuna risposta. Aveva già riattaccato.

Premette il pulsante per il suo numero e aspettò.

"Ehi, ciao!" disse Jackson. "Ho appena provato a chiamarti."

"Mi dispiace. Non sono riuscita a raggiungere il telefono in tempo. Come stai? E come sta Buddy?"

"Tutto bene. Ammazziamo il tempo insieme e sentiamo la tua mancanza."

"Ho un'idea. So quanto sia impegnativo per te organizzare una supplenza, ma... potresti prenderti un paio di giorni di ferie? Il Seashell Cottage è disponibile per qualche giorno dopo la partenza di Amber e Brooke. Perché non ci vediamo qui? Ci farebbe bene un po' di tempo insieme."

"Che succede? Si tratta dei discorsi che abbiamo fatto sull'avere una famiglia tutta nostra?" domandò Jackson con tono diffidente.

"Questo e altro. Abbiamo bisogno di tempo per noi stessi, lontano dal lavoro... solo noi due in un ambiente romantico. Dopo essere stata con Amber e Brooke e aver saputo quello che ognuna di loro sta passando, mi rendo conto di quanto sia importante per noi farlo."

"Mmmm, mi stai chiedendo di unirmi a te per quella che prometti sarà una fuga sexy? È così?" la stuzzicò.

"Lo spero," disse Cate, che rise della descrizione. Le piaceva quando Jackson aveva voglia di giocare.

"Farò in modo che accada," disse Jackson con determinazione. "Amber e Brooke partono lunedì, io sarò lì la sera. Hai ragione. Ne abbiamo bisogno, Cate."

"È per questo che ti ho invitato."

"Tutto quello che vuoi, tesoro," disse lui in un tono di gioco. Tuttavia, Cate sentì la felicità nella voce del compagno e capì che prendersi qualche giorno di intimità era una buona idea, a quel punto della loro relazione.

Quando tornò in salotto, Amber e Brooke la studiarono.

"Stai sorridendo," disse Amber. "Sputa il rospo."

"Jackson mi raggiungerà lunedì sera."

"E...?"

"Ci ho pensato su... e dopo esserci riviste e confidate, sono abbastanza sicura di volergli dire che lo sposerò."

Amber le rivolse un pollice in su. "Era ora. Voi due insieme siete come dinamite."

"Sono davvero felice per te," esclamò Brooke, prima di saltare su dal divano e abbracciarla.

Cate sapeva che non sarebbe stato tanto semplice quanto le altre pensavano. Lei e Jackson erano persone indipendenti. Il matrimonio e un bambino avrebbero cambiato molti aspetti della loro vita.

Quando il finale del film svanì dallo schermo del televisore, Cate si tamponò gli occhi con un fazzoletto. “È stato meraviglioso, proprio quello di cui avevo bisogno.” Amava i film a lieto fine, anche quando la facevano piangere. Era per quello che Serena e Rondol avrebbero trovato la felicità insieme, alla fine della serie di libri che stava scrivendo.

Brooke si alzò e guardò le amiche. “Devo dormire un po’. O comunque cercherò di farlo.” Si diresse verso la sua camera da letto.

Amber si rivolse a Cate. “Non ho mai visto Brooke così sicura di sé, così determinata a risolvere la questione con Paul. Non so se applaudirla o preoccuparmi.”

“Penso a quello che il divorzio potrebbe causare alla famiglia. Le bambine amano il loro papà.”

“Non è da Brooke agire in modo tanto impulsivo. Forse c’è qualcosa di vero quando si dice che la vita inizia a quarant’anni. Sembra che noi tre abbiamo un periodo completamente nuovo davanti alle nostre vite.”

“Spero solo che faremo le scelte giuste,” disse Cate, un po’ a disagio per Brooke. Ricordava quanto l’amica fosse silenziosa e incerta quando si erano incontrate per la prima volta. Se non fosse stato per l’adorazione che il padre provava per lei, si sarebbe distrutta completamente nel tentativo di compiacere sua madre.

“Pronta per andare a letto?” chiese Amber. “Sono così stanca che mi sembra di poter dormire per mesi.”

“Domani è il nostro ultimo giorno intero qui, ci rilasseremo. Il riposo farà bene a tutte noi.” *E forse avrò modo di parlare con Brooke.*

Il rumore delle gocce di pioggia che colpivano il vetro della finestra della sua camera incoraggiò Cate a rannicchiarsi sotto le coperte. Sbirciò fuori, c'era la luce del primo mattino. Il cielo grigio offriva poca luminosità. *Un giorno perfetto per essere pigre. Un giorno perfetto per scavare più a fondo nei problemi delle sue amiche più care.* Avrebbe fatto qualsiasi cosa per aiutarle. Rivederle l'aveva riempita di affetto e le aveva fatto ripensare a tutto ciò che avevano condiviso, a tutto ciò che loro significavano per lei.

Quando finalmente si alzò, indossò l'accappatoio di spugna bianco che aveva trovato nella stanza e si diresse in cucina. L'odore del caffè era troppo invitante per indugiare oltre.

Brooke era seduta al tavolo della cucina e le sorrise. "Buongiorno."

Cate sorrise. "Buongiorno." Riempì una tazza di caffè e si sedette di fronte a Brooke.

Lei si avvicinò e le accarezzò la mano. "Sono felice che tu abbia preso la decisione di sposare Jackson. So che può sembrare strano detto da me, quando forse sto per porre fine al mio matrimonio, ma è giusto che tu e Jackson stiate insieme e che creiate una famiglia. Siete perfetti l'uno per l'altra."

"Grazie," disse Cate. "Sto diventando meno nervosa all'idea di farlo. Devo cercare di somigliare molto di più al mio personaggio Serena: andare avanti e basta."

"Come va con il tuo ultimo libro?" le chiese Brooke.

"Va a rilento. Pensavo di aver pianificato tutto, ma ho ripensato ad alcune parti essenziali e ora dovrò tornare indietro e modificarle, prima di poter continuare. Questo processo non è una novità, ma a volte è scoraggiante." Posò la tazza di caffè e studiò Brooke. "Che cosa ti succede? Tu e Paul avete sempre avuto un legame forte, non riesco a immaginare che lui si sia allontanato."

Brooke scosse la testa e scrollò le spalle. "Non capisco perché non mi parla o non mi spiega dove va quando dice di avere degli affari da sbrigare. Deve essere un'altra donna. Non mi viene in mente nient'altro. E come ho detto, dopo un po' la magia del matrimonio può scomparire. Nel nostro caso è successo. Negli ultimi mesi mi sembra di avere un coinquilino e niente di più."

"Ha idea di chi possa essere l'altra? Come stimato ginecologo, è adorato dalle sue pazienti. Ricordo che la mia agente mi disse che si era innamorata del suo medico quando era incinta dell'ultimo figlio. Ha detto che era l'unico uomo che capiva quello che stava passando, che suo marito non aveva idea del perché fosse tanto emotiva e di quali fossero i suoi bisogni."

"Alla fine ha divorziato?" domandò Brooke, con gli occhi spalancati.

Cate scosse la testa. "No, certo che no. Ma continua a pensare che sia il più grande medico di sempre."

Brooke sospirò. "Paul è un medico bravissimo."

"Dopo l'incidente di qualche anno fa, Paul si è dedicato a te e alla famiglia. Credo che ci sia molto di più di quello che pensi. Brooke, non correre finché non sei sicura."

"Credo che seguirò il suggerimento di Amber e assumerò un investigatore privato, una volta tornata a casa."

"Cos'altro ti sta succedendo?" disse Cate, per spingere l'amica a parlarne. Conosceva Brooke abbastanza bene da capire che c'era qualcos'altro che la rendeva infelice.

Brooke distolse lo sguardo e poi tornò indietro, il suo volto era una maschera di incertezza. "L'idea di compiere quarant'anni mi ha colpito molto. A differenza tua e di Amber, non ho una carriera. Sono la moglie di Paul, la madre di P.J. e delle gemelle. Mi sono persa, senza parlare dei cambiamenti fisici del mio corpo. Ho sempre avuto problemi sul fisico e nemmeno un ulteriore intervento di chirurgia plastica mi aiuterà. Inoltre, non voglio diventare una di quelle donne dalle guance piene che farebbero di tutto per nascondere una ruga o due."

"E i tuoi acquerelli? Una volta ti piaceva dipingere."

"Non prendo in mano un pennello da una vita. Le bambine mi tengono così occupata, come potrei mai trovare il tempo?"

"Brooke, devi trovare la tua felicità," disse Cate. Parlava a bassa voce, ma le sue parole erano piene di significato. "Forse dovrai essere creativa nell'organizzare la tua vita in materia tale da avere del tempo per te stessa, ma è importante che tu lo faccia."

"Fare cosa?" disse Amber mentre entrava nella stanza.

"Trovare il tempo per se stessa," rispose prontamente Cate.

Amber sbadigliò e si sedette al tavolo con loro. "Cate ha ragione, Brooke. È bello che tu abbia una famiglia, ma non puoi lasciare che ti seppelliscano con le loro richieste. Hai dipinto qualcosa, ultimamente, o hai iniziato quel club del libro di cui parlavi?"

"Non iniziare anche tu," gemette Brooke. "No, non l'ho fatto." Sospirò e mosse un dito verso Amber. "Quando è stata l'ultima volta che hai fatto qualcosa per te stessa?"

Amber guardò le amiche. "La sto facendo ora. C'è una lezione per tutte, signore. Dobbiamo pensare a noi molto più spesso."

"Sono d'accordo," disse Cate. "Iniziamo una tradizione di incontri ogni qualche mese. Perché non venite a casa mia dopo le vacanze? Per allora dovremmo avere molte risposte."

"Affare fatto," disse Brooke.

"Contate su di me," disse Amber, poi si accarezzò la pancia. "Forse dovrei dire: contate su di noi." Le vennero gli occhi lucidi. "Non riesco ancora a immaginare quello che ci aspetta."

Brooke prese le prese la mano, poi afferrò anche quella di Cate. "Brindiamo alle ragazze della spiaggia!"

"Proprio noi," commentò Amber e mentre muoveva le

spalle, facendo tremare la donna nuda stampata sul top che indossava.

Cate rideva con le altre due, ma sapeva che la aspettavano grandi sfide. Sviluppando i personaggi per i suoi libri, aveva imparato che le persone erano fatte a strati. Nel caso delle ragazze della spiaggia, tutte avevano problemi con il passato che le stavano raggiungendo.

CAPITOLO UNDICI

BROOKE

La giornata diventò abbastanza soleggiata da permettere, nella tarda mattinata, una nuotata in piscina. Brooke si sdraiò al sole con Cate e Amber e lasciò che la mente vagasse. Quelle due avevano ragione. Aveva bisogno di fare qualcosa per se stessa. Le piaceva dipingere. Era un ottimo modo per esprimersi e la gente sembrava amare i fiori e le scene sulla spiaggia che dipingeva. Un tempo aveva persino pensato di organizzare una mostra d'arte tutta sua. Ma prima ancora di iniziare a pianificarla, aveva scoperto di essere incinta delle gemelle. Erano seguiti mesi in cui non si era sentita bene e alla fine aveva rinunciato all'idea. Dopo la nascita delle bambine, la vita aveva preso velocità.

"Ti ricordi la canzone del campeggio che ci hai insegnato?" le domandò Amber con una voce morbida e sognante, mentre si accomodava sullo sdraio.

"Quella sulla luna?" rispose Brooke. Si alzò a sedere e scoppiò a cantare. "Vedo la luna..."

Amber e Cate si unirono a lei e scoppiarono a ridere quando iniziò a parlare di bottiglie di birra su un muro.

Appena finirono la canzone, Cate si rivolse a Brooke con un sorriso. "Ogni estate aspettavo che tu tornassi dal campeggio notturno. Non era la stessa cosa senza di te."

"Anche se mi sono divertita, ogni estate avrei voluto tornare a New York con voi due. Mamma voleva che andassi a Cape Cod per tutta l'estate, ma papà mi ha aiutato a convincerla che quattro settimane erano sufficienti."

Amber si girò sulla sedia a sdraio per guardarle in faccia. "Anche quando non c'eri, Brooke, ero sicura che saresti tornata e che io e Cate saremmo state di nuovo con te. Avevamo fatto un giuramento di sangue. Ricordi?"

"Sì, i tempi delle ragazze della spiaggia erano i migliori," aggiunse Cate, con un sorriso affettuoso.

Anche Brooke sorrise. "Questo era prima... E adesso?" Saltò in piedi, armeggiò con il telefono, trovò della musica e aiutò le amiche ad alzarsi

Risero, tutte e tre si allinearono e accennarono i passi di un ballo di gruppo che facevano da ragazzine, l'Electric Slide.

"Ce la caviamo ancora abbastanza bene," disse Brooke quando la canzone finì e tutte e tre si fermarono. Strinse a sé Cate e si girò verso Amber per un altro rapido abbraccio. "Spero che le mie figlie trovino amiche preziose come voi due lo siete per me."

"Lo spero anch'io," disse Cate.

"Ehi, vado dentro e mi sdraio un po'. Sono improvvisamente stanca," disse Amber.

"Stai bene?" le domandò Brooke.

Amber sospirò. "Sono solo un po' incinta."

Dopo che se ne fu andata, Brooke si rivolse a Cate. "Vorrei che ne parlasse di più, ma conosci Amber... Si tiene dentro tutto finché non riesce più a trattenerlo."

Cate annuì. "Di sicuro ha molti pensieri per la testa. Tutte ne abbiamo."

"Vorrei che ci fosse ancora mio padre. Mi aiuterebbe a capire com'è la situazione. Era l'unico che riusciva a togliermi mia madre di torno, quando a lei non piaceva quello che facevo... E non le piacerà che io lasci Paul."

"Tuo padre era il migliore," commentò Cate. "Senza il suo aiuto, non avrei ricevuto una borsa di studio per la Columbia

University. È stato lui a contattare la scuola per me e ad aiutarmi a compilare tutti i documenti. Gli ho dedicato il mio primo libro, ma nemmeno quel gesto poteva esprimere appieno la mia gratitudine. Se non fosse stato per lui, forse non sarei stata accettata nel programma di scrittura creativa."

Quel ricordo strappò a Brooke un sorriso. Il padre, Richard Ridley, aveva preso sotto la sua tutela sia Cate che Amber. "Sapeva quanto tu fossi intelligente, quanto talento avessi. Mi disse anche di fidarmi, che non eri come le ragazze della scuola e che saresti stata un'amica leale."

"Davvero?"

Brooke annuì. "Ero una bambina piuttosto solitaria e c'erano molte persone pronte a prendersi gioco di me."

"Dovrebbero vederti ora," commentò Cate. "Ma d'altronde, te la sei sempre cavata bene."

"Bradley e Brynn hanno la tendenza a ingrassare, ma non ho mai detto loro nulla al riguardo. Sto attenta a quello che mangiano, ma non ho intenzione di fare quello che mia madre ha fatto con me, con tutti i suoi rimproveri. Ripensandoci, era crudele."

"Sì, lo era. Ricordo come si è affannata per Amber, a dirle quanto fosse bella davanti a noi due, per assicurarsi che sapessimo che Amber le piaceva di più."

"La vendetta più dolce che ho è quella di non comportarmi come lei. Entrambe le mie ragazze sono bellissime così come sono. Mia madre ha cercato di convincerle che dovevano cambiare taglio di capelli, ma io le ho detto chiaramente che non deve più parlare del loro aspetto davanti a loro." Brooke accennò una risatina. "Ero così arrabbiata che l'ho davvero spaventata."

"Buon per te." Cate fece una pausa e la osservò. "Come reagiranno al divorzio le gemelle e P.J?"

Brooke si guardò intorno, si sentiva fragile. "Non lo so.

Adorano il padre e io non voglio danneggiare il rapporto che hanno con lui." Si passò una mano tra i riccioli rossi. "Sono molto confusa in questo momento. Tu e Amber sembrate convinte che Paul non mi tradirebbe mai, ma io ho ripercorso gli ultimi mesi nella mia mente e non so cos'altro potrebbe essere."

"Un giorno alla volta, ricordi?"

"Ci proverò. Ho bisogno di prove, prima di agire. Nel frattempo, faccio fatica a parlargli senza che mi venga voglia di piangere."

CAPITOLO DODICI

AMBER

Amber si sdraiò sul letto, abbracciò uno dei cuscini vicino a sé e ripensò ai momenti romantici che aveva condiviso con Jesse. Lui era una persona davvero gentile e comprensiva. Quando erano usciti insieme la prima volta, si conoscevano da quasi tre anni. Anche allora non c'era stata fretta di andare a letto. Era una delle poche persone con cui Amber aveva parlato degli abusi che aveva subito in passato. Quella voglia di confidarsi l'aveva stupita, ma d'altronde i viaggi per i servizi fotografici e il lavoro insieme l'avevano fatta sentire a proprio agio con lui.

Ma soprattutto, con Jesse si sentiva al sicuro, e quello per lei era un fattore molto importante. Era il motivo principale per cui aveva valutato l'idea di andare a letto con lui. Sapeva che Jesse non l'avrebbe fatta soffrire.

Si accarezzò la pancia. Era quasi imbarazzata a dirgli del bambino, perché lui era stato sincero fin dall'inizio, le aveva spiegato che amava ancora sua moglie e che un giorno sperava di tornare insieme a lei. In cambio, Amber gli aveva detto che non si aspettava nulla di più di un'amicizia speciale e che nemmeno lei desiderava rinunciare alla propria indipendenza. Sebbene lei avesse mantenuto la parola data, aveva capito fin da subito che la loro relazione era complicata dai sentimenti crescenti che lei provava nei confronti di Jesse.

In quel momento, ripensando all'accaduto, rimpianse di non avere avuto il coraggio di dirgli quello che provava veramente. Brooke e Cate avevano ragione. Doveva essere aperta e dargli l'opportunità di scegliere se far parte o meno della vita del bambino.

Accarezzò il punto che presto si sarebbe allargato per proteggere il bambino che non aveva previsto. Il suo pensiero andò alla madre, una ninfomane egocentrica che misurava sempre il proprio valore in base alle attenzioni che gli uomini le davano.

Un brivido la attraversò. Non aveva mai voluto essere come lei. Gli altri potevano pensare che la madre fosse bella, ma Amber sapeva quale fosse la vera natura di quella donna.

Paragonate ad Amber, le altre due ragazze della spiaggia erano ingenue. C'era da augurarsi che rimanessero tali. L'avevano aiutata a superare molti momenti difficili.

CAPITOLO TREDICI

CATE

La mattina seguente, le nuvole giocavano a nascondino con il sole, proiettavano ombre e poi si allontanavano per lasciare che la luce del sole illuminasse la giornata. Quei cambiamenti erano all'altezza dell'umore di Cate. Era triste per la conclusione del fine settimana con le amiche, ma entusiasta all'idea di avere Jackson lì in Florida con lei. Sperava che quei giorni insieme a lui avrebbero rappresentato il ritiro romantico che lei sognava.

Cate e Amber erano in piedi nel vialetto e guardavano la limousine noleggiata da Brooke. Prima avevano pianto mentre si erano date l'arrivederci, ma in quel momento Cate stava forzando un sorriso coraggioso. Riusciva a vedere Brooke che le salutava attraverso il finestrino posteriore dell'auto.

Quando la limousine scomparve dalla vista, Cate sospirò e si rivolse verso Amber. "Dobbiamo tenerci tutte in contatto. Non voglio lasciar correre di nuovo tutto questo tempo."

"Sarebbe fantastico," disse Amber. "Sono felice che tu abbia organizzato questo fine settimana per noi. Avrò bisogno di molto sostegno nei prossimi mesi."

"Starai bene?" le domandò Cate.

Amber la studiò. "Sinceramente non lo so. È questo che rende tutto così difficile. È un bene che non si noti ancora la pancia, in questo modo ho un po' di tempo per decidere come gestire al meglio la situazione."

Cate vide una nuova vulnerabilità in Amber. Di solito sicura di sé, quasi presuntuosa, ad Amber piaceva avere il controllo. I prossimi mesi non sarebbero stati facili per lei.

"Ricorda che se hai bisogno di un rifugio, hai la mia casa a Ellenton. Mi piacerebbe averti con noi."

"Grazie, tesoro, non sai quanto significhi per me. Ora è meglio che vada a organizzarmi per il viaggio di ritorno a casa, questo pomeriggio."

Amber rientrò e Cate si diresse verso il mare, desiderosa di stare da sola. Passeggiò sulla sabbia, chiedendosi come sarebbe stato il bambino che lei e Jackson avrebbero potuto avere. Jackson, che aveva due fratelli e due sorelle, era un bell'uomo. Le sue studentesse del liceo pensavano che fosse un figo, anche se lui si guardava bene dal reagire a quelle voci. Ciononostante, con quei capelli castani, gli occhi azzurri e i lineamenti marcati, si meritava ogni commento.

Mentre passeggiava lungo la riva dell'acqua alla ricerca di conchiglie, Cate immaginava di tenere in braccio un bambino dalle guance rosa, con gli occhi azzurri e i capelli castani, una sfumatura intermedia tra il colore della chioma di Jackson e quello delle ciocche più chiare che aveva lei. Sentì un pianto di bimbo, alzò lo sguardo e vide una donna che camminava verso di lei e teneva il piccolo in una specie di fascia. Mentre la guardava con la coda dell'occhio, la vide accarezzare con calma il bambino per tranquillizzarlo. Cate era attanagliata dal dubbio su se stessa. Le altre donne lo facevano sembrare facile, ma lei non aveva alcuna esperienza con i bambini.

Le squillò il cellulare, lo sollevò dalla tasca dei pantaloni e guardò lo schermo. *Jackson.*

La gioia la percorse. "Ciao, tesoro! Come stai?"

"Non molto bene. Sto smaltendo l'influenza che gira per la scuola."

"Oh, no! Riuscirai a viaggiare?" Jackson aveva una voce

terribile.

"Ho ancora intenzione di prendere il volo pomeridiano. Domani starò già meglio."

Cate nascose la profonda delusione che provava. "Mi dispiace molto. Ti preparerò qualcosa di leggero per cena e potrai riposare qui al sole."

"Mi farò perdonare un'altra volta. Ci vediamo oggi pomeriggio."

Cate chiuse la chiamata e sospirò. Era finita la sua parentesi romantica di quella sera.

Mentre riprendeva a camminare, si chiese se fosse un segno che la avvertiva di non andare avanti con i suoi piani. Si fermò di colpo quando davanti a lei notò una bellissima conchiglia rosata a forma di ventaglio. La raccolse e la esaminò. Un perfetto regalo del mare. La strinse in mano, alzò il viso verso il cielo e ricordò a se stessa di fare un passo alla volta.

Le grida degli uccelli che volteggiavano sopra di lei, altri uccelli di spiaggia che correvano lungo la riva dell'acqua in cerca di un boccone e il suono ritmico delle onde, le davano un senso di pace. Era una persona più spirituale che religiosa e, nel godersi quel momento, trovò la risposta che cercava. Per quanto a volte l'idea la spaventasse, era pronta a iniziare una nuova fase della sua vita.

La risoluzione che Cate aveva preso quella mattina le risollevò il morale anche quando abbracciò Amber all'aeroporto, triste per la partenza dell'amica. "Buon viaggio," disse ad Amber e le offrì parole che erano molto di più che un semplice augurio di buon volo.

"Grazie di tutto," rispose Amber con gli occhi che si riempivano di lacrime. "Mi farò sicuramente sentire."

Quando alla fine Amber scomparve dall'ingresso del terminal, Cate salì sull'auto a noleggio, si allontanò dal marciapiede e si diresse verso il parcheggio al centro dell'aeroporto. Il volo di Jackson sarebbe dovuto arrivare dopo un'ora.

All'interno del terminal, Cate si accontentava di osservare le persone intorno a lei. Come sempre, la sua immaginazione era stimolata dalle persone che vedeva e dalle conversazioni che ascoltava. I lettori le chiedevano spesso da dove traesse le idee per le sue storie. Come molti altri autori, la sua risposta era semplice: "Sono tutte intorno a me."

Era intenta a guardare una madre che bisticciava con un bambino, quando avvertì la presenza di qualcuno, alzò lo sguardo e vide Jackson che camminava verso di lei. Stava benissimo con indosso un paio di jeans e un maglione nero a collo alto che gli metteva in risalto il fisico snello. Ma fu il modo in cui le sorrideva a riempirla di gioia. Capì in quel momento che non avrebbe mai potuto lasciarlo andare. Saltò in piedi e corse da lui. "Ciao! Come ti senti?"

Lui le mostrò un ampio sorriso e la strinse a sé. "Molto meglio. Stamattina non ero sicuro di farcela, ma sono contento di essere partito. A casa piove ed è grigio. Non vedo l'ora di godermi un po' di sole e..." Le fece l'occhiolino. "...di stare con te."

Cate gli prese la mano e gli sorrise. "Anch'io. Voglio che questo sia un momento speciale per noi. So quanto siano state tese le ultime settimane a scuola."

"Sì, non so cosa sia, ma quest'anno i gruppi di ragazzi nella maggior parte delle mie classi sono difficili." Le mise un braccio intorno alla spalla. "Forza! Prendiamo la valigia e usciamo di qui."

Cate non avrebbe potuto stare meglio. Lui era tornato alla normalità e lei aveva preso la sua decisione.

Cate entrò nel vialetto del cottage e si rivolse raggiante a Jackson. "Siamo a casa!"

"Bello! Credo che mi piacerà questo posto," rispose mentre si guardava intorno con un sorriso che gli illuminava il volto.

Cate scese dall'auto. "Ti faccio fare il giro completo e poi facciamo una passeggiata sulla spiaggia. È un bel momento della giornata per farlo."

"Buona idea." Scese dall'auto e annusò l'aria salmastra. "Adoro stare in spiaggia."

Cate lo guardava divertirsi e intanto si chiedeva perché non avessero fatto più viaggi insieme. Magari quell'estate sarebbero potuti andare in Europa. Poi si ricordò. Forse sarebbe stata incinta e non avrebbe potuto viaggiare. Era un pensiero nuovo: riorganizzare i piani per accogliere un bambino.

"Vediamo l'interno," disse Jackson prima di prendere la valigia dall'auto.

Cate lo accompagnò nel cottage e glielo mostrò.

"Molto confortevole," disse lui, e la prese tra le braccia. "Ho intenzione di godermi la permanenza qui."

"Anch'io," disse Cate. Si accoccolò contro il suo petto tonico, e si gustò il senso di pace che la pervadeva ogni volta che era tra le sue braccia. Anche se una parte di lei avrebbe voluto dichiarare apertamente l'intenzione di andare avanti con l'idea del matrimonio, decise di lasciare che le vicende si svolgessero in modo naturale.

"Ti senti abbastanza bene per la cena?" gli chiese. "Possiamo ordinare qualcosa, o ti posso preparare un'omelette o quello che vuoi. Decidi tu."

"Un'omelette e una serata con te... Sembra perfetto," disse lui, poi si chinò e la baciò sulla fronte. "Sarò pronto a scatenarmi domani."

“Ottimo. L’aria salata e il rumore delle onde ti culleranno e ti daranno la possibilità di riposare.”

“O di fare qualcos’altro. Vedremo,” disse lui, con un sorriso sexy.

Lei rise. Dopo essere stati insieme per sette anni, erano abbastanza a loro agio l’uno con l’altra da capire quando stavano solo giocando. Le piaceva quell’aspetto di lui.

Jackson sistemò i vestiti in camera da letto e le tese la mano. “Sei pronta per la passeggiata?”

Lei gli prese la mano e si avviarono verso la spiaggia, sulla sabbia compatta. Rimasero lì di fronte all’acqua per un momento.

“Quando ero bambino, d’estate andavo con la mia famiglia sulla costa del New Jersey. I miei nonni avevano una casa lì. Era un circo con tutti noi bambini che correvamo in giro, ma mi piaceva molto. Però qui…” Indicò lo spazio intorno a loro con un gesto del braccio. “È spettacolare.”

“Mi piacciono le palme e i fiori colorati.”

“E gli uccelli,” disse mentre indicava un gruppo di piovanelli e di altri piccoli uccelli da riva che si muovevano davanti a loro come se stessero facendo una gara per vedere chi riusciva a trovare il primo bocconcino.

“Guarda là!” sussurrò Cate che tirò una gomitata a Jackson. Un airone stava sguazzando nell’acqua alla loro destra. Le piume bianche contro l’acqua blu attirarono la sua attenzione mentre la creatura dalle zampe lunghe si chinava, colpiva l’acqua con il becco arancione e prendeva un pesce argenteo e guizzante.

Jackson le sorrise. “Ottima idea, venire qui.”

Passeggiarono sulla sabbia mano nella mano. Anche se lui era alto più di un metro e ottanta, misurava i passi per adattarli a quelli più piccoli di lei. Era premuroso.

Cate pensò all’infanzia di Jackson, così diversa dalla sua.

Lui aveva due sorelle maggiori ed era il secondo dei quattro maschi, dopo Jake, il più grande. Lo seguivano due fratelli minori, Jon e Jerome. Erano una famiglia gentile e affettuosa che ora si era dispersa. Cate adorava i genitori di Jackson e si univa volentieri a lui in ogni viaggio per andare a trovarli nella Carolina del Nord, dove vivevano in quel momento. Non aveva conosciuto la nonna materna, ma Jackson aveva ereditato del denaro da lei.

Cate si sentiva piena di profondo affetto per lui. Lo fermò e gli gettò le braccia al collo. "Ti amo, Jackson Hubbard."

"Abbastanza da sposarmi e mettere su famiglia?" Le sorrise. Era una frase che aveva già usato in passato.

Con il cuore in gola per aver finalmente preso quell'impegno, Cate gli sorrise. "Sì, Jackson, ti sposerò e sarò la madre dei tuoi figli. Sai quanto ti amo e quanto sono felice con te. E ora, dopo averci pensato meglio mentre eravamo lontani, ho deciso di voler provare a essere una buona moglie per te e una buona madre per i nostri bambini."

La sorpresa nello sguardo di Jackson si trasformò in tenerezza. "Dici davvero?" La tirò più vicino a sé. "Oh, Cate, non sai quanto sia importante per me."

Le lacrime di felicità le riempirono gli occhi. "Oh, io sì," sussurrò. "Sei la cosa migliore che mi sia mai capitata e voglio renderti felice."

Si accigliò. "Ehi! Lo stai facendo anche per te stessa, vero?"

"Oh, sì! Avevo paura di diventare come le altre donne della mia famiglia. Né mia madre né mia zia sono state un buon esempio per me. Ma poi ho capito che con te al mio fianco, con la tua guida, penso sinceramente di essere pronta per questo passo."

"Cielo! Ti amo così tanto." Jackson abbassò le labbra sulle sue e la baciò con una tale tenerezza che a lei si bagnarono gli occhi con nuove lacrime. Il suo bacio si fece più profondo e le provocò brividi di piacere.

Quando lui si staccò, le prese il viso tra le mani e le sorrise. "Aspetta qui."

Si chinò e raccolse una conchiglia vicina. Sorrise, si mise in ginocchio e la guardò. "Ora, con questa conchiglia come simbolo dell'anello che sceglieremo insieme... Catherine Tibbs, vuoi sposarmi?"

Le lacrime le offuscarono la vista mentre accettava la conchiglia rosa e bianca che lui le porgeva. "Sì, Jackson Hubbard, con questo simbolo e con tutto il mio cuore, ti sposerò! Ti amo e voglio condividere il futuro con te, come tua moglie."

Jackson si alzò in piedi, la abbracciò e la fece dondolare avanti e indietro tra le braccia. "Ti amo, Cate. Ti amerò sempre."

"Congratulazioni!" gridò una donna che li salutava mentre camminava lungo la spiaggia vicino a dove si trovavano.

"Ha detto sì!" rispose Jackson, la sua voce risuonava di eccitazione.

La donna mostrò loro il pollice alzato. "Che possiate rimanere sempre così felici!"

"Grazie!" gridò Cate, augurandosi che la loro vita insieme sarebbe sempre stata magica come quel momento.

Jackson le prese la mano. "Andiamo! Devo chiamare i miei genitori. Saranno entusiasti."

"Sono persone davvero buone," disse Cate mentre sorrideva al pensiero delle loro reazioni. "Non vedo l'ora di entrare ufficialmente a far parte della famiglia."

"Loro pensano che tu ne faccia già parte," disse Jackson, "ma conosci mamma... Per lei, più siamo e meglio è. Spera che le diamo subito un nipotino."

"Lo spero anch'io. Quando tornerò a casa, prenderò appuntamento con il medico."

Jackson sorrise e scosse la testa incredulo. “Non posso credere che finalmente lo stiamo facendo.”

A Cate sfuggì una risatina nervosa. Quelle che agli altri potevano sembrare scelte normali, come sposarsi e mettere su famiglia, per lei rappresentavano un impegno emotivo enorme, qualcosa che aveva temuto di fare per molto tempo.

CAPITOLO QUATTORDICI

CATE

Jackson chiamò i genitori e diede loro la notizia, li mise in vivavoce in modo che Cate potesse sentire le loro congratulazioni.

"Cate," disse la madre di Jackson, "spero che mi permetterai di aiutarti con il matrimonio o con qualsiasi altro bisogno tu possa avere. Tua madre non c'è più, ma io sono qui per te." La sua voce si fece più debole. "Sei come una figlia."

La madre di Jackson, Laurie, era stata un ottimo modello per lei. Amava apertamente i suoi figli, ma esigeva rispetto da loro e accettava volentieri nuovi arrivi nel suo nido. A Cate vennero le lacrime agli occhi. Quando lei e Jackson avrebbero avuto dei figli, si sarebbe affidata a Laurie e a Tom, il padre di Jackson, per avere tutta la guida che potevano offrire.

"Quando sarà il matrimonio?" chiese Tom.

Cate e Jackson si guardarono e scrollarono le spalle.

"Non siamo ancora arrivati a questo punto," rispose Jackson.

"Vogliamo che sia una festa contenuta e intima," aggiunse Cate. Quando la sorella di Jackson, Janis, si era sposata, avevano partecipato oltre duecento invitati. Cate non voleva affatto una cerimonia di quel tipo.

"Beh, prima di tutto," disse Laurie. "Vorrei organizzare una festa di fidanzamento per la famiglia e gli amici qui in Carolina del Nord. Ne parleremo più avanti."

Jackson guardò Cate, in attesa di una risposta.

"Va bene," Cate non sapeva come sentirsi riguardo a quei piani improvvisi. Per la famiglia di Jackson, ogni occasione era buona per riunirsi chiassosamente.

Intuendo come si sentiva, Jackson le disse: "Ti faremo sapere, mamma. È tutto nuovo per noi."

Cate gli rivolse un sorriso di apprezzamento. "Abbiamo molto a cui pensare, in questo momento. Ma grazie."

"Va bene, ma è un ottimo motivo per festeggiare," disse Laurie. "Ci chiedavamo quando avreste fatto il grande passo."

"Lo so, lo so," disse Jackson tra le risa. "Sentite, dobbiamo andare. Abbiamo in programma una serata importante."

Cate gli lanciò uno sguardo sorpreso. Sussurrò: "Davvero?"

Lui aggrottò le sopracciglia. "Oh, sì. Di sicuro."

Cate rise dolcemente e quando arrivò il momento di salutare, disse: "Grazie per il vostro caloroso benvenuto. Ci sentiamo la prossima volta."

Non appena la chiamata finì, Jackson l'abbracciò. "Visto? Non è andata così male. Sembra che la mamma non insisterà troppo per far coincidere le nostre feste e i nostri progetti di matrimonio con quelli di Janis e Jen. Farò io da tramite per te."

"Grazie," disse Cate con sentita gratitudine. Non aveva molti amici, ma quelli che aveva erano leali, e non voleva finire per fare progetti ai quali loro avrebbero avuto dei problemi a partecipare.

"Penso che aspetterò a fare le mie telefonate," disse Cate. "Brooke e Amber stanno tornando a casa e voglio assaporare questo momento da sola con te. Domani c'è un posto speciale che voglio mostrarti. Lì potremo festeggiare in grande stile."

"Sembra perfetto." Jackson le mise un braccio sulle spalle e sorrise. "A proposito della grande serata che ho in programma..."

Lei rise alla sua allusione. "Tutto a tempo debito, tesoro.

Devi sentirti molto meglio."

"Sei tu che mi fai sentire così."

Sorrisero e si guardarono negli occhi.

Più tardi, dopo che Jackson le ebbe dimostrato quanto si sentisse meglio, Cate si stiracchiò a letto e controllò la sveglia. "Che ne dici se ti preparo l'omelette di cui parlavamo prima?" gli chiese alzandosi in piedi.

"Ottimo. Ho fame, alla fine." Si mise in piedi davanti a lei e si accarezzò lo stomaco.

Lei lo studiò, gli osservava le parti del corpo e i peli sul petto che si estendevano in una linea che scendeva fino al ventre e oltre. Jackson si prendeva cura di sé e si vedeva. La parte migliore era il modo tenero in cui la guardava. Avevano avuto un'alchimia calorosa fin dall'inizio, ma condividevano un legame più profondo, che solo gli anni insieme potevano creare. Si chiese perché ci avesse messo tanto a impegnarsi con lui. Jackson era, come aveva inavvertitamente detto alle sue amiche, un uomo meraviglioso.

Si avvicinò a lei e la attirò tra le braccia. In piedi, pelle contro pelle, Cate si meravigliò che la vita le avesse dato un'opportunità così meravigliosa di trovare accoglienza e amore, sia fisicamente che nello spirito. Ricordò a se stessa, come aveva fatto molte volte negli ultimi tempi, che amare Jackson le avrebbe permesso di trasferire quell'amore ai loro figli. Parlando con uno psicoterapeuta, Cate aveva capito che l'abbandono della madre e il comportamento della zia non erano normali.

Si staccò da Jackson e lo guardò. "Grazie."

"Per cosa?"

Gli occhi le si appannarono. "Per tutto."

Lui la strinse a sé. "Non hai idea di quanto ti amo."

Gli sorrise mentre veniva attraversata dalla felicità, un'ondata di gioia che spazzava via le ferite del passato. Indossò l'accappatoio sul corpo nudo e si diresse in cucina, improvvisamente affamata.

Il mattino seguente Cate lasciò Jackson a letto a dormire, si vestì in silenzio e uscì di casa in punta di piedi. Il sole stava sorgendo e mandava strisce di rosa nel cielo grigio, come dita che si protendevano verso il giorno.

Voleva stare da sola per gioire della scelta che aveva fatto e per godersi la prospettiva di un futuro radioso con l'uomo che amava. Avvolse il maglione intorno a sé per proteggersi dalla brezza del mare. La giornata si sarebbe riscaldata, ma al momento si godeva il fresco che le sfiorava le guance. La sua parte pigra, quella che avrebbe voluto rimanere a letto, in quel momento ringraziava per essersi alzata. Restò sola sulla spiaggia di fronte alla casa, a guardare in lontananza gli amanti della corsa e i cercatori di conchiglie che si muovevano di pari passo con le onde, intente a colpire la riva per poi allontanarsi di nuovo.

In momenti come quello, non poteva fare a meno di stupirsi della magia della natura, delle azioni continue della vita naturale, come i disegni che i granchi lasciavano mentre sgattaiolavano sulla superficie della spiaggia, le piccole impronte degli uccelli che correvano accanto al bordo spumoso dell'acqua, o il grido di quelli che volteggiavano nell'aria sopra di lei, con le ali spalancate contro il cielo.

Il suo pensiero andò ai bambini, anche loro erano una meraviglia della natura.

Iniziò a camminare, prima lentamente e poi si mise a correre per la pura gioia di farlo. Stava abbracciando la vita in un modo completamente nuovo e si sentiva bene.

Quando si voltò per tornare al cottage, vide Jackson correre verso di lei e il suo cuore cantò di felicità. Era lui che la faceva sentire al sicuro, che la faceva sentire amata.

Quando lo raggiunse, Jackson la prese in braccio e si mise a ballare goffamente sulla sabbia. "Come sta la mia sposa?"

"Sono molto felice," disse, mentre sperava che non avrebbero aspettato troppo per la cerimonia.

"Che bella mattinata. Forse dovremmo fare un po' di ricerche per l'anello che voglio regalarti. Che ne pensi?"

"Mi sembra una buona idea. Possiamo anche pensare a un posto per la nostra luna di miele. E poi voglio mostrarti il Salty Key Inn. Il ristorante di Gavin è perfetto per un ricevimento di nozze."

Lui inarcò un sopracciglio verso di lei. "Sembra che tu ci stia pensando da un po'."

Cate rise. "Io, Brooke e Amber abbiamo cenato lì per festeggiare i nostri compleanni, è stato delizioso."

"Come stanno? Non abbiamo avuto modo di parlare del vostro fine settimana," chiese Jackson mentre si incamminavano verso il cottage.

Si fermò e si girò verso di lui. "Sono preoccupata per loro." Spiegò quello che ognuna delle sue amiche stava affrontando. "Abbiamo promesso di sentirci più spesso. Voglio che partecipino al matrimonio, significa che dobbiamo aspettare giugno per la fine dell'anno scolastico e per dare ad Amber il tempo di riprendersi dalla nascita del bambino."

"È un ottimo periodo per celebrare un matrimonio. Avrò tutta l'estate libera da impegni scolastici per festeggiare. Potrei anche finire di sistemare la dépendance."

"Ho detto ad Amber che può venire a stare lì, se sente il bisogno di allontanarsi da New York."

Jackson alzò le sopracciglia. "Mmmh. Immagino che dovrò mettermi al lavoro al più presto. So quanto lei e Brooke siano importanti per te."

Cate gli accarezzò la guancia con affetto. "Sei il migliore. Lo sai?"

"È quello che mi dicono tutti," scherzò lui.

Lei gli prese la mano e la baciò. "Queste mani così esperte."

"Ora sì che si ragiona," rispose lui, poi le fece l'occhiolino e Cate capì che il compagno non stava affatto pensando alla dépendance.

Quando Cate si sedette nella cucina del Seashell Cottage e selezionò il numero di Brooke dall'elenco dei preferiti, il cuore le pulsava di eccitazione. Anche se era ancora mattina, aveva aspettato il più possibile, consapevole del diverso fuso orario. Il telefono squillò ripetutamente. Alla fine, la voce di Brooke arrivò con un messaggio breve e conciso: "Brooke Weston non può rispondere in questo momento."

Cate sentì un nodo allo stomaco. Qualcosa doveva essere andato storto. Provò subito a chiamare Amber e fu costretta a lasciare un messaggio.

"Cosa c'è che non va?" le domandò Jackson entrando in cucina.

Cate gli raccontò della risposta alla sua chiamata. "Sono preoccupata per lei."

Lui le sollevò il mento e le rivolse uno sguardo sicuro. "Capisco, ma non permettiamo che questo ci rovini la giornata. D'accordo?"

Cate fece un cenno di assenso. "Sì. Questo è il nostro momento speciale. Non voglio fare nulla per rovinarlo."

"Bene," le rispose. "Ho fatto una piccola ricerca e ho trovato un posto fantastico che vende fedi uniche. Ne ho viste alcune che mi piacciono e vorrei mostrartele."

"Su internet?"

"No, è in un negozio lungo la costa. Propongo di andarci e poi di pranzare in un posto vicino."

"È un'ottima idea. Dammi solo il tempo di fare la doccia e vestirmi." Si alzò sulle punte dei piedi e lo baciò. "Mettiti comodo. Non ci metterò molto."

"Prenditi tutto il tempo che vuoi. Io andrò a leggere in veranda."

Grata per la sua comprensione, gli fece un piccolo saluto e andò in camera da letto.

Uscì venti minuti dopo, pronta ad affrontare l'emozione della giornata. Per molto tempo aveva pensato che il loro impegno reciproco fosse sufficiente, ma ufficializzare il fidanzamento aveva cambiato tutto per lei.

Jackson fischiò quando la vide vestita con una gonna corta, un top leggero e sandali che aggiungevano un paio di centimetri alla sua altezza.

"Stai bene," disse lui prima di darle un bacio sulle labbra. "Andiamo!"

Cate guidò fino all'agenzia di noleggio auto di San Pietroburgo per far aggiungere Jackson al contratto della prenotazione.

Più tardi, con lui al volante, era libera di guardarsi intorno e di assorbire i panorami che li circondavano. Le piaceva così. Spesso bastava vedere qualcosa per far nascere un'idea per una delle sue storie.

Si immisero sulla I-275 e attraversarono la Sunshine Skyway sopra l'ingresso della baia di Tampa, in direzione sud, verso Bonita Springs e Naples.

Cate si sedette per godersi il viaggio e il momento. Approfittando della capote abbassata, alzò il viso verso il sole e sospirò. Non riusciva a ricordare l'ultima volta che si era concessa una pausa tanto rilassante dalla normale routine.

Jackson si avvicinò e le diede una strizzatina alla mano.

"Sei felice?"

Lei annuì e lo salutò con un sorriso, anche se nemmeno la parola 'felice' riusciva a esprimere la gioia che provava.

La vetrina di The Treasure Chest si trovava in un centro commerciale progettato per assomigliare a un villaggio di pescatori. Era una struttura affascinante e conteneva altri otto punti vendita al dettaglio. Ma fu The Treasure Chest a catturare e trattenere l'attenzione di Cate. La vetrina era piena di splendidi gioielli in oro e argento.

"Non preoccuparti del tema nautico del posto, ho visto alcuni dei loro articoli online e ti piaceranno molto," disse Jackson prima di prenderle il braccio e accompagnarla all'interno.

A Cate sembrò di essersi imbattuta in un vero e proprio scrigno del tesoro, per la lucentezza dei diamanti, delle gemme colorate, dell'oro e dell'argento che scintillavano nelle teche di vetro posizionate strategicamente in tutta la stanza.

Una donna si avvicinò a loro con un sorriso. Aveva i capelli lunghi e scuri e gli occhi verdi, era molto abbronzata e indossava un semplice tubino turchese e tanti bei gioielli. "Benvenuti al Treasure Chest. Sono Nan Wilkins. Qui troverete molti pezzi unici e se volete qualcosa disegnato per voi, mio marito sarà lieto di parlarvene."

Jackson tese la mano. "Jackson Hubbard. Lei è Catherine Tibbs. Sul vostro sito ho visto un anello di fidanzamento che mi interessa." Sorrise a Cate. "Naturalmente la decisione finale spetta a te."

Nan li studiò per un istante. "Mi faccia indovinare... Era quello rosa?"

"Sì," disse Jackson, mentre Cate continuava a chiedersi cosa avesse in mente il compagno. Sembrava davvero sicuro di sé.

"Seguitemi." Nan li condusse al lungo bancone al centro della stanza e si mise dall'altra parte. Aprì la valigetta, tirò fuori un anello e lo porse loro. "Uno dei miei pezzi preferiti." Appoggiò il gioiello su un quadrato di velluto nero che dava contrasto.

Cate e Jackson si sporsero per guardare meglio.

"Lo splendido diamante rosa centrale è una scoperta che mio marito ha fatto inaspettatamente tramite uno dei nostri fornitori," spiegò Nan. "Il ventaglio di piccoli diamanti bianchi che lo sovrasta è disegnato in modo da assomigliare a una conchiglia. Per questo motivo, lo abbiamo chiamato 'la promessa del mare'. È possibile sostituire il diamante rosa con uno bianco o con qualsiasi altra gemma, ma per me rovinerebbe l'anello."

Jackson strinse la mano di Cate e le rivolse uno sguardo fisso. "Che ne pensi?"

"Lo adoro," disse Cate senza esitazione. "È come se fosse stato fatto per noi, con il motivo della conchiglia e i colori. Ma sembra molto costoso."

"Provalo," esortò Jackson con un sorriso.

Nan offrì a Jackson l'anello e glielo fece scivolare al dito.

Cate se lo guardò sulla mano, incantata dalla vista e dalla bellezza e il suo sguardo si annebbiò. "È bellissimo."

"Sembra fatto apposta per te: abbastanza grande da farsi notare sulla mano, ma non troppo appariscente," le disse Nan con un cenno di approvazione. "Avete fatto un'ottima scelta. Mi lasci controllare la misura. Ho notato che l'anello è un po' grande. Possiamo stringerlo in un'ora o poco più."

"Ok, perfetto. Venduto," disse Jackson.

Qualche istante dopo, mentre uscivano dal negozio, Cate si sentiva come stordita. Le sarebbe piaciuto qualsiasi anello Jackson avesse scelto, ma la storia che c'era dietro a quello lo rendeva perfetto per lei, per *loro*.

"Jackson, l'anello è bellissimo. Grazie mille. Sei sicuro di voler spendere tutti quei soldi?"

Lui sorrise e le prese la mano. "È da molto tempo che sto risparmiando per un regalo del genere. Da quando ho capito che eri quella giusta." Si chinò per baciarla e si staccò solo quando fu fermato dal rumore di un'auto che si avvicinava.

Cate sospirò felice e si avviò verso la macchina. Se la gioia che provava avesse potuto trasformarla in una ballerina, sarebbe stata la migliore danzatrice che il mondo avesse mai visto.

Decisero di andare verso il lungomare per trovare un posto per il pranzo.

Il Loco Coco, arroccato sulla riva della Fish Trap Bay, era un tipico ristorante della zona, con passerelle in legno che si affacciavano sull'acqua e pontili su cui galleggiavano le barche dei clienti. All'interno dell'edificio, le pareti rivestite di legno erano decorate con reti da pesca, ancore e altri simboli marinari.

Superarono il bar e si diressero verso una delle passerelle per chiedere un tavolo. Anche se l'aria era fresca, il sole era piacevole.

Una cameriera li condusse a un tavolo vicino all'edificio, che li proteggeva dalla brezza. "Tornerò per prendere le vostre ordinazioni," disse la cameriera mentre porgeva a ciascuno un menù. "Posso portarvi qualcosa da bere, nel frattempo?"

"Birra o vino?" chiese Jackson a Cate.

"Certo," rispose Cate. "Prendo un bicchiere di chardonnay." Il primo giorno di fidanzamento era già stato fantastico e non voleva che i festeggiamenti finissero.

Jackson consultò la lista delle bevande, le ordinò uno

chardonnay californiano di suo gradimento e chiese una birra per sé.

Dopo che la cameriera se ne fu andata, Jackson prese la mano di Cate. “Mi hai reso un uomo felice.”

“È una bella sensazione aver preso questo impegno,” disse lei. Stava per continuare il discorso, quando squillò il cellulare. Controllò il nome. *Amber*.

“Ehilà!” cinguettò Cate.

“Ciao a te!” Rispose Amber. “Alla fine vi siete fidanzati ufficialmente?”

“Sì,” commentò Cate. “È stato dolcissimo. Ti racconterò tutto più tardi. Io e Jackson stiamo pranzando a Bonita Beach mentre aspettiamo che l’orefice stringa l’anello di fidanzamento. È di una bellezza mozzafiato.”

“Manda una foto. Voglio una prova di questo vostro fidanzamento,” la stuzzicò Amber. “Congratulazioni e salutami Jackson.”

“Grazie. Hai ricevuto il mio messaggio su Brooke?”

“Sì. Ho provato a chiamarla anche io e ho sentito la segreteria. Poi ho provato a mandarle un messaggio, ma anche lì nessuna risposta. Dobbiamo sperare che non stia succedendo nulla di terribile. Continuerò a provare.”

“E tu?” chiese Cate. “Com’è andato il tuo primo giorno di lavoro? Hai visto o parlato con Jesse?”

“No. È in viaggio per le riprese per tre settimane. Non è un argomento che voglio affrontare con lui al telefono.”

“È comprensibile,” concordò Cate. “E Belinda?”

“Come al solito. È così difficile che a volte mi chiedo come ho fatto a mantenere il lavoro. Martedì non era in ufficio, ma mi ha lasciato un biglietto. Sai cosa diceva? ‘Amber, non posso permetterti di prenderti ancora tutto questo tempo libero. Avevo bisogno di te qui. Spero che tu non ti sia divertita troppo durante il fine settimana mangiando e bevendo.’ Riesci a crederci?”

“Ricorda, c’è casa mia, se hai bisogno di un nascondiglio. Jackson ha detto che si sarebbe sbrigato a finire l’interno della dépendance.”

“Sei un tesoro. Grazie mille. Ops! Devo andare! Il drago si avvicina.”

La telefonata si concluse.

“La situazione non va bene?” le domandò Jackson.

“Nemmeno Amber è riuscita a contattare Brooke. Inoltre, il ragazzo di Amber è via per tre settimane e questo significa che non gli ha detto del bambino. Quindi la situazione non è delle migliori al momento, tranne per me e per la deliziosa giornata che stiamo condividendo insieme.” Cercava di parlarne con leggerezza, ma era a disagio per Brooke.

La cameriera venne a prendere le ordinazioni.

“Non riesco a decidere tra il panino con la cernia e il sandwich all’aragosta,” disse Cate.

“Il panino con la cernia è una specialità,” commentò la cameriera. “Non si può sbagliare.”

“Allora lo prendo,” disse Cate, grata per il consiglio.

“Facciamo due,” disse Jackson e porse alla cameriera il menù. Non appena rimasero soli, Jackson si mise comodo sulla sedia e studiò l’ambiente circostante. “Ho osservato gli uccelli. Lo vedi il pellicano seduto sulla palizzata alla fine del molo? È una creatura davvero interessante. Sapevi che alcuni pellicani possono contenere fino a tre litri d’acqua nelle loro sacche? E sebbene siano uccelli pesanti, le sacche d’aria nelle loro ossa li aiutano a volare?”

Cate sorrise. “Hai altre notizie, professore?”

“Una. Ti amo, Cate.” I suoi occhi blu scintillarono e poi si riempirono di affetto.

“Ti amo anch’io.”

In silenzio, guardarono il pellicano prendere il volo e

lasciare spazio a un gabbiano per atterrare.

Le narici di Cate si riempirono di aria salmastra, con una sfumatura di odore di benzina proveniente dalle barche legate al molo. Tirò un respiro profondo, per immagazzinare le sensazioni nella mente e usarle in seguito nella scrittura. Chi poteva dire che un altro mondo di sua creazione non potesse avere una scena simile a quella?

Dopo aver pranzato, passeggiarono tranquillamente nella zona osservando le diverse imbarcazioni.

Arrivò un messaggio a Jackson, che controllò lo schermo. "Fantastico! L'anello è pronto. Andiamo."

Quando tornarono alla gioielleria, Nan li stava aspettando e accanto a lei c'era un uomo in sedia a rotelle.

Nan li accolse con un sorriso. "Salve! Questo è mio marito, Darryl Wilkins, il designer della maggior parte dei nostri gioielli." Sebbene le sue gambe fossero paralizzate, il busto era ampio e sembrava robusto. Gli occhiali con la montatura scura mettevano in risalto i brillanti occhi blu, illuminati da un sorriso che gli attraversava i tratti decisi del viso.

"Non potrò mai ringraziarvi abbastanza per aver disegnato un anello così bello per noi," disse Cate. Raccontò la storia di come Jackson le aveva chiesto di sposarlo con una conchiglia e di quanto l'anello significasse per lei.

"Ah, questo mi rende felice," rispose Darryl. "Mi piace vedere i miei clienti così soddisfatti. Mi dà ispirazione. Devo chiedervi se uno di voi due fa parte del mondo dell'arte? Ci vuole una persona creativa per apprezzare un gioiello del genere."

"Cate scrive romanzi," disse Jackson. "E io insegno a scuola."

"Jackson è anche un bravissimo falegname e carpentiere,"

si affrettò ad aggiungere Cate.

"Bene. Voi due siete adatti all'anello e l'uno all'altra," disse Darryl. "È stato un piacere conoscervi. Ora è meglio che io torni al lavoro."

Si allontanò sulla sedia a rotelle, muovendosi con destrezza.

Cate lo guardò andare via e fu colpita dall'idea che, in qualche forma, la creatività esistesse in tutti noi. Lo avrebbe ricordato nella sua scrittura.

CAPITOLO QUINDICI

BROOKE

Brooke arrivò a casa decisa a risolvere subito la questione tra lei e Paul. Dopo aver salutato e baciato le bambine, si rivolse al marito. Osservò le macchie scure delle occhiaie, il modo in cui nuove rughe gli solcavano la fronte e lo sguardo preoccupato negli occhi, e si corrucciò.

Trattenne un sussulto per l'aspetto malandato del marito e si costrinse a far uscire con calma le parole. "Ciao."

Il sorriso di Paul vacillò. "È bello riaverti con noi. Io e le ragazze abbiamo sentito la tua mancanza."

"Davvero?" chiese dolcemente mentre le gemelle uscivano di corsa dall'ingresso e salivano le scale verso la loro stanza. "Che succede? Hai un aspetto orribile."

Con le mani sui fianchi e la schiena dritta, Paul si mise davanti a lei. Fece un respiro profondo e chiuse gli occhi. Quando li riaprì, erano inondati di lacrime.

"Mi dispiace..." cominciò.

Lei alzò una mano per fermarlo. "Si tratta di una relazione?"

Lui spalancò gli occhi. "Una relazione? È questo che pensi sia successo? Oh santo cielo..." Si precipitò in avanti e la prese tra le braccia. "Brooke, io ti amo. Perché hai pensato a una tragedia del genere?"

Sorpresa, lo fissò per un attimo senza parole. Poi la rabbia la invase. "Se non è una relazione, che diavolo sta succedendo? Vai in giro di nascosto, non vuoi farmi sapere dove vai, quello che fai. Torni spesso a casa tardi! Non sei attento. Cos'altro potrei pensare?" Si staccò dal suo abbraccio e si mise le mani sui fianchi. "È meglio che tu mi dica subito cosa sta succedendo. Non ne posso più di tutto questo mistero. Sono stata male per la preoccupazione ed ero pronta a divorziare."

Paul sembrò sgonfiarsi davanti a lei, come un palloncino che perde aria.

"Cosa c'è, dannazione?" gli chiese.

Lui le prese il braccio e la condusse verso uno dei divani del salotto. "È meglio che tu ti sieda."

Le gambe le cedettero e non le diedero altra scelta che sedersi. Fissò Paul e lo vide impallidire. "Sono stato accusato di violenza sessuale."

"Cosa?" urlò lei. "Tu?"

"Temo di sì. Ho incontrato gli avvocati e i miei partner commerciali per cercare di arginare i danni, ma la notizia si diffonderà nei prossimi giorni."

"Non ci credo," disse Brooke. "Non può essere vero."

Paul si sedette sul divano e la affrontò. "Non è vero. Te lo giuro."

"Allora, perché questa accusa?"

"È la paziente con cui c'è stato quel problema, tempo fa. Ora sostiene che non si è trattato solo di un bacio, ma che l'ho costretta a fare di tutto." Paul sembrava sul punto di vomitare.

Anche Brooke si sentiva così. Gli prese la mano. "Ti conosco, Paul. Non lo faresti mai."

Gli sfuggirono le lacrime dagli occhi. "Non l'ho fatto e non ne sarei capace."

"Allora perché ti accusa?" domandò Brooke, ma improvvisamente capì. "È per i soldi, vero? Sa che sono ricca."

"Sì. Sembra che sia in difficoltà. Suo marito ha divorziato e lei è senza lavoro. Il mio avvocato dice che è un classico caso di qualcuno che cerca di approfittare di uno sfortunato incidente per ottenere denaro. Voleva che le pagassi diverse centinaia di migliaia di dollari per mantenere il silenzio, per salvare il mio studio medico. Quando non ho accettato, si è rivolta a un avvocato. Si è trasformata in una specie di battaglia, la sua parola contro la mia. La parte peggiore è che un giornalista è venuto in possesso della storia e minaccia di divulgarla."

"Oh mio Dio! Che dicono i tuoi partner di tutto questo?"

Le labbra di Paul si assottigliarono per la rabbia. "Mi hanno chiesto di farmi da parte, per il momento, ritengono che questa faccenda possa danneggiare lo studio. Per quanto sia andato tutto male, questo è il colpo più duro per me."

"Oh, Paul. Mi dispiace davvero tanto. So quanto sei onesto, quanto hai lavorato duramente per il tuo studio e per costruirti una reputazione."

Paul abbassò la testa. Gli tremavano le spalle.

Brooke lo abbracciò e lo strinse a sé, disgustata da tutto ciò che aveva sentito.

"Come finirà?" chiese Brooke a bassa voce.

Lui alzò la testa e le rivolse uno sguardo tanto disperato che Brooke sentì il proprio cuore affondare. "Il mio avvocato pensa che si possa risolvere tutto in via extragiudiziale, ma dovremo affrontare una tempesta di proteste da parte delle associazioni femministe che chiedono giustizia."

"Anche se non sei stato tu?"

Lui deglutì a fatica e annuì. "Stiamo cercando di farla ritrattare. Ultimamente ha avuto dei problemi mentali. Tuttavia, la mia reputazione sarà macchiata e la mia attività qui sarà compromessa. Bob e Phil mi hanno chiesto di prendere un congedo dallo studio."

Brooke scattò in piedi, troppo turbata per rimanere seduta. "Si ricordano quanto sei stato generoso con loro, quando voi tre avete aperto lo studio? Senza i nostri prestiti non avrebbero potuto fare pratica qui."

"Lo so. Ci ho pensato e ripensato."

"Non è giusto!" gridò Brooke.

"Lo so, ma la vita è ingiusta. Dammi tempo e troverò una soluzione," disse Paul.

Brooke si sedette di nuovo accanto a lui e lo abbracciò forte. "Supereremo tutto questo insieme."

Il cuore di Brooke batteva regolarmente mentre la determinazione la pervadeva. Era giunto il momento di mostrare la sua vera natura. Non la bambina che era stata un tempo, ma la donna che era diventata con l'aiuto delle ragazze della spiaggia e l'amorevole sostegno del marito.

CAPITOLO SEDICI

CATE

Cate era seduta alla scrivania della camera da letto al Seashell Cottage, mentre Jackson si godeva il sole fuori in piscina. Sul suo cellulare suonò una canzone distintiva. Cate lo prese al volo. "Brooke! Stai bene? Ho cercato di contattarti."

"Ho visto che sia tu che Amber ci avete provato. No, non sto bene."

Cate sentì un tremore nella voce di Brooke. "Che succede?"

"È Paul. È stato denunciato per violenza sessuale."

Cate sentì ogni terminazione nervosa che le prendeva vita. "Come? Non posso crederci. Non farebbe mai una cosa del genere."

"No, non lo farebbe," disse Brooke. "Ma la donna con cui ha condiviso quel famigerato bacio sostiene che lui ha approfittato del suo stato emotivo e che si sia spinto molto più oltre. Paul è distrutto."

"Oh, mio Dio!"

"Pare che la donna abbia minacciato di rendere pubblica la notizia, se lui non la paga per tacere. Stava succedendo per tutto il tempo in cui ho pensato che avesse una relazione. Mi ha giurato di non aver fatto niente. Lei non sa che so tutto del tempo che hanno trascorso insieme nell'ufficio di Paul. Se ti ricordi, è successo perché lei è andata in crisi dopo aver avuto un aborto spontaneo. Lui ha cercato di confortarla ma è nato qualcos'altro, un abbraccio e un bacio."

A Cate si spezzò il cuore nel sentire i singhiozzi sommessi

di Brooke. "Vuoi che venga lì per stare con te?"

"No, non ancora. Io e Paul stiamo lavorando insieme per cercare di sistemare la situazione. Immagina i danni che ha comportato per lo studio. I suoi soci lo hanno costretto a prendersi una pausa dal lavoro. Cerca di tenersi occupato, ma sta impazzendo. Sai quanto sono lenti gli ingranaggi della giustizia."

"Mi dispiace davvero tanto, Brooke. Conosco Paul da molto tempo ed è una brava persona. Di certo, tutte le sue pazienti lo sostengono."

"Oh, sì. Ha molte persone disposte a testimoniare per lui. Il suo avvocato dice che non si arriverà al processo. La parte terribile è che non si sarebbe dovuto arrivare a questo punto. Ma se Paul accettasse di pagare per farla sparire, causerebbe solo altri problemi."

"Sì, sarebbe un disastro. Posso fare qualcosa per te?"

"Hai presente la dépendance di cui parlavi? Forse io e le bambine potremmo prenderci una pausa e venire a trovarvi. P.J. non ha problemi all'università, ma qui sono iniziate le voci. Sia io che Paul abbiamo parlato con le gemelle e hanno capito, per quanto possibile."

"Puoi venire quando vuoi."

"Grazie. Tu come stai?" le chiese Brooke.

"Ti farà piacere sapere che io e Jackson siamo ufficialmente fidanzati. C'è una storia carina legata alla proposta e all'anello."

"Anello? Oh! Mandami una foto. Mi piacerebbe vederlo," disse Brooke, con la voce acuta per l'eccitazione. "Sono molto felice per voi."

Cate sentì dei rumori in sottofondo e poi Brooke disse: "Devo andare. Ci sono dei furgoni della stampa fuori. Non chiamarmi, lo farò io quando potrò. Inoltre, puoi aggiornare Amber su questa situazione? Ci vediamo. Ti..." La telefonata si interruppe bruscamente.

Nel silenzio che seguì, Cate rimase seduta per un attimo e cercò di assimilare tutto ciò che Brooke le aveva raccontato. Era una situazione terribile, sia per Paul che per lei.

Si alzò per andare da Jackson, ma si fermò quando sentì un *ding* sul telefono che indicava una mail in arrivo. Controllò rapidamente il computer e vide che si trattava di un messaggio del suo redattore. Lo aprì e fissò con disappunto la copertina del nuovo libro. Non era affatto come l'aveva immaginata. Anzi, era del tutto sbagliata.

Chiamò subito la sua agente.

"Ciao, Cate! Come va?" rispose Abby in tono allegro.

"Hai visto la copertina del nuovo libro?" le domandò Cate. "È terribile. Semplicemente orribile. Troppo scura, troppo poco fantasiosa. Gli devi dire che non funziona. Voglio qualcosa che sia più in linea con gli altri libri. Con quella copertina non sembrerebbe nemmeno far parte della serie."

"Oh? È così brutta? Non preoccuparti. Mandami quello che hai e ci parlerò. La tua redattrice dovrebbe essere tornata dal congedo di maternità. Se non c'è, conosco una persona del reparto pubblicitario che può darci un'occhiata insieme a me. Stai tranquilla. Come vanno le vacanze?"

L'ansia che aveva lacerato lo stomaco di Cate scomparve. Tese la mano come se Abby potesse vederla. "Quel fusto che di solito prendi in giro ora è il mio futuro sposo. Siamo ufficialmente fidanzati."

"Meraviglioso," esclamò Abby. "Era ora. Sono davvero felice per voi."

"Sì, anch'io."

"Spero solo che rimanderai il matrimonio a quando sarà completata la prima stesura del libro a cui stai lavorando."

Cate gemette. "Sapevo che avresti detto una frase del genere. Al momento stiamo pensando di sposarci a metà giugno. Ti prego di tenerlo a mente."

Abby rise dolcemente e disse: "Lo farò. Ora vai a goderti il tuo uomo."

"Lo farò di sicuro." Con il sorriso ancora stampato sul viso, Cate riagganciò il telefono.

Si mise in bikini e uscì dal cottage. Il sole in cielo riscaldava l'aria e rendeva il pomeriggio ideale per oziare in piscina. A casa sua, a New York, la giornata era grigia e piovosa, il che faceva sembrare ancora più bello il periodo trascorso in Florida.

Jackson era seduto sui gradini della piscina quando lei uscì di casa. La vide ed emise un lungo fischio. "Tesoro, sei bellissima!"

Sentì le guance scaldarsi. "Anche tu hai un aspetto fantastico," disse, prima di immergersi in acqua accanto a lui e ansimare per il freddo.

Lui la tirò a sé. "Lascia che ti riscaldi. Appena ti abitui alla temperatura, è fantastico."

Cate si accoccolò contro di lui per un momento e poi prese il largo, nuotando a un ritmo sostenuto. Il padre di Brooke aveva insistito perché tutte e tre le ragazze diventassero brave nuotatrici, in modo che lui si sentisse tranquillo a lasciarle da sole nella casa estiva anche per periodi di tempo più lunghi. Brooke e Amber non si erano appassionate al nuoto quanto lei, ma Cate amava il movimento delle braccia che fendevano l'acqua.

Quando girò verso la parte bassa della piscina, Jackson la prese in braccio. "Vieni qui." Le scostò i capelli dal viso, le prese il volto tra le mani forti e la baciò. Le sue labbra erano deliziosamente calde contro il fresco dell'acqua sul viso.

Quando si staccò, sorrise. "Vuoi giocare?"

Lei lo guardò con diffidenza. "A quale gioco?"

"Il marinaio e la sirena?"

Lei rise. “Come ti è venuta questa idea?”

“Ci sono arrivato. Insegno biologia, ricordi?”

“Ora so che stai scherzando. Ma...”

“Ma?”

“Certo, perché no? Questa vacanza sta diventando la migliore di sempre.”

Jackson la abbracciò. “Questa è la mia ragazza... ehm, sirena.”

Cate scosse la testa. Jackson di solito era divertente, ma nel loro rapporto c’era una nuova profondità che le piaceva. Si rese conto che a trattenersi si era persa molto.

Solo quando erano seduti in veranda a sorseggiare vino, Cate gli raccontò della conversazione con Brooke e dell’accusa di violenza sessuale che una delle sue pazienti aveva sporto a Paul.

“Cavolo! Il fatto che sia un ginecologo è un problema enorme,” commentò Jackson.

“Né Brooke né nessun altro riesce a crederci, ma la donna che lo accusa è quella con cui ha avuto un breve flirt e questo rende tutto più difficile. Lei voleva dei soldi per farla tacere e quando lui le ha detto che non l’avrebbe pagata, si è rivolta a un avvocato e ora ha reso pubbliche le sue affermazioni. La povera Brooke è in difficoltà, potrebbe venire a trovarci con le bambine. Mentre parlavamo è arrivato un furgone di giornalisti.”

“Dalle poche volte che sono stato con lui, Paul Weston non sembra il tipo di uomo che possa compiere certi gesti.”

“No... e lui e Brooke erano molto felici fino a poco tempo fa, quando è emerso questo problema.”

“Povero ragazzo. Forse non sarà così grave come pensi.”

Cate scosse la testa con tristezza. “I soci di Paul gli hanno chiesto di mantenere un profilo basso e non farsi vedere al lavoro per un po'."

"Pensi che sia una buona idea?" le chiese Jackson.

"Non ne sono sicura. Credo che Paul stia cercando di proteggere la moglie e la famiglia."

Jackson sospirò. "Immagino sia meglio che mi sbrighi a finire la dépendance. A quanto pare potrebbe servire."

"Brooke mi ha chiesto di avvisare Amber. Ora provo a chiamarla." Cate digitò il numero dell'amica e fu costretta a lasciare un messaggio per richiamarla.

Mentre pensava ancora a Brooke, Cate disse: "La parte che rende tutto quanto così triste è che, se questa donna viene giudicata colpevole di estorsione o si accorda in tribunale come pensano, allora ha tradito la credibilità di tutte le donne che sono state veramente aggredite o abusate sessualmente."

"Sono d'accordo. Le donne, e anche gli uomini, hanno bisogno di una voce chiara, non di una infangata da qualcuno che mente," le rispose Jackson.

"Sono anche preoccupata per Amber. Sapevo che aveva sempre problemi a casa. Sua madre si intratteneva spesso con uomini diversi. Lo scorso fine settimana, Amber ci ha detto di essere stata violentata da uno di loro. Non aveva osato dirlo a nessuno perché temeva di essere data in affidamento. È o non è terribile?"

Jackson sospirò. "Nelle mie classi vedo ragazzi che arrivano da ambienti problematici e cerco di aiutarli, se posso. Però, nel mondo di oggi bisogna stare attenti a come si fanno le domande e a quello che si dice. Ma ogni volta che vedo o sento qualcosa che penso di dover approfondire, non riesco a trattenermi."

"Sei un bravo insegnante e un bravo ragazzo, Jackson. I tuoi studenti sono fortunati ad averti."

"Grazie. Ci sono momenti in cui mi chiedo se ho fatto la

scelta giusta a entrare nell'insegnamento, ma poi stabilisco un legame con uno dei miei studenti e tutto sembra valere la pena."

Si alzò e le tese la mano. "Che ne dici di una passeggiata?"

Cate si mise in piedi e gli prese la mano. Una volta tornati a casa, le sarebbero mancati quei momenti. Se tutto fosse andato come lei sperava, sarebbero tornati in Florida a giugno per il matrimonio e la luna di miele. Jackson amava l'idea di un matrimonio sulla spiaggia, lì al Seashell Cottage, e pensava che Gavin's e il Salty Key Inn fossero i posti perfetti per la cena di nozze e per ospitare la sua famiglia, mentre lui e Cate avrebbero affittato il cottage. Una volta scelta la data del matrimonio, avrebbero prenotato. Cate abbassò lo sguardo sull'anello che portava al dito. Brillava di speranza per un futuro pieno di sogni divenuti realtà. Si augurò lo stesso per le amiche.

Durante il volo di ritorno, Cate studiava le nuvole fuori dall'aereo e si chiedeva quali cambiamenti avrebbe comportato un figlio per la sua carriera di scrittrice. Forse, quando si sarebbe trovata bloccata a casa per accudire il bambino, sarebbe stato un buon momento per iniziare una nuova serie, qualcosa di più leggero. Era nel bel mezzo della bozza iniziale del quinto libro della serie *Guerre di Galeon* e sapeva che si sarebbe agitata se non avesse lavorato a qualcosa. Di recente, aveva iniziato a sognare nuovi personaggi, persone in un'ambientazione contemporanea, sulla terra. Ne avrebbe parlato con Abby.

Cate pensò alle amiche e al dilemma che ognuna di loro doveva affrontare. Ai tempi del liceo, avevano legato per i tipici problemi adolescenziali che le affliggevano. Ora che sapeva quello che era realmente accaduto ad Amber a casa sua, capiva meglio perché le ragazze del liceo la chiamavano 'la principessa di ghiaccio' e i ragazzi dicevano che era una 'rompipalle', due soprannomi offensivi, sebbene in modo diverso. Amber aveva avuto le sue buone ragioni per ritirarsi da amicizie con ragazze che a volte diventavano cattive; e sebbene si muovesse con una disinvoltura che metteva in mostra il corpo, non si era mai impegnata in una relazione con dei ragazzi. Non c'era da stupirsi che tutte e tre fossero rimaste così unite nel corso degli anni. Ognuna di loro aveva avuto dei motivi per tenersi stretta la fiducia che avevano costruito tra loro.

Cate guardò Jackson: era seduto accanto a lei sull'aereo, intento a leggere una rivista. Come primo passo, una volta tornata a casa, Cate avrebbe fissato un appuntamento con il medico per farsi rimuovere la spirale. Alcuni pensavano che fosse troppo tardi per mettere su famiglia, ma lei era in buona salute e avrebbe continuato a prendersi cura di sé.

Atterrarono all'aeroporto Kennedy di New York all'orario previsto, poco dopo mezzogiorno. Mentre lottavano contro la folla che si dirigeva verso l'area di ritiro bagagli, Cate sentì i muscoli del collo contrarsi. Le vacanze erano finite.

CAPITOLO DICIASSETTE

AMBER

Mercoledì mattina presto, quando Amber entrò in ufficio, si sentiva inquieta come la settimana precedente. Si tolse il cappotto e lo appese nel guardaroba dei dirigenti che Belinda le aveva permesso con riluttanza di usare. Chiuse la porta e si prese un momento per studiare l'ambiente circostante. L'elegante mobilio in vetro e metallo si adattava alle pareti bianche e severe, coperte qua e là da grandi fotografie a colori, a grandezza di poster, che ritraevano varie modelle in diversi scenari. Belinda Galvin poteva essere conosciuta dagli addetti ai lavori come la più grande stronza del settore moda, ma era una donna di grande successo. Amber ammirava quel suo bisogno di farcela senza l'aiuto di un uomo. Probabilmente perché la madre di Amber, per contro, aveva il costante bisogno di qualcuno che la gratificasse. Non doveva per forza essere un uomo comprensivo o gentile, né doveva avere un reddito fisso; per attirarla, bastava che mostrasse il minimo segno d'interesse verso la madre.

Amber si assicurò che il tè che piaceva a Belinda fosse pronto per l'uso, insieme alla tazza e al piattino di porcellana inglese che Belinda insisteva a usare, dopo di che accese le luci nell'ufficio del capo e si affrettò a raccogliere e stampare i messaggi per lei. Se non erano sulla scrivania in una pila ordinata, la giornata iniziava male e, con Belinda, anche la migliore delle giornate sarebbe stata l'incubo di chiunque altro.

Amber aveva imparato a convivere con i modi condiscendenti di Belinda per una questione di sopravvivenza. Non era andata al college come le sue due migliori amiche, ma si era trasferita a New York per iniziare la carriera. Invece di fare la modella a tempo pieno come sperava, aveva finito per lavorare per diverse persone tra cui Belinda, dove aveva imparato il lato commerciale del lavoro. Sorprendentemente, ad Amber piaceva essere al comando, avere a che fare con i numeri e gestire i clienti, inoltre, aveva scoperto di essere brava.

Quando, grazie a Jesse, aveva ottenuto un contratto part-time con l'azienda di profumi, Amber aveva apprezzato il generoso compenso, ma si era resa conto di non poterlo fare a lungo. Ormai stava per compiere quarant'anni ed era quasi scontato che il contratto non le sarebbe stato rinnovato.

Era seduta alla scrivania quando Belinda entrò in ufficio, con gli occhiali da sole e una stola di volpe bianca sulle spalle che le dava l'aspetto di una star del cinema. La teatralità le si addiceva. La cercava sia nell'aspetto che nel comportamento. Assunse un'andatura da modella mentre si dirigeva verso Amber.

"Bene! Vedo che sei tornata. Basta con i fine settimana lunghi. Avevo bisogno di te. Alzati."

Incuriosita, Amber si alzò in piedi.

"Proprio come pensavo. Devi aver mangiato come una matta. Sembra che tu abbia preso un paio di chili. Non posso avere una... una persona *grassa* che lavora per me. Attenta, Amber."

Amber inghiottì la replica con cui avrebbe voluto ribattere. Un giorno avrebbe detto a Belinda dove poteva infilare quel suo involucro di pelliccia. E quando se ne sarebbe andata, avrebbe portato con sé molto più della liquidazione. Avrebbe portato con sé un bagaglio di conoscenze che le sarebbero state utili in futuro. Se non a New York, in qualsiasi altro posto avesse deciso di andare.

Mentre Belinda le passava accanto, Amber si scrollò di dosso l'antipatia per la donna che governava le sue giornate lavorative. Aveva imparato a metterla da parte, ad andare avanti e a godersi gli aspetti del lavoro che Belinda non le rovinava. Nell'azienda, Amber aveva un nucleo di colleghi che la rispettavano e apprezzavano il modo in cui lei rendeva il loro lavoro più facile. Quello era solo uno dei motivi per cui era stata assunta per la pubblicità dei profumi. Sorrise mentre pensava alla determinazione con cui Jesse aveva cercato di coinvolgerla coinvolgerla, arrivando a dire a Belinda che non avrebbe lavorato senza Amber.

Essere alle dipendenze di quella donna poteva essere difficile, ma per il momento ne era valsa la pena. Soprattutto perché le aveva consentito di iniziare la relazione con Jesse.

CAPITOLO DICIOTTO

CATE

Appena Cate entrò in casa, Buddy abbaiò e poi guaì per attirare la sua attenzione. Cate lo prese in braccio e se lo accoccolò sul petto. Il cagnolino le leccava il muso e scodinzolava talmente forte che tutto il corpo oscillava avanti e indietro, il che rendeva quasi impossibile trattenerlo.

"Mi chiedo come reagirà all'arrivo di un bambino in casa," disse Jackson mentre ridacchiava. "Dovrai dare a Buddy molte attenzioni."

"Non preoccuparti, lo farò," rispose Cate. "Anche lui è il mio bambino." Lo mise a terra e andò in ufficio. In aereo le erano venute in mente alcune idee per una storia e voleva fissarle sulla carta.

La spia dei messaggi sul telefono dell'ufficio lampeggiava. Premette il tasto e ascoltò:

"Ciao, Cate. Sono Abby. Ho una notizia buona e una cattiva. Quella buona è che sono riuscita a contattare qualcuno del reparto marketing della casa editrice, lavorerà con noi per modificare la copertina del libro. La cattiva notizia è che hanno intenzione di tenere duro sul colore. E la pessima notizia è che la tua redattrice ha deciso di non tornare dalla maternità. Quindi, mia cara, sei quella che nel settore viene chiamata *orfana*. Ho parlato con la nuova redattrice a cui sei stata assegnata, e non è entusiasta del tuo lavoro. Anzi, dice che il libro a cui stai lavorando sarà pubblicato solo perché lo prevede il contratto. Mi dispiace, Cate. Troveremo una soluzione."

Cate sprofondò sulla sedia della scrivania, si sentiva come se avesse ricevuto uno schiaffo in faccia. *Alla redattrice non piaceva il suo lavoro?* Probabilmente aveva una sua scrittrice che faceva un lavoro simile e aveva intenzione di *promuoverla* invece di lavorare con Cate. Aveva già sentito qualcuno parlarne. Che brutta faccenda!

Jackson fece capolino dalla porta dell'ufficio. "Ho messo la tua valigia in camera da letto. E ora vado a controllare la dèpendance. Farò una lista di quello che serve per finirla e poi ne parleremo." Si accigliò. "Tutto bene?"

"No," rispose Cate scuotendo la testa. "Sai l'idea che ho avuto di cambiare genere letterario? Probabilmente sarò costretta a portarla avanti. Sono rimasta *orfana*."

"Che diavolo significa?"

"La mia redattrice ha lasciato il lavoro. È come dire che sono rimasta da sola. Abby e io definiremo i dettagli, ma ho intenzione di provare qualcosa di nuovo."

"Mi dispiace, Cate. Ma del resto, scrivere questa serie non ti entusiasma più come in passato. Forse è un bene che sia successo."

"Lo so," ammise, non voleva dirgli quanto fosse rimasta ferita nell'ego. Ma non poteva lasciare che l'insicurezza prendesse il sopravvento su di lei. Non quando nell'orizzonte della sua vita si profilavano tanti cambi.

Jackson si allontanò e Cate guardò gli appunti che aveva preso. Non avevano nulla a che fare con la serie *Guerre di Galeon*. Si riempì di una feroce determinazione. Quello era il tipo di lavoro che avrebbe dovuto fare. La sua mente la spingeva a scriverlo, proprio come un tempo le aveva chiesto di scrivere di Serena e Rondol.

Cate lasciò l'ufficio per disfare le valigie. Era una pianificatrice, una persona che amava conoscere le sfide che doveva affrontare. Quella volta non aveva idea delle avventure che le riservava il futuro. Sapeva solo che sarebbe stato diverso e aveva più di una paura.

Più tardi, lasciò la camera da letto e andò a cercare Jackson. Aveva visto un articolo sulle casette di serie e si era innamorata dell'idea di uno spazio da poter chiamare proprio. Un luogo in cui fuggire. Un luogo in cui la sua immaginazione potesse prendere il volo con le parole, senza interruzioni che la riportassero di colpo al presente. La dépendance era perfetta.

Si avvicinò all'edificio che sembrava più una piccola casa di campagna che un capanno. I lati erano coperti da assi di legno dipinte di grigio e delle fioriere bianche erano appese sotto le due finestre ai lati della porta color porpora. Solo quando si entrava ci si rendeva conto della profondità dell'edificio, che ospitava una minuscola cucina, un piccolo ufficio, una zona giorno che poteva contenere un divano estraibile e, sul retro, una camera da letto e un bagno.

Con il metro in mano, Jackson la guardò e sorrise. "Ho quasi finito, qui."

"Penso che, per il momento. sia meglio lasciare gli scaffali nel mio ufficio. Forse dovremmo adibire la stanza a camera da letto per le figlie di Brooke. Potremmo ritrovarci con più persone del previsto. Amber vorrà essere sicura che ci sarà ancora spazio per lei."

"Nessun problema. Meno lavoro per me," disse Jackson.

"Grazie. Amber è sensibile su questo."

"Ho capito," disse Jackson. Si avvicinò a lei e la strinse in un abbraccio. "Ho capito anche questo." E la baciò.

Cate si sciolse in lui e si prese un momento per godersi semplicemente la presenza del compagno.

Più tardi, quando tornò a casa, andò in ufficio e chiamò il medico. Era il momento di andare avanti.

Una settimana dopo, seduta nella sala d'attesa per la visita medica, Cate studiò le altre donne in attesa. Alcune avevano il ventre arrotondato dai vari stadi della gravidanza. Altre sembravano ansiose o annoiate, a seconda delle circostanze, immaginò Cate. Anche lei era eccitata e nervosa allo stesso tempo.

"Catherine?" disse l'infermiera che le fece segno di avvicinarsi.

Cate respirò profondamente e seguì l'infermiera nello studio del medico. Marc Tomason, un uomo gentile dai capelli grigi, era stato il suo medico fin dalla prima volta che si era trasferita a Ellenton. Le era sempre piaciuto.

Entrò nel suo ufficio e si sedette su una delle sedie di fronte alla scrivania, mentre l'infermiera chiudeva la porta.

Il dottor Tomason le sorrise. "Vedo dalla tua cartella clinica che ti abbiamo vista di recente, quindi mi chiedo perché sei qui. Ti senti bene?"

"Sono un po' spaventata, ma felice," ammise. "Io e il mio ragazzo abbiamo deciso di sposarci e di avere dei figli. Ho bisogno di rimuovere la spirale."

"Ah, che bella notizia. Non sarà un problema. Possiamo occuparcene oggi." La osservò per un istante. "Sono contento per te, Cate. Non vedo perché non dovresti procedere. Sei una donna sana."

"Alcune persone dicono che è troppo tardi per avere un figlio," rispose Cate.

Il dottor Tomason sorrise. "Lasceremo che sia la natura a rispondere a questa domanda. Perché non ti prepari e ci occupiamo della fase numero uno. Il resto seguirà a tempo debito."

Cate era emozionatissima quando lasciò l'ufficio del

dottore ed entrò nell'ambulatorio che l'infermiera le aveva indicato.

Poco dopo, Cate uscì, già completamente vestita. La rimozione della spirale si era rivelata più facile del previsto, anche se aveva provato un po' di fastidio, che sarebbe potuto durare un giorno o due. Ma ne sarebbe valsa la pena. Lei e Jackson avevano già deciso di non aspettare per avere un bambino.

Quando Jackson tornò a casa dal lavoro, le porse un mazzo di fiori autunnali. Sorrise in tono giocoso. "Siamo pronti per iniziare?"

Lei rise. "Beh, potremmo cenare prima, ma perché no? Il dottor Tomason dice che sono sana e pronta per avere una gravidanza."

Lui rise alla sua risposta. "Cosa c'è per cena? Mi hai detto che avresti fatto qualcosa di speciale."

"Ti ho preparato il mio stufato di pollo al limone."

"Buono. Uno dei miei preferiti. Non hai scritto molto oggi?"

Cate scosse la testa. "No, lo stimolo è svanito con la notizia che questo sarà l'ultimo libro della serie. Devo ripensare un po' alla mia trama."

"Non lasciarti abbattere," disse Jackson prima di abbracciarla. "Si è più felici quando si lavora su qualcosa."

"Lo so. Onestamente, è stata una giornata altalenante."

"Facciamo in modo che sia una buona giornata. Ti va di fare una passeggiata prima di cena?"

Buddy abbaiava e scodinzolava in attesa.

Cate e Jackson si guardarono e risero.

"Immagino che ora dovremo andare per forza," disse Cate, che si sentiva meglio.

Fuori, le ultime foglie colorate si aggrappavano ai rami degli alberi come se avessero paura di lasciarsi andare. Quel periodo dell'anno faceva venire voglia a Cate di affaccendarsi in casa, preparare scorte e rendere l'ambiente confortevole per i mesi a venire, quasi fosse uno scoiattolo intento a raccogliere le noci per l'inverno.

Jackson la tenne per mano mentre camminavano per il quartiere.

"Cate! Aspetta!" gridò una donna che correva per raggiungerli.

Lei si voltò e sorrise a Julie Howard. Julie e il marito Rick erano buoni amici di Cate e Jackson. "Scusa, stamattina non sono riuscita a rispondere alla tua telefonata. Cosa mi volevi dire?"

Cate tese con orgoglio la mano sinistra. "Ce l'abbiamo fatta! Io e Jackson ci siamo fidanzati."

"Oh, tesoro! Sono così felice per te," esclamò Julie e la strinse forte. Si staccò e abbracciò Jackson. "Anche tu, Jackson. Siete fantastici insieme. Festeggiamo!"

"Perché non venite a cena? Ho preparato uno stufato abbondante, basterà per tutti," propose Cate.

"E io preparerò una delle mie insalate," aggiunse Jackson.

"Affare fatto," disse Julie. "Porteremo il vino per i ragazzi. Rick dovrebbe tornare a momenti." Si chinò per dare un colpetto sulla testa di Buddy e poi si raddrizzò. "Sono emozionata per voi due. Ci è voluto un bel po' di tempo."

"Non dirlo a me," brontolò Jackson, al che tutti risero.

Più tardi, dopo una splendida serata, mentre salutava Julie e Rick sulla porta di casa, Cate provò un profondo senso di gratitudine per la loro amicizia. Erano sinceramente felici per lei e Jackson; inoltre, dettaglio ancora più importante, Julie aveva promesso di aiutarla nei mesi a venire. L'amica era incinta di sette mesi e Cate sperava che un giorno i loro figli sarebbero stati amici.

Con il passare dei giorni, Cate scoprì una nuova venerazione per il modo in cui lei e Jackson facevano l'amore. Il loro affetto stava per generare un bambino. Era impaziente di vedere il pargolo e immaginava una varietà di volti e caratteristiche.

Sebbene fosse allo stesso tempo delusa ed esaltata dal fatto che il libro a cui stava lavorando avrebbe concluso la serie, vi lavorò con costanza. Dopo aver ascoltato Julie che parlava dei preparativi per il bambino, si rese conto che le sarebbe servito del tempo per organizzarsi sui cambiamenti che sicuramente sarebbero arrivati.

La settimana prima del Ringraziamento, di mattina presto, Cate ricevette una telefonata da Amber. "Possiamo vederci a pranzo, Cate? Ho bisogno di parlarti."

"Certo. Va tutto bene?" A Cate venne un nodo allo stomaco, Amber sembrava infelice.

"No, non va bene, ma non posso parlare qui in ufficio."

"D'accordo. Dimmi quando e dove e arrivo. Prenderò il treno che va in città."

Si accordarono per incontrarsi all'una in un piccolo ristorante francese lontano dall'ufficio di Amber. Cate cambiò mentalmente i piani e si diresse verso la doccia. Voleva chiedere ad Amber di Jesse, ma sapeva che sarebbe stato ingiusto, dato che l'amica non poteva parlare liberamente.

Si lavò in fretta, poi chiamò Abby e si accordò per vederla prima di incontrare Amber. Decise che tanto valeva tentare il tutto per tutto, e si chiese se sarebbe riuscita a convincere Abby a rappresentare non più Catherine Tibbs, ma un'autrice che scriveva narrativa femminile contemporanea con il nome di Cate Hubbard. In quel caso, Cate avrebbe avuto molto lavoro da fare per creare un profilo completamente nuovo. L'idea di diventare un'altra scrittrice le piaceva sempre di più.

Prima di uscire di casa, lasciò un biglietto per Jackson e accompagnò Buddy al centro per cani.

Più tardi, mentre sedeva sul treno, Cate pensò ad Amber. Quando si erano incontrate per la prima volta, l'amica era una ragazzina di dodici anni molto sfrontata e con una sicurezza che Cate non poteva immaginare. Ci volle un po' di tempo prima che Amber mostrasse alle amiche chi era davvero: una persona ferita che non si fidava degli altri. La madre, ovviamente, ne era responsabile. Non aveva sposato il padre di Amber e non riusciva a smettere di cercare "l'uomo giusto", quello che le avrebbe risolto i problemi finanziari e l'avrebbe resa felice. Intrattenersi con vari compagni la consumava e l'affetto tra madre e figlia finì quando gli uomini che la prima frequentava iniziarono a interessarsi ad Amber. Allora la madre divenne competitiva e cattiva.

Cate si agitava inquieta sul sedile del treno. Non sapeva che Amber fosse stata violentata, ma ripensandoci, ricordò come l'antipatia dell'amica nei confronti della madre si fosse intensificata al liceo. All'epoca, Cate l'aveva attribuita al fatto che Amber avesse capito quanto fosse malsana sua madre. Ma in quel momento sapeva che c'era molto di più.

La donna seduta accanto a lei si alzò per uscire dal treno. Con un sussulto, si rese conto che erano arrivati a Grand Central. Si alzò in piedi, lasciò il treno, attraversò il terminal ed entrò nel trambusto della città.

Il piccolo ufficio di Abby, a due isolati di distanza su Madison Avenue, era raggiungibile con una breve passeggiata. Cate si godette la frenesia intorno a lei. Il trambusto di New York le piaceva, per un breve periodo, ma poi era felice di tornare alla pace e alla tranquillità di casa.

Cate prese l'ascensore e andò al quarto piano, verso l'ufficio di Abby, mentre ripassava nella sua mente quello che voleva dirle. Abby era una negoziatrice tenace, molto rispettata sul campo, ma non aveva alcuna tolleranza per le persone che non erano disposte a lottare per ottenere ciò che volevano. Cate doveva convincerla che, nonostante la svolta nella sua vita privata, intendeva continuare la carriera seguendo un nuovo percorso oppure lavorando con un'altra redattrice.

Entrò in ufficio e si presentò alla receptionist, una ragazza nuova, poi aggiunse che aveva un appuntamento con Abby. Con altre tre persone che lavoravano nell'ufficio, era un posto affollato.

Spuntò Abby, con un'aria affannata. Alta, magra, imponente, con i capelli grigi portati corti, aveva un modo di fare brusco che a volte intimoriva Cate.

"È bello vederti, Cate. Parliamo. Ho una telefonata importante in arrivo da Hollywood tra venti minuti."

Cate seguì Abby lungo un breve corridoio fino all'ufficio, che non era affatto elegante. Aveva una finestra piuttosto piccola che guardava la strada, ma avrebbe potuto essere più interessante. Gli scaffali erano allineati su un'intera parete dell'ufficio e sovraccarichi di libri dei clienti. Cate cercò di trovare il suo, mentre prendeva posto sulla sedia che Abby le aveva indicato davanti alla scrivania.

L'agente strinse le mani davanti a sé e studiò Cate. "Spero che tu non sia qui per tirarti indietro perché alla redattrice non piace il tuo lavoro. Il mondo dell'editoria è difficile, come ben sai, e spingere un editore ad apprezzare un determinato libro non funziona mai. Ma credimi, ci ho provato."

"Ho deciso di prendere un'altra strada," disse Cate, che si sentiva meglio a proposito della decisione che aveva preso. Tirò fuori diversi fogli di carta da una borsa capiente. "Ti ho portato una bozza di un libro che stavo pensando di scrivere. È un genere nuovo per me, ma credo che mi piacerebbe cambiare."

"Invece che leggerlo io, perché non me lo racconti tu?" Abby si appoggiò alla sedia e le rivolse un sorriso incoraggiante.

Cate fece un profondo respiro. "Parla di tre donne che si incontrano in una spa e scoprono di aver frequentato lo stesso uomo in periodi diversi della loro vita. Ognuna ha un rimpianto diverso per esserselo lasciato scappare. Quando lui muore, si riuniscono per lottare per la loro legittima eredità."

Abby le rivolse uno sguardo riflessivo. "Sembra intrigante. Scrivi un vero e proprio riassunto e io andrò a curiosare nel settore per vedere se c'è interesse. Hai iniziato il libro?"

"No, ho solo lavorato su alcune idee."

"Bene. Continua così. Ora parlami dei tuoi progetti per il futuro." Abby sorrise. "Sono felice che tu e Jackson vi siate fidanzati. È un bravo ragazzo."

Cate sorrise a quel ricordo. "Mi ha chiesto di sposarlo con una conchiglia al posto dell'anello."

Abby ridacchiò. "Come?"

Cate mostrò la mano sinistra. "Lascia che ti racconti la storia."

Abby la ascoltò, prese appunti su un foglio di carta e disse: "La tua descrizione è meravigliosa. Se riesci a fare questo con i tuoi nuovi libri, credo che il genere potrebbe fare al caso tuo. Sai come rendere vivo il nostro mondo contemporaneo. Lavora sulla trama."

Cate lasciò andare un respiro che non si era resa conto di aver trattenuto. Qualunque fosse l'esito, non avrebbe mai potuto rinunciare a scrivere. Faceva parte della sua natura.

Parlarono di potenziali case editrici e della figlia di Abby, una studentessa al terzo anno di liceo che stava valutando vari college, ma poi finì il tempo che Abby aveva a disposizione per Cate.

Cate lasciò l'ufficio e decise di andare al ristorante. Non le dispiaceva arrivare in anticipo. Mentre aspettava che Amber si presentasse, avrebbe preso qualche appunto sull'incontro con Abby.

CAPITOLO DICIANNOVE

AMBER

Le Jardin era un caffè della zona, amato dalla gente del posto e dove i turisti, quando ne leggevano le recensioni, avrebbero voluto mangiare. Era un locale senza pretese, piuttosto appartato, ed emanava fascino francese insieme ad aromi appetitosi.

Amber sfogliò il menù mentre aspettava l'arrivo di Cate, cambiando idea sui piatti da prendere con la stessa rapidità con cui leggeva. Tutte le proposte sembravano favolose. Quando Cate entrò nel ristorante, Amber aveva l'acquolina in bocca.

Posò il menù e cercò di non piangere mentre guardava l'amica avvicinarsi al tavolo. Era grata a Cate per aver accettato tanto rapidamente di incontrarla. D'altronde, a chi altri poteva chiedere aiuto per affrontare l'ultima novità?

"Sei arrivata in anticipo! Cosa c'è che non va?" le chiese Cate, mentre le stringeva la mano e si abbassava sulla sedia di fronte a lei.

Ad Amber si riempirono gli occhi di lacrime. Li chiuse, trasse un profondo respiro e con voce tremante sussurrò: "Sono arrivata in ufficio stamattina presto per controllare i messaggi di Belinda. Jesse ne ha lasciato uno in cui le diceva che sarebbe arrivato in ritardo su un progetto a cui stava lavorando per lei. A quanto pare, un paio di settimane fa ha incontrato inaspettatamente la sua ex moglie Simone, a Parigi, e hanno deciso di sposarsi... risposarsi. Ha detto che vogliono fare un altro tentativo."

"Quell'idiota! Usciva con te!" Cate non riuscì a nasconderle il proprio disgusto.

Amber scosse la testa con tristezza. "È proprio così. Mi ha detto che non era interessato a nessuna relazione a lungo termine, che stava ancora soffrendo per il divorzio di sei anni fa. È una persona perbene che non merita di avere problemi con me o con il bambino."

"Cavolo!" esclamò Cate. "Che gli piaccia o no, merita di sapere che sei incinta e che il padre è lui. Se è una persona perbene come dici, vorrà fare la scelta giusta per te."

"Non voglio che faccia parte della mia vita o di quella del bambino solo perché si sente obbligato." Anche se si tamponò gli occhi con un fazzoletto, Amber sentì le lacrime calde che le scendevano lungo la guancia.

Cate le passò delle salviette umidificate. "Fai un respiro profondo."

Amber si accarezzò il viso. "Grazie al cielo ho preso un tavolo nell'angolo. Non voglio che qualcuno mi veda così. Che farò?" Si accarezzò la pancia. "Sta già iniziando a vedersi."

Cate esitò, poi parlò. "Per come la vedo io, non hai altra scelta che incontrare Jesse e dirgli la verità. Nel mondo di oggi esistono tutti i tipi di dinamiche familiari insolite. Potrebbe essere che Jesse e la sua nuova-vecchia moglie vogliano far parte della vita del bambino. Abbiamo solo una certezza. A Belinda non piacerà nulla di tutto questo, per molte ragioni."

"Lo so. Belinda pensava che tra lei e Jesse ci fosse qualcosa di vero, ma lui mi ha detto di essere stato onesto con lei e di aver capito fin dall'inizio che non avrebbe funzionato, per questo ha chiuso in fretta."

"E tu?" domandò Cate.

"Voleva capire cosa poteva nascere, ma non c'era alcun impegno reale tra noi due, solo un'intesa," rispose Amber, e si sentì infelice. “Era molto attento all’uso del preservativo. La mia gravidanza è stata solo uno di quegli errori di cui si sente parlare. Sai quanto io sia cauta nell’avvicinarmi troppo a qualcuno, ma pensavo di amarlo.” Le sue labbra fremettero.

“E ora?” La voce di Cate era gentile.

Amber sospirò. “Non posso sposarlo. Forse è meglio così.”

“Andrai avanti con la gravidanza. Giusto?” Lo sguardo di Cate rimase su di lei.

Amber spalancò gli occhi. “Ma certo! Non farei mai nulla per porre fine a tutto questo.”

Cate sorrise. “Bene. Forse un giorno i nostri figli potranno giocare insieme.”

Amber afferrò la mano di Cate. “Oddio! Sei incinta?”

“Non ancora,” disse Cate, “ma spero che succederà presto.”

Amber studiò l’anello al dito di Cate. “È bellissimo... e come hai detto tu, è un simbolo meraviglioso per voi.” La sua vista si offuscò. “Scusa, sono troppo emotiva.”

“Devo credere che per te tutto si risolverà, Amber,” disse Cate prima di alzare lo sguardo nel momento in cui un cameriere si avvicinò al loro tavolo.

“Siete pronte per ordinare o vi lascio più tempo?” chiese, evitando accuratamente di guardare il viso rigato dalle lacrime di Amber.

“Ancora qualche minuto,” disse Cate. Sollevò il menù e parlò a bassa voce ad Amber. “Questo pranzo lo offro io.”

“Prenderò un’omelette di verdure. Potrei anche ordinare il dessert,” disse Amber. “Al diavolo quello che pensa Belinda.”

“Ora riconosco l’Amber di sempre,” disse Cate con un sorriso. “Lascia che questa sfida ti aiuti a superare i prossimi mesi.”

Dopo che il cameriere lasciò il tavolo con le ordinazioni, Amber chiese: “Quali sono le ultime notizie su Brooke?”

“Ho letto un trafiletto sul *L.A. Times.* Sembra che

l'accusatrice di Paul abbia ritrattato la dichiarazione. I suoi avvocati hanno scoperto che aveva cercato di ricattare un altro uomo e lei, piuttosto che andare in tribunale e perdere, ha accettato di ritirare il caso. Brooke mi ha detto che è stata una questione di soldi. A prescindere dall'esito a suo favore, il danno per Paul ormai è fatto."

"Povera Brooke. Starà morendo dentro per l'umiliazione," disse Amber. "E tu? Va tutto bene? Almeno il tuo lavoro e la tua vita sono al sicuro."

"Forse no," disse Cate. "Sono quella che chiamano 'orfana' nel settore, e la nuova redattrice non ama il mio lavoro. Il libro a cui sto lavorando ora sarà l'ultimo della serie. Nonostante ciò, sto parlando con Abby per avvicinarmi a un nuovo genere letterario."

"Se Belinda mi licenzia, non so come farò," rispose Amber. "Aspetterò il più possibile prima di dirle che sono incinta."

"Sei l'assistente che è rimasta più a lungo con lei. Forse capirà che ha bisogno di te."

"Improbabile," sbottò Amber. "A quella donna non piace essere vincolata a nessuno. Nella sua mente, lei fa tutto da sola, anche se io mi occupo della maggior parte dei dettagli per lei. Senza di me, farebbe una pessima figura, ma non lo ammetterebbe mai. Pensa che io e tutti gli altri intorno a lei siamo facilmente sostituibili."

"Ma ti paga un sacco di soldi. Questo deve significare qualcosa, per lei come per te."

"Se non ci sono io, troverà qualcun altro." Amber guardò in lontananza.

"Forse saresti più felice di lavorare per un'altra agenzia, qualcosa di meno stressante."

"Ci ho pensato," ammise Amber. "Ma dubito che guadagnerei altrettanto."

"Ci sono dei compromessi," aggiunse Cate. "Il denaro non

è tutto."

"Lo so," disse Amber. Cate, tuttavia, non capiva che, con le nuove rate del condominio e alcune spese impreviste legate alla proprietà, per lei i soldi erano una preoccupazione.

"Cosa fai per il giorno del Ringraziamento?" le chiese Cate. "Io e Jackson resteremo a casa. Vuoi unirti a noi?"

Amber sorrise. "Sarebbe meraviglioso! Ho bisogno di allontanarmi dalla città. Belinda andrà nel Vermont e io potrò fuggire per qualche giorno."

"Fantastico! Ci farebbe piacere averti con noi," le disse Cate.

Amber fu invasa dal sollievo. Stare insieme per il Ringraziamento sarebbe stato un modo perfetto per prepararsi ai mesi a venire.

CAPITOLO VENTI

CATE

Quando Cate tornò a casa a Ellenton, chiamò Jackson e Buddy, ma nessuno dei due le rispose. Mise la testa fuori dalla porta sul retro e quando sentì il fruscio di una sega elettrica, si diresse verso il capanno.

Dentro c'erano Jackson e Buddy. Jackson alzò lo sguardo e le sorrise prima di finire di tagliare.

"Ciao Cate. Ho ricevuto il tuo messaggio e ho pensato di mettermi al lavoro per gli ultimi ritocchi. Appena le finiture saranno sistemate, stuccate e dipinte, non ci vorrà molto per posare la moquette e sistemare gli elettrodomestici. Poi toccherà a voi decorare."

"Ho già ordinato molti oggetti di arredamento, ma devo ancora decidere cosa mettere in alcune zone. Comunque, credo che ospiteremo Amber nella suite degli ospiti di casa nostra."

"Continuerò a lavorare qui. Ti occupi tu della cena, stasera," disse.

"Che ne dici di una pizza? Devo fare delle ricerche per Abby."

Ridacchiò. "Per me va bene. So che non ti piace cucinare."

Gli si avvicinò e gli gettò le braccia al collo. "Ma a te sì! Ti hanno mai detto che sei l'uomo più meraviglioso del mondo?" Cate chiuse gli occhi e si avvicinò per baciarlo.

Lui l'abbracciò, poi le sue labbra incontrarono quelle di Cate, che si sentì riempita dalle emozioni.

Si arrese al bisogno che la attraversava e rispose con la stessa intensità. Tra loro era sempre andata in quel modo.

Buddy abbaiò e saltò contro la gamba di Cate. Lei ridacchiò, e si staccò dal bacio con Jackson. "Qualcuno è geloso."

Jackson la guardò. "Perché non dovrebbe esserlo? Sa quanto sei sexy e come mi fai sentire."

"Oh? E come ti faccio sentire?" chiese lei, per stare al gioco.

"Come un uomo che ha trovato la donna giusta," rispose lui. Poi le diede un rapido bacio sulle labbra. "Credo sia meglio che io torni al lavoro. Possiamo finire questa conversazione stasera."

Cate prese in braccio Buddy, lo coccolò per un momento e lasciò la dépendance, mentre pensava a quanto fosse fortunata. Le conversazioni a letto con Jackson, di solito, erano più che altro fisiche.

Cate era seduta nel suo ufficio a prendere appunti su varie case editrici e redattori quando le squillò il cellulare. *Brooke.*

"Ciao," cinguettò Cate, entusiasta di sentire l'amica. "Mi fa piacere che tu abbia chiamato. Io e Amber parlavamo di te, oggi."

"Spero abbiate detto cose belle. Voi come state?"

"Ti aggiornerò su Amber, ma prima, tu come stai? Ho visto l'articolo sul giornale in cui si diceva che l'accusatrice di Paul ha ritrattato la dichiarazione."

"Sì, sapevamo che si trattava di soldi e il fatto che la cosa sia diventata di dominio pubblico non ha facilitato la situazione. È una persona malata che ha distrutto la nostra famiglia."

"Mi dispiace davvero tanto," disse Cate, consapevole che le sue parole non erano sufficienti a esprimere il dolore che provava per una delle amiche più care. "Come hai intenzione di muoverti?"

"È per questo che ti chiamo. Paul sta facendo un colloquio per un posto di insegnante presso il Dipartimento di ostetricia e ginecologia del New York Presbyterian Hospital."

"Wow! È un grande cambiamento per tutti voi," disse Cate, senza riuscire a nascondere la sorpresa.

"Sì, dopo essere rimasti delusi qui a Los Angeles da persone e professionisti che credevamo amici, Paul e io abbiamo deciso che è ora di cambiare," disse Brooke con un'amarezza nella voce che Cate riconobbe come dolore. "Un amico di Paul, un uomo anziano che insegna in quell'ospedale, da qualche tempo gli chiede di entrare a far parte dello staff professionale. Mi sembra una buona idea farlo ora, invece che più avanti."

"Immagino il perché. Posso fare qualcosa per aiutarvi?"

"In effetti, forse sì. Te la sentiresti di ospitare la mia famiglia per il Ringraziamento? Io, Paul, P.J e le bambine saremo a New York per il fine settimana lungo, mentre Paul incontrerà il suo mentore e io inizierò a cercare casa. A Paul hanno già confermato l'assunzione."

"Il Ringraziamento sarà fantastico con tutti voi qui. Ci sarà anche Amber, così sarà tutto perfetto."

"Meraviglioso! Come sta? Avevo intenzione di chiamarla dopo aver parlato con te."

"Non crederai mai a quello che è successo! È un disastro." Cate continuò a raccontare a Brooke tutti i dettagli della conversazione che aveva avuto con Amber a pranzo. "Amber non incolpa Jesse e dice che è un ragazzo perbene. Da quando ha divorziato, sei anni fa, si è guardato bene dal prendere impegni con lei o con chiunque altro. A quanto pare, era distrutto dal divorzio e amava ancora la moglie."

"Povera Amber. È il primo ragazzo con cui fa sul serio.

Peccato che sia andata così."

"Penso che potrebbe finire meglio di quanto pensiamo," commentò Cate. "Al giorno d'oggi, la struttura della famiglia è fluida."

"Lo spero. Come stai, Cate? Mi è piaciuta molto la foto dell'anello che mi hai mandato. Non vedo l'ora di sentire la storia che c'è dietro."

"Grazie. Sto ufficialmente cercando di rimanere incinta. Mi è venuto un ciclo e se n'è andato, ma dopo aver avuto la spirale per tanto tempo, so che a volte ci vogliono tre o quattro mesi per rimanere incinta."

"O più a lungo, alla nostra età," disse Brooke. "Non scoraggiarti subito. Mi ricordo com'è stato cercare di rimanere incinta prima che arrivassero le gemelle."

"Un bambino è sufficiente per me e Jackson. Almeno all'inizio," disse Cate, terrorizzata dall'idea di avere due gemelli. Ci sarebbe voluta tutta la sua energia e il suo impegno per fare un buon lavoro come madre di un figlio unico.

"Grazie per averci invitati tutti a casa tua per il Ringraziamento," disse Brooke. "Devo andare. Tra poco avrò un incontro con un'agente immobiliare, quindi è meglio se metto via il telefono."

"Wow! Stai procedendo piuttosto velocemente con il cambiamento."

"Non abbastanza," disse Brooke. "Sono stufa delle umiliazioni, degli sguardi furbi e della preoccupazione per quello che la gente dice di noi."

"Non ti biasimo. Dove stai cercando di comprare?"

"Un posto vicino a te. West Walles sembra una bella zona e ci sono buone scuole."

"È molto bella," concordò Cate. Era troppo costosa per lei, ma Brooke aveva i soldi della famiglia e poteva permettersi una casa nell'esclusiva città vicina.

"Vedremo," disse Brooke. "Ho iniziato una ricerca online. Ci sono alcuni posti che potrebbero essere interessanti."

"Meraviglioso!" esclamò Cate. "Così noi ragazze della spiaggia potremo stare insieme molto più spesso."

"Sì, bisogna sicuramente farlo. Dopo essermi resa conto della rapidità con cui molte persone che conoscevo si sono rivoltate contro di me e la mia famiglia, voglio stare con gente di cui mi posso fidare. Fammi sapere come posso aiutarti per il Ringraziamento. So che a Jackson piace cucinare per una folla, ma vorrei aiutare in qualche modo."

"Porta il vino," suggerì Cate. Sapeva che Brooke avrebbe esagerato se non le fosse stato affidato un compito specifico.

"Perfetto! Lo farò. Staremo in città, ma possiamo venire a Ellenton quando vuoi."

"Perché non venite di mattina? Non mangeremo prima delle quattro o giù di lì, e se tu e la famiglia volete passare la notte con noi senza preoccuparvi di tornare in città, abbiamo posto per tutti."

"La dépendance è già pronta?"

"No, ma lo sarà presto. Domani inizio a dipingere l'interno."

Dopo aver riattaccato, Cate prese alcuni appunti sul manoscritto in modo da ricordare i pensieri per i capitoli successivi. Poi si alzò e andò alla dépendance per parlare con Jackson e vedere se poteva aiutarlo. Sembrava che avrebbero avuto la casa piena per le vacanze.

Nel momento in cui Amber entrò nel vialetto, Cate capì che c'era qualcosa che non andava. Anche se era un'autista scattante, stava accelerando troppo, come se non riuscisse a raggiungere la sicurezza abbastanza velocemente.

Cate si allontanò dall'entrata della casa dove stava

giocando con Buddy mentre aspettava l'amica e andò verso il piazzale asfaltato a lato del garage a due posti.

Amber scese dall'auto e rimase un attimo in piedi, con il viso rivolto verso il cielo.

Cate le corse incontro. "Stai benissimo!" Non solo era bella, ma c'era un nuovo senso di pace in lei.

Amber sorrise. "Ho visto Jesse ieri sera. Non è arrabbiato. Anzi, farà tutto il possibile per partecipare alla vita di questo bambino. Ne saprò di più dopo che avrà parlato con Simone, ma anche se lei fosse riluttante a essere coinvolta, Jesse ha promesso di aiutarmi finanziariamente. Infatti, ha già aperto per me un conto corrente consistente per coprire le spese. Anche se odio prendere denaro da chiunque, lo accetto per fargli piacere."

"Wow! È fantastico!" disse Cate. Suo padre era sparito dalla circolazione prima che lei nascesse. Non ne aveva mai conosciuto l'identità e anche se a volte la sua curiosità si accendeva, non aveva intenzione di scoprirla.

"Come ho già detto, è un uomo comprensivo."

"Allora, come si comporterà Belinda? Mi viene in mente tutto fuorché la parola *decentemente*."

"Si arrabbierà per tanti motivi," disse Amber, "ma ora mi godrò il Ringraziamento con te. Non le permetterò di rovinarmelo." Abbracciò velocemente Cate. "Grazie per ospitarmi qui."

"Io e Jackson siamo molto contenti di avere la casa piena. Brooke verrà qui con la famiglia domani mattina e, stando a quanto ho capito dall'ultima conversazione che ho avuto con lei, sembra che passeranno tutti un paio di notti con noi, così noi ragazze della spiaggia potremo trascorrere un po' di tempo insieme."

"Fantastico. Sono molto felice che si trasferiscano qui vicino."

"Anch'io. Ora vieni dentro, ti aiuto a sistemarti. Pensavamo di lasciare la dépendance a Brooke e alla sua famiglia, così potranno avere un po' più di privacy."

"Cavolo! Devi averla resa più spaziosa," disse Amber.

Cate rise. "Non è così grande, ma è ben organizzata. Jackson ha tolto una parete e ne ha aggiunta un'altra. Credimi, saranno un po' stretti, ma Brooke lo capisce. Abbiamo spazio per ospitarli tutti."

Quando entrarono in casa, Jackson uscì dalla cucina con addosso un grembiule da cuoco. "Ciao, Amber. È bello vederti."

Da buoni amici, venne loro naturale abbracciarsi.

"Cosa stai cucinando?" gli chiese Amber.

"Sto marinando il tacchino, inoltre mi porto avanti con i lavori per domani. Dopo che ti sarai sistemata, ti mostrerò il mio ultimo capolavoro."

"La dépendance? Mi piacerebbe vederla. È incredibile quello che avete fatto a quella che una volta era una casa colonica... e ora state lavorando alla vecchia dépendance sulla proprietà."

"Ci sono voluti sette anni per ottenere tutto come volevamo, ma ne è valsa la pena," disse Cate prima di sorridere a Jackson.

"E abbiamo quasi finito," disse Jackson.

"Voi due siete un'ispirazione per me," commentò Amber. "Forse un giorno sarò altrettanto fortunata."

"Lo spero anch'io," disse Cate, che pensava che non bastasse la fortuna per far funzionare una relazione. I primi anni erano serviti a scoprire le manie dell'altro e a costruire fiducia reciproca e apertura mentale.

Cate accompagnò Amber al piano superiore, nella suite degli ospiti.

Mentre l'amica disfava le valigie, Cate si sdraiò sul letto. "È stato difficile parlare con Jesse?"

Ad Amber si riempirono gli occhi di lacrime. "Ero molto spaventata. Conosci i miei trascorsi con gli uomini... pensavo che lui potesse arrabbiarsi. Mi ha detto che stare con me era speciale, che non voleva che pensassi il contrario."

"Sì, ma..."

"Mi ha detto che sapeva che ci sarebbero state ripercussioni per me nell'industria a causa di Belinda e avrebbe fatto del suo meglio per aiutarmi anche lì. È stato davvero generoso." Amber sospirò. "Il problema è che potrei dover cambiare la mia vita professionale, ma non so che lavoro voglio fare."

"Forse tu e Brooke potreste trovare qualcosa da fare insieme. Qualcosa che aiuti altre donne," disse Cate, con i pensieri che correvano. "Brooke sarà a spasso per un po', dovrà sistemarsi in una nuova casa. Le gemelle sono state accettate in una scuola privata a tempo pieno, P.J. è all'università e Paul sarà impegnato con il nuovo lavoro, il che lascerà Brooke piuttosto sola e spaesata."

Amber la guardò accigliata. "Pensi che io e Brooke potremmo lavorare insieme? Sai che lei può diventare piuttosto... impegnativa."

"Tu hai un buon senso degli affari e Brooke ha talento artistico. Cominciate a pensare a delle idee e vedete dove vi portano," disse Cate. Brooke era il tipo di persona che aveva bisogno di tenersi occupata, mentre Amber tendeva a perdersi, se non aveva qualcosa a cui dedicarsi.

CAPITOLO VENTUNO

CATE

Il giorno del Ringraziamento il cielo era tanto luminoso e pieno di promesse quanto lo era l'umore di Cate. A lei e a Jackson piaceva intrattenere ospiti, e quello era il momento perfetto per farlo. Jackson si divertiva nel ruolo di chef, e Cate adorava mostrare la casa a cui aveva lavorato tanto. Anche Jackson ne aveva fatto la propria dimora, aveva lavorato fianco a fianco con lei e si era occupato da solo di alcuni lavori di ristrutturazione. La casa in stile rustico si trovava su un terreno di circa un ettaro, aveva tre camere da letto e due bagni e mezzo, ed era in rovina quando Cate l'aveva acquistata da una vedova che la stava lasciando cadere a pezzi. Ma le fondamenta della casa erano buone e fin dall'inizio Cate aveva immaginato come sarebbe potuta diventare con molte cure amorevoli.

Cate studiava il tavolo della sala da pranzo, che aveva coperto con una tovaglia di lino bianco; il tavolo era apparecchiato per otto persone, con antichi calici in vetro intagliato e argenteria di seconda mano che lei aveva comprato qua e là. Aveva visto tanti begli oggetti grazie al lavoro della zia nella villa del signor Pennyman, ma non possedeva nulla di simile a causa della vita di ristrettezze che aveva condiviso con lei.

"Splendido," disse Amber quando entrò nella stanza. "Ieri ho ordinato dei fiori in un negozio carino in centro. Li hanno appena consegnati." Porse a Cate un cestino pieno di rose rosse e gialle, gigli, fiori verdi e foglie autunnali colorate.

"È bellissimo! Grazie mille, Amber!" Cate posò il cestino sul tavolo e la abbracciò velocemente.

"So quanto ti piacciano tutte le belle decorazioni che crescendo non hai potuto avere," disse Amber. Osservò la sala intorno a loro. "È tutto stupendo."

Cate sentì un'auto che si fermava e sorrise ad Amber. "Credo che Brooke e la sua famiglia siano qui."

Si affrettarono insieme verso la porta d'ingresso e uscirono a salutare.

Cate rimase in piedi con Amber e guardò i ragazzi uscire dal furgone che Brooke e Paul avevano noleggiato. Il cuore le si riempì di affetto.

P.J, a diciannove anni, era un giovane alto, con i capelli scuri e gli occhi verdi, con i tipici tratti del nonno materno, che Cate aveva amato come un genitore. Si muoveva persino come il padre di Brooke, con una grazia lenta e rilassata.

Brynn e Bradley lo seguirono fuori dal furgone. Con i loro capelli rossi ricci e i sorrisi sereni, erano deliziose bambine di dieci anni che, sebbene assomigliassero molto alla madre, erano più magre e sicure di quanto Brooke non fosse stata a quell'età. Di natura ancora dolce, si precipitarono tra le braccia aperte di Cate e Amber.

Brooke si avvicinò alle amiche, raggiante per l'eccitazione. "La banda è tutta qui." Si voltò mentre Paul si avvicinava verso di loro.

Il dottor Paul Weston non era un uomo particolarmente bello, ma emanava una gentilezza e un interesse per gli altri che la gente trovava irresistibili. Con occhi azzurri che brillavano, sorrise a Cate e le scostò dalla fronte una sottile ciocca di capelli castano chiaro. "Grazie per averci invitati, Cate. Non c'è niente di meglio che festeggiare il Ringraziamento con gli amici più cari." Si rivolse ad Amber.

"Congratulazioni!"

Brynn studiò Amber. "È vero? Avrai un bambino?"

"Sì è vero," disse Amber mentre si carezzava il ventre con una delicatezza che Cate trovò commovente.

"La mamma dice che sarai una buona madre," disse Bradley. "Lo penso anch'io, zia Amber."

Il volto di Amber arrossì per l'emozione. "Lo spero," riuscì a dire.

"E la mamma dice che anche la zia Cate avrà un bambino," disse Brynn mentre Jackson si avvicinava al gruppo con un sorriso.

"Dice così?" le chiese lui, mentre ricambiava l'abbraccio di Bradley, seguito rapidamente da quello di Brynn.

Cate li guardò sospirando. Jackson sarebbe stato un ottimo padre. I bambini di tutte le età lo adoravano. P.J. gli strinse la mano.

Cate si rivolse a Paul. "Mi dispiace che tu abbia dovuto affrontare tutti i recenti problemi legali."

Le sue sopracciglia si unirono in una V di disapprovazione. "È stato inutile e doloroso. Sono grato a Brooke per essermi stata tanto vicina. Non avrei mai voluto fare del male a lei o ai bambini. Il mio avvocato continuava a dirmi che la verità avrebbe vinto, ma a volte ci vuole molto tempo prima che giustizia sia fatta."

Jackson si avvicinò e diede un colpetto sulle spalle di Paul. "È bello vederti, Doc. Sono contento che tu sia venuto. Intendo approfittare di quelle mani chirurgiche per tagliare il tacchino."

Paul si mise a ridere. "Tu, lo chef, ti fidi di me? Sono onorato."

Cate li lasciò per raggiungere Brooke e Amber. Le faceva piacere che Jackson e Paul andassero d'accordo.

"Ehi Cate," disse Brooke. "Stavo giusto dicendo ad Amber

che credo di aver trovato una casa nell'area di Carrington, a West Walles. Abbiamo fatto un'offerta e aspetteremo di vedere."

"Mamma, possiamo avere un cane come Buddy?" chiese una delle ragazze; lei abbracciava la parte anteriore di Buddy, mentre la sorella quella posteriore. Tra una leccata e l'altra, la bocca di Buddy era tirata indietro in un sorriso tipicamente canino.

"Se lasciate stare quella povera bestia, ne possiamo parlarne," disse loro Brooke. "La casa che ci piace ha un bello spazio esterno, grande e recintato."

Cate sorvegliò il modo in cui le ragazze posarono delicatamente Buddy a terra, attente a non fargli male alla schiena, e rise quando il cane abbaiò per avere più attenzione. Era proprio un golosone.

P.J. si mise vicino a Cate e lei lo abbracciò forte. "Come sta il mio figlioccio? E come ti trovi al college? Sembra che tu abbia bisogno di uno dei pasti dello zio Jackson."

Lui rise mentre ricambiava l'abbraccio. "Ottima idea. Bene, il college è fantastico. Ho due coinquilini simpatici. E le ragazze sono carine."

"E le feste?" gli chiese Cate, con un sopracciglio alto.

"Non dirlo alla mamma, ma anche quelle sono forti." Lanciò un'occhiata a Brooke. "Mamma pensa che io sia troppo giovane per andarci, ma quello che non sa non le farà male."

"Beh, come tua madrina ti invito a fare attenzione. L'alcol e le droghe possono essere la rovina di chiunque. Sono sicura che ne sai molto più di me."

P.J. si ricompose. "Possono dare problemi piuttosto seri."

"Di cosa state parlando voi due?" chiese Brooke mentre li raggiungeva.

"Il college. Sembra che P.J. se la stia cavando bene," disse Cate. "Come va con lui così lontano?"

"Per me è difficile, ma fa parte della crescita. Giusto?"

Cate annuì insieme a P.J., ma non poté fare a meno di chiedersi come ci si sentisse ad avere un figlio che lascia casa e se ne va per conto suo.

"Ok, tutti quanti! Venite dentro. L'aperitivo vi aspetta," annunciò Jackson.

Anche se la cena non sarebbe iniziata prima delle quattro, Jackson aveva preparato un vassoio di stuzzichini per chi, nell'attesa, avesse avuto bisogno di un boccone.

Cate prese il gomito di Amber e il braccio di Brooke e insieme seguirono gli altri in casa.

Mentre gli uomini parlavano animatamente, mettendosi a loro agio in cucina, e i bambini giocavano al computer nello studio, Cate condusse Brooke e Amber nel salottino della camera da letto principale. Amava quella zona che si affacciava sul cortile posteriore e sui pini che ne proteggevano la privacy.

Amber raccontò a Brooke la reazione di Jesse alla notizia della gravidanza e a un certo punto la voce le si fece più incerta. "Non so dire con certezza come mi sento riguardo a tutto questo, ma in qualche modo riuscirò a cavarmela."

"Sono colpita," disse Brooke. "Continuavi a dirci che Jesse era un brav'uomo... e ora ci credo."

"Non so ancora come andrà, al lavoro. Se si venisse a sapere di noi, potrebbe essere una brutta faccenda."

"Ho detto ad Amber che dovrebbe pensare a un altro lavoro che le piacerebbe fare se fosse costretta a lasciare il mondo della moda," iniziò Cate. "Anzi, credo che voi due potreste inventarvi un progetto insieme. Ti annoierai quando ti sarai sistemata in un posto nuovo, Brooke."

Brooke e Amber si studiarono a vicenda.

"Pensi che possa funzionare?" chiese Brooke con voce speranzosa. "Sono preoccupata... Non so come riempirò il mio tempo."

"Come ho già detto ad Amber, lei ha un buon senso degli affari e tu hai un grande talento artistico. Sono sicura che riusciremo a pensare a un piano per farvi fare qualcosa insieme," disse Cate.

"E tu?" le chiese Brooke. "Potrebbero tornare le ragazze della spiaggia."

Cate sorrise. "Se scrivere libri di un nuovo genere non dovesse andare bene, ci sarò. Nel frattempo, aiuterò come posso."

"Bene," disse Amber. "Ognuna di noi darà il suo contributo." Sollevò la tazza di tè in segno di saluto. "Brindiamo alle ragazze della spiaggia!"

Cate e Brooke sollevarono le loro tazze di caffè.

"Sempre avanti," gridò Brooke.

Le tazze si toccarono e le tre amiche si sedettero. Insieme, avrebbero avuto successo, pensò Cate con fiducia. Osservò le sue amiche, contenta perché, dopo un paio di mesi difficili, la loro situazione stava finalmente migliorando.

Dopo la preghiera, Jackson portò il piatto principale in sala da pranzo, in modo che tutti gli ospiti potessero vedere il tacchino ben cotto. Dopodiché tornò in cucina, in compagnia di Paul, che doveva aiutarlo a tagliare la pietanza. Cate aveva già fatto la sua parte. Sul tavolo c'erano la salsa di mirtilli rossi, il pane, il burro, l'acqua e il vino. Mentre Paul tagliava, Jackson mise al centro del tavolo il ripieno, il purè di patate, la casseruola di patate dolci e i fagiolini, in modo che tutti potessero servirsi da soli.

Mentre Cate guardava l'abbondanza di cibo e vedeva i volti felici degli amici, le lacrime le appannarono la vista. Quello che per qualcun altro poteva essere normale, per lei era raro e prezioso. Da ragazza era stata invitata a condividere il Ringraziamento con la famiglia di Brooke, ma avere ospiti a casa propria era tutta un'altra cosa. Sentì le chiacchiere delle ragazze e sorrise. Era interessante starle ad ascoltare. Sembrava che l'una sapesse quello che l'altra stava per dire prima che le parole venissero effettivamente pronunciate.

Come c'era da aspettarsi, il pasto fu delizioso. Cate finì l'ultima fetta di torta di zucca e si ripromise di mangiarne di meno in futuro. Tuttavia, sapeva che a Jackson faceva piacere vedere che tutti apprezzavano la sua cucina.

"Chi vuole fare una passeggiata?" propose Cate mentre si alzava.

"Io," disse Brooke. "Ma non prima di averti aiutato a pulire."

"Affare fatto," disse Cate. "Ci sono molti avanzi, potete farvi dei panini più tardi, se volete. E anche domani."

"Aiuto a lavare i piatti e poi me la prendo con calma. Ho bisogno di dare al mio stomaco il tempo di digerire tutto quello che ho mangiato," disse Amber prima di alzarsi in piedi con un piccolo gemito. "È stato meraviglioso stare qui, lontano dalla città. Mi sembra che ogni osso del mio corpo sia diventato liquido."

Cate la studiò. Forse Amber non aveva le nausee mattutine di cui soffrivano alcune donne, ma sembrava sempre stanca e, anche se Cate non glielo avrebbe mai detto, non sprigionava quella sana luminosità tipica delle donne in gravidanza.

CAPITOLO VENTIDUE

BROOKE

La mattina seguente, Brooke entrò in cucina in punta di piedi. Era presto, ma per fare un favore a Cate aveva accettato di assicurarsi che il caffè e alcuni prodotti per la colazione fossero pronti per tutti. Più tardi, Jackson avrebbe cucinato qualcosa di caldo.

Si allarmò quando vide Cate al tavolo della cucina, intenta a sorseggiare il caffè. "Buongiorno! Hai dormito bene? Pensavo fossi ancora a letto."

Cate sorrise. "Ho deciso di alzarmi. Avevo troppi pensieri per tutti i discorsi che abbiamo fatto ieri."

"Ti capisco. Non riuscivo a smettere di pensare alla casa che ci piace. Ti dispiace se accendo la TV per vedere il telegiornale?" chiese Brooke. "Non volevo svegliare Paul e le ragazze."

"Certo, non c'è problema," rispose Cate. "Basta fare piano per non svegliare Amber e Jackson di sopra. P.J. sta ancora dormendo nello studio."

Brooke accese la televisione in cucina, ma tenne il volume basso. "Non ci si accorge che il Natale sta arrivando finché non si vedono tutte le pubblicità," mormorò. "Speriamo di poter trascorrere le Feste qui a New York."

"Sarebbe bello," disse Cate, sorridendole.

Brooke lanciò un'occhiata al televisore e si bloccò. "Oh, cielo!"

"Qual è il problema?" domandò Cate, mentre si

allontanava dalla macchina del caffè.

Con la mano che tremava, Brooke indicò la televisione. “Guarda!” Lo schermo mostrava un piccolo aereo che era precipitato. Ma fu un annuncio che scorreva in basso allo schermo a catturare la sua attenzione.

“Oh, no! Alza il volume!” disse Cate, con il volto che diventava bianco.

“I settori dell’arte e della moda sono in lutto per la morte di Jesse Carpenter, di sua moglie Simone e dei loro due figli, Andrew e Christiana. Jesse stava volando con il suo Cessna verso il Vermont per una vacanza con la famiglia nel giorno del Ringraziamento. Purtroppo ha perso il controllo dell’aereo nei cieli sopra Burlington. I presenti hanno descritto la caduta raccontando come l’aereo sembrasse essersi letteralmente buttato in picchiata, per poi schiantarsi con il muso contro un campo non lontano dall’aeroporto. La torre di controllo aveva ricevuto una segnalazione di problemi a bordo e si era preparata a seguire un atterraggio difficile, ma l’aereo non è riuscito ad arrivare fino alla pista.”

Brooke sentì la pressione alle orecchie, che la fece barcollare. Per sostenersi, si aggrappò allo schienale di una delle sedie intorno al tavolo della cucina. “Oh, cielo! Cosa diremo ad Amber?”

L’espressione di Cate era sconvolta. Guardò Brooke con gli occhi pieni di lacrime. “Oh, no! Non può essere vero. È terribile.”

Brooke si accasciò su una sedia e si tenne il viso tra le mani, nel tentativo di riprendere fiato. “Conosci Amber. Penserà che sia colpa sua, si rimprovererà di avergli complicato la vita. Dobbiamo aiutarla a capire che è stato un incidente.”

“Giusto. Sua madre si comportava come se Amber fosse responsabile per quanto di brutto accadeva loro. Avevo dimenticato quanto fosse contorta quella donna e quanto avesse influenzato sua figlia."

Smisero di parlare e si voltarono per ascoltare un'intervista con il capo dei vigili del fuoco sul posto. Sullo sfondo, il nastro giallo circondava i resti del velivolo.

"Abbiamo recuperato i quattro corpi dell'aereo. L'amministrazione federale dell'aviazione sta inviando qualcuno a fare un'ispezione per cercare di determinare la causa dell'incidente."

Il commentatore si girò di nuovo sullo schermo. "Il lavoro di Jesse Carpenter era apprezzato sia per motivi pratici che artistici. Era noto per volare in Europa con un brevissimo preavviso per realizzare un servizio di moda o per fotografare una celebrità. Non molto tempo fa, i suoi scatti sono stati esposti in una delle più importanti gallerie di New York e di recente ha pubblicato un libro che è stato accolto con entusiasmo."

Brooke ondeggiava sui piedi mentre scambiava sguardi terrorizzati con Cate.

Amber entrò in cucina stiracchiandosi le braccia. "Non posso credere di aver dormito per dieci ore. Mi sento una favola." Si fermò e le studiò. "Qual è il problema? Cosa c'è che non va?"

Brooke si affrettò a raggiungerla e le mise un braccio intorno alle spalle. "Ecco tesoro, vieni con me. Siediti."

"Perché stanno mostrando le fotografie dei lavori di Jesse?" Amber alzò la voce. "Oh cavolo! Che cosa è successo?" Le lacrime cominciarono a rigarle le guance. "Gli è capitato qualcosa?"

Cate si affrettò a prendere una mano di Amber, che si sedette. "Mi dispiace tanto, Amber. C'è stato un incidente. Un terribile, terribile incidente."

"È morto?" gridò Amber. "Oh no! Non Jesse!"

"Mi dispiace tanto, Amber. Lui e la sua famiglia erano

sull'aereo," disse Brooke a bassa voce. "È successo ieri."

"Nooo!" gridò Amber. "Non può essere." Guardò il televisore a bocca aperta, poi scoppiò in singhiozzi strazianti.

Brooke massaggiò le spalle tremanti di Amber. "Mi dispiace tanto, davvero tanto."

Cate strinse Amber in un abbraccio intenso. "Siamo qui per te, tesoro."

Amber abbassò il viso tra le mani. "Oh no! Oh no!"

Brooke cercò parole di conforto, ma non ne trovò. "Non sanno la causa dell'incidente. Hanno detto che Jesse era un buon pilota."

"Sì, sì. Ho volato con lui sul suo aereo," disse Amber, con la voce che le si era incrinata. "Jesse se n'è andato? No! No!" Alzò lo sguardo verso di loro. "Credo che mi sentirò male." Il dolore sul suo viso trafisse il cuore di Brooke.

Cate si precipitò al lavandino, bagnò un fazzoletto di carta con acqua fredda e lo premette sulla fronte di Amber.

"Devo sdraiarmi," disse Amber.

"Vieni, ti aiutiamo a tornare in camera," disse Brooke con dolcezza, mentre i suoi occhi si riempivano.

Cate le prese un braccio, Brooke l'altro, e insieme accompagnarono Amber al piano di sopra, nella sua stanza.

"Lascia che dia una sistemata," disse Brooke, prima di rassettare il letto e rimboccare la coperta. "Ecco."

Aiutarono Amber a sdraiarsi, poi si sedettero di fianco a lei. Amber si rotolò su un fianco e pianse nel cuscino.

Dopo che l'amica si fu almeno in parte calmata, Brooke le disse: "Qualunque cosa accada, noi ci saremo."

"Sempre," aggiunse Cate.

Amber si rigirò su se stessa e le guardò con un'espressione colpevole. "Pensate che sia stato punito per essere stato con me? O che sia colpa mia se è morto?"

Brooke prese la mano di Amber. "No, Amber. Non funziona

così. So che tua madre ti faceva credere che ci fosse sempre un responsabile, ma è stato un incidente, un terribile incidente che non ha nulla a che fare con te."

"Amber, non puoi pensarla così," disse Cate, ammonendola in tono gentile.

"Tutta la sua famiglia è scomparsa? Che notizia terribile!" le tremarono le labbra. "Quando gli ho parlato, era entusiasta di averli tutti insieme per le vacanze. Non posso credere che sia successo."

Brooke le porse il bicchiere d'acqua appoggiato sul comodino. "Tieni, tesoro."

Amber si alzò a sedere e bevve un sorso. "Ricorderò sempre come Jesse si è comportato per il bambino. Ha versato dei soldi su un conto speciale per me." Dai suoi occhi sgorgarono nuove lacrime. "Quanto è dolce?"

"Hai detto che era un grande uomo," disse Cate con tenerezza. "Questo me lo ha dimostrato."

"Ora non potrà più farlo. Ed è così che andrà, non voglio che nessun altro sappia che il bambino è suo. Sarebbe uno scandalo. Non permetterò che accada."

"Un domani potresti cambiare idea," le disse Brooke. Dopo aver affrontato una battaglia legale con l'accusatrice di Paul, sapeva quanto fosse importante essere onesti.

"No, non cambierò idea!" sbottò Amber.

"Wow!" disse Brooke. "Mi dispiace. Non volevo turbarti."

"Certo che no," disse Cate per allentare la tensione tra le due.

"Ma voglio andare al funerale," disse Amber. "Glielo devo."

"Sono sicura che faranno un annuncio al riguardo, quando sarà il momento," disse Brooke. "Secondo voi, chi lo organizzerà?"

"Probabilmente l'assistente di Jesse, Gayle Nickerson. Non conosco nessun altro membro della famiglia e Gayle è in contatto con la maggior parte degli amici e collaboratori di Jesse. È con lui da sempre." Amber si appoggiò al cuscino. "Se non vi dispiace, vorrei stare un po' da sola. Grazie mille per il vostro aiuto. Vi voglio bene."

"Certo, tesoro," disse Brooke, prima di alzarsi in piedi. "Chiamaci se possiamo fare qualcosa per te, qualsiasi cosa."

"Perché non riposi un po'? Poi ti porto una tazza di tè e una fetta di pane tostato. Deciderai dopo cosa fare. Ti va bene?" propose Cate.

Con le lacrime agli occhi, Amber annuì.

Fuori dalla camera da letto, Cate e Brooke si scambiano sguardi preoccupati.

"Ci aspettano giorni difficili," disse Brooke mentre seguiva Cate al piano di sotto. "Ti aiuterò come posso, ma devo tornare in California. Se la nostra offerta per la casa viene accettata, ci trasferiremo tra quattro settimane."

In fondo alle scale, Cate mise una mano sulla spalla di Brooke. "Non preoccuparti. Io sarò qui, e Amber può restare per tutto il tempo che vuole."

"Grazie," disse Brooke con un abbraccio veloce. "Sei la nostra àncora, Cate."

Cate sorrise. "Voi due siete le mie ancore. Senza la nostra amicizia, navigherei in un mare di guai. Ricordo che entrambe mi avete incoraggiato a provare a scrivere."

"E sei stata tu a spingermi a sposare Paul, a convincermi che era un brav'uomo. Sono davvero felice che tu l'abbia fatto. Dopo tutto quello che abbiamo passato, il nostro matrimonio è più forte che mai." Brooke sentì che le si accaldavano le guance. "Io e i bambini lo amiamo tantissimo."

Jackson scese le scale. "Che succede? C'è qualcosa che non va? Ho sentito Amber piangere."

Cate lo tirò in cucina. La televisione era ancora accesa, ma era tornata alla programmazione normale. "C'è stato un terribile incidente. Jesse Carpenter, il padre del bambino di Amber, ieri è rimasto ucciso in un incidente aereo insieme a tutta la famiglia."

"Oh no! È terribile!" Si voltò mentre sullo schermo appariva di nuovo la notizia del disastro.

Paul li raggiunse. "Ho saputo cos'è successo. Come sta Amber?"

"Non sta bene," disse Brooke. "È molto turbata. Se più tardi non si riprenderà, potremmo aver bisogno di te per tenerla sotto controllo. Non vogliamo che accada qualcosa al bambino."

"Assicuratevi che beva molta acqua," disse, "e datele cibo insipido finché il suo sistema non si stabilizza."

"Dove sono le bambine?" gli chiese Brooke.

"Guardano la televisione mentre mangiano i cereali che Cate e Jackson ci hanno gentilmente lasciato." Sollevò un dito in segno di avvertimento. "Attenzione. Adorano la dépendance e ne vogliono una uguale." Poi gli squillò il cellulare. "È l'agente immobiliare." Uscì per rispondere alla chiamata.

"Speriamo che accettino la nostra proposta," disse Brooke. "Amber avrà bisogno di molto sostegno nei prossimi mesi e voglio essere qui per aiutarla."

CAPITOLO VENTITRÉ

CATE

La giornata, che era iniziata in modo davvero terribile, fu mitigata dall'emozione quando l'offerta di Paul e Brooke venne accettata. Le ragazze erano entusiaste di essere vicine a Cate e Jackson e, con la promessa di una piccola dépendance tutta per loro, decisero che vivere a New York sarebbe stato ancora meglio della California.

Mentre Paul e Brooke trascorsero la mattinata con l'agente immobiliare, Cate rimase vicina a casa, come le aveva suggerito Paul. La agitava il fatto che lui fosse tanto preoccupato per Amber, ma lo era anche lei. Amber si rifiutava di alzarsi dal letto. L'ultima volta che Cate l'aveva controllata, l'amica aveva ammesso di avere dei crampi.

Paul e Brooke tornarono con la notizia che l'agente immobiliare aveva accettato di lasciare le chiavi della casa quel pomeriggio, in modo che loro potessero fare un sopralluogo, prendere le misure e annotarsi eventuali modifiche da apportare.

"Mi ha dato un elenco di imprese di ristrutturazione che raccomanda," disse Brooke. "Meglio ancora, ha chiamato il suo imbianchino di fiducia e lo ha convinto ad accettare di lavorare alla parte interna della casa la prossima settimana. Devo scegliere i colori prima di tornare in California."

"E i proprietari?" chiese Jackson. "Finché l'affare non viene chiuso, la casa è tecnicamente loro."

"Nessun problema," rispose Paul. "Entrambi gli agenti

stanno spingendo per chiudere la prossima settimana. Stiamo affittando la casa dai proprietari per permetterci di entrare e iniziare alcuni lavori. Per il momento, non faremo altro che dipingere gli interni e loro sono d'accordo."

"Vi state muovendo velocemente, ma se vi volete trasferire qui entro le vacanze, fate bene," commentò Cate.

"Voglio che tu e Amber vediate la casa," le disse Brooke. "Ti va di venire con me? Hai buon gusto in fatto di colori e design, ho bisogno della tua opinione prima che l'imbianchino venga a ritinteggiare alcune pareti."

Lusingata, Cate accettò subito. Dopo aver ristrutturato la fattoria per molti anni, aveva imparato molto al riguardo.

Poi andarono da Amber.

Era seduta sul letto e fissava apaticamente il televisore. Alzò lo sguardo e fece loro un debole sorriso. "Ho saputo che avete preso la casa. Congratulazioni, Brooke. Sono felice per voi."

"Te la senti di venire a vederla? Faccio fare un giro a Cate e mi piacerebbe che ti unissi a noi."

Amber scosse la testa. "Grazie... ma preferisco di no. Resto qui." Le lacrime le riempirono gli occhi. "Ho iniziato a sanguinare."

"Oh, no!" disse Cate. "Stai avendo un aborto spontaneo?"

"Non lo so. Aspettavo che tornasse Paul. Vorrei fargli qualche domanda."

"Vado a chiamarlo," disse Brooke. "Ma... Cate, tu dovrai restare qui. Paul insisterà per avere qualcun altro nella stanza e non posso essere io."

"Capisco," disse Cate.

Con lo stomaco in subbuglio, si avvicinò alla poltroncina in un angolo della stanza e si sedette.

Paul entrò nella stanza con uno sguardo preoccupato e si avvicinò ad Amber. "Come ti senti?" le chiese gentilmente.

"Non lo so," rispose lei. "Ho avuto una perdita. Ho cercato di tenere le gambe unite per fermarla, ma sono abbastanza sicura che non abbia funzionato." Alzò lo sguardo verso di lui e chiese con gli occhi pieni di lacrime: "Sto perdendo il bambino?"

"Non necessariamente. Parlami di più di quello che sta succedendo, tutti i dettagli."

Mentre Amber e Paul parlavano a bassa voce, per lasciare loro un po' di privacy, Cate si perse nei suoi pensieri, ma poi fu scossa dalla chiamata di Paul.

"Cate? Puoi accompagnare Amber in bagno? Voglio che l'aiuti a tenersi."

Lei saltò in piedi. "Certo."

Cate si aggrappò al braccio di Amber mentre si dirigevano verso il bagno. Una volta che Amber fu seduta, Cate si allontanò, ma capì subito che la gravidanza era finita. Le lacrime le offuscarono la vista. "Mi dispiace, Amber. Mi dispiace tanto."

Amber abbassò il viso tra le mani e singhiozzò. "Ho fatto un tale casino in tutto. Grazie al cielo non lo sa nessun altro. Dovrò mantenere il segreto."

Cate la abbracciò. Certi segreti potevano far male per sempre.

Dopo essere tornate dall'ospedale, sistemarono Amber davanti alla televisione nella stanza degli ospiti e Cate e Brooke rimasero sedute al suo capezzale.

Amber le fissò con uno sguardo cupo poi disse: "Voi due non potete restare qui a preoccuparvi per me. Andate! Devi vedere la tua nuova casa, Brooke. Ricordati tutti i dettagli che mi dovrai raccontare, Cate."

"Lo farò, tesoro, scatterò anche molte foto."

"Sei sicura di stare bene, qui?" chiese Brooke. "Posso restare, se vuoi."

Amber le fece cenno di andare via. "Vai, starò bene. Non c'è niente che tu possa fare per me. Cercherò di dormire un po'."

Eppure, sia Cate che Brooke sapevano che Amber non stava affatto bene. Il dolore nei suoi occhi diceva tutto.

Brooke condusse Cate a Carrington, un complesso residenziale di alta classe a West Walles, nello Stato di New York, vicino a Ellenton.

Accostarono davanti a una casa in mattoni; era disposta su due piani e su entrambi i lati aveva due ali da un piano in cartongesso bianco. Cate studiò il grande edificio con occhio artistico. I pilastri bianchi a due piani che fiancheggiavano l'ingresso principale si adattavano allo stile quasi meridionale della casa e bilanciavano le ali.

Scese dall'auto e si fermò un attimo a osservare il paesaggio. Le foglie erano cadute e lasciavano i rami degli alberi spogli, ma poteva vedere come quelli, insieme a una particolare varietà di cespugli, aggiungessero eleganza alla casa. In primavera avrebbe avuto un aspetto straordinario, i cornioli e gli alberi da frutto in fiore sarebbero stati intervallati da diversi sempreverdi.

"Aspetta di vedere l'interno," commentò Brooke. "Ti piacerà. Ha bisogno di una rinfrescata, ma niente di più. Non credo che i proprietari ci abbiano passato molto tempo."

Quando Cate entrò in casa, fu accolta da una vista che spaziava dall'ingresso al soggiorno e oltre, attraverso porte scorrevoli in vetro che davano sull'esterno, dove osservò una piscina interrata che per i mesi invernali era stata coperta.

"Adorabile," mormorò Cate prima di seguire Brooke con impazienza per dare un'occhiata all'esterno.

Dopodiché, Brooke la condusse attraverso il resto del piano inferiore, passarono per una grande sala da pranzo che si apriva in una cucina moderna e raffinata; Cate sapeva che Jackson ne avrebbe voluta avere una così per sé. Un'enorme suite padronale dominava l'ala su quel lato della casa. L'altra ala ospitava una biblioteca/studio, una piccola palestra, una sala proiezioni dove la famiglia precedente doveva aver visto dei film e un bagno con vasca che conduceva all'area della piscina esterna.

"Vieni di sopra. Ci sono cinque camere da letto e tre bagni. Ho pensato che sarebbe stato meglio avere una stanza per mia madre." Brooke fece una smorfia. "Mi ha già detto che deve poter vedere le sue nipoti quando vuole."

"È proprio da lei," commentò Cate. "Resterà colpita. La casa è splendida."

"La stiamo ottenendo a un buon prezzo perché i proprietari sono ansiosi di vendere. Si sono già trasferiti in Florida." Brooke aveva il viso pieno di felicità. Aveva molti soldi a disposizione, ma li usava con cautela.

"Ok, passiamo in rassegna le stanze una per una e parliamo dei colori e di tutto quello che vuoi," disse Cate. "È una parte che adoro."

"Grazie. Non vedo l'ora di sentire la tua opinione."

Jackson si avvicinò a loro. "Io e Paul andremo a fare un giro nella zona per farci un'idea più precisa di quello che potrebbe essergli utile. Porteremo le bambine con noi. So che vi tratterrete ancora per un po'."

"Grazie," disse Cate, poi guardò l'orologio. "Controlleremo Amber, ma quando torni a casa assicurati che stia bene."

"Va bene. Lo farò," disse con un piccolo gesto di saluto prima di lasciarle.

Cate seguì Brooke da una stanza all'altra e discussero dei colori e dei mobili che l'amica avrebbe portato con sé. Scelsero un grigio pallido per il soggiorno e la sala da pranzo. Nella camera da letto principale, Brooke voleva un giallo limone che richiamasse quello che aveva in California. La sala cinema sarebbe stata realizzata in un grigio scuro simile a quello che c'era già.

Al piano superiore, la scelta delle tinte per le camere da letto fu rapida. Le stanze comunicanti delle bambine sarebbero state dipinte in due tonalità di viola coordinate, quella di P.J. in un caldo beige, quella degli ospiti in un tenue color pesca e per la suite della madre fu scelto un rosa intenso.

"Grazie Cate," disse Brooke mentre tornavano alla macchina. "Ora andiamo da Amber."

"La incoraggerò a stare con me per un po'." Cate non era in grado nemmeno di immaginare il dolore fisico ed emotivo che Amber stava provando.

Brooke scosse la testa con tristezza. "Vorrei poter restare anch'io, ma so che ti prenderai cura di lei."

"Lo farò," disse Cate, che soffriva per Amber. Non le avrebbe fatto bene rimanere da sola.

A casa, era tutto tranquillo. Quando Cate li trovò, gli uomini stavano bevendo una birra fuori in veranda.

"Ciao! Dove sono Amber e i bambini?" chiese loro.

"I bambini sono nella dépendance e Amber sta facendo un pisolino al piano di sopra," disse Jackson. "Vieni a sederti fuori con noi."

"Prima fammi controllare i bambini," disse Brooke. "Poi voglio sapere cos'hai mostrato a Paul."

"Vado da Amber," disse Cate prima di affrettarsi al piano di sopra.

Cate aprì la porta della stanza di Amber il più silenziosamente possibile e vi infilò la testa.

Amber alzò lo sguardo su di lei. "Entra. Non riesco a dormire."

Entrò nella stanza e si sedette sul bordo del letto. "Come stai? Posso fare qualcosa per aiutarti?"

Amber scosse il capo. "Devo solo superare le prossime settimane."

"Dopo che Brooke e la sua famiglia se ne saranno andati, perché non consideri l'idea di rimanere qui almeno per un'altra settimana? Posso aiutarti a prendere un appuntamento con il mio medico per un controllo. Anche dopo, potresti trasferirti nella dépendance. Forse nelle settimane a venire sarà più facile tornare a casa da noi che in un appartamento vuoto."

Gli occhi di Amber si riempirono di lacrime. "Grazie. Rimarrò per la prossima settimana e poi dovrò continuare come al solito, non voglio destare sospetti sul ruolo che Jesse ha avuto nella mia vita. Per via di Belinda, siamo stati discreti nel vederci fuori dal lavoro. Ma se mai lei lo scoprisse, mi licenzierebbe di sicuro."

"Va bene, ma a volte le vicende che cerchiamo di nascondere sono proprio quelle che devono uscire allo scoperto. Però in questo caso, sono d'accordo con te. Meno persone sanno di te e Jesse, meglio è."

Si mise seduta e si tamponò gli occhi con un fazzoletto. "Com'è la nuova casa di Brooke? Fantastica, immagino."

"È una casa meravigliosa. Non vedo l'ora che si trasferisca vicino a noi. Quando ho organizzato il fine settimana in Florida, non immaginavo che con tutti i cambiamenti nelle nostre vite, le ragazze della spiaggia sarebbero tornate in azione."

Amber sorrise al tentativo di umorismo di Cate. "Beh, credo che questa ragazza da spiaggia faccia meglio a raggiungervi. Non posso cambiare quello che è successo restando qui sdraiata."

"Il tempo è così bello che siamo seduti fuori in veranda. Unisciti a noi quando sei pronta." Cate la abbracciò e si alzò in piedi, felice di vedere che Amber stava meglio.

Quando Amber li raggiunse, gli uomini rimasero in piedi ad aspettare che si sedesse tra Cate e Brooke.

"Hanno appena annunciato che il funerale di Jesse e della famiglia sarà privato, ma amici e parenti sono invitati a un incontro commemorativo nel suo attico venerdì prossimo. Gayle Nickerson, l'assistente di Jesse, sta organizzando tutto," disse Brooke. "La conosci?"

"Oh, sì," disse Amber. "Abbiamo lavorato insieme alla pubblicità del profumo. Voglio andare al ritrovo commemorativo." Si rivolse a Cate. "Vuoi venire con me?" Gli occhi di Amber divennero liquidi.

"Certo," le rispose e diede una pacca sulla spalla di Amber. "Starò al tuo fianco."

"Verrei con te, se potessi," assicurò Brooke all'amica. "Vista la situazione, prenderò l'aereo per tornare a casa domani, dopo che io e Cate avremo scelto i campioni di vernice per l'imbianchino. Paul e i bambini torneranno a casa lunedì come previsto."

"Sono felice che sarete molto più vicine," commentò Amber.

"Cate mi ha detto che sei invitata a rimanere qui per tutto il tempo che desideri."

"Ho accettato di rimanere ancora qualche giorno. Venerdì prossimo andrò nel mio appartamento per prepararmi alla successiva settimana di lavoro. Belinda dovrebbe tornare per allora." Amber sospirò. "Grazie al cielo ha deciso di partire per una lunga vacanza."

"Come ho detto prima, se hai bisogno di compagnia dopo essere tornata nel tuo appartamento, qui sei la benvenuta," aggiunse Cate.

"E a casa nostra ci sarà un sacco di spazio," disse Brooke. "Non vedo l'ora di mostrartela."

"Grazie. Potreste stufarvi di me, nei prossimi giorni."

"Impossibile," ribatté Cate.

Brooke fece un cenno di assenso. "Esatto."

Alzarono lo sguardo mentre Brynn e Bradley correvano verso di loro.

Brynn passò un foglio di carta ad Amber. "Tieni."

"L'abbiamo fatto apposta per te," disse Bradley, in piedi davanti ad Amber, che si muoveva inquieta.

Amber lo studiò e sorrise alle ragazze. "Grazie. Siete molto gentili."

"Non c'è di che," disse Brynn.

"Ti vogliamo bene, zia Amber," aggiunse Bradley.

Si avviarono verso la dépendance e corsero fianco a fianco con passo perfetto.

Amber sollevò il foglio su cui era stato disegnato un gigantesco cuore rosso. "C'è scritto: 'Ci dispiace che tu sia triste, zia Amber. Questo cuore è da portare con te, così non ti sentirai tanto triste. Con affetto, Bradley, Brynn, P.J., mamma, papà, zia Cate e zio Jackson.'"

Nel silenzio a seguire, più di un occhio si inumidì. Cate guardò le amiche più care. Si sentiva in famiglia. Lanciò un'occhiata a Jackson e si chiese se sarebbero stati in grado di ampliarla.

CAPITOLO VENTIQUATTRO

AMBER

Dopo che Brooke e la sua famiglia furono partiti, la casa sembrava tranquilla. Amber fece del suo meglio per aiutare Cate a pulire. La dépendance si era rivelata un luogo perfetto per accogliere gli ospiti. I bambini l'avevano adorata e c'era abbastanza spazio per garantire la privacy sia a loro che ai genitori.

Nei giorni successivi, mentre Jackson era a scuola e Cate lavorava nel suo ufficio, Amber sonnecchiava, faceva brevi passeggiate nel quartiere, cercava di essere forte e accettare quanto era accaduto.

Cate la portò dal proprio medico per un controllo ed entrambe furono liete di apprendere che Amber era in buona forma e non necessitava di alcun intervento chirurgico.

"Mi ha detto che potrò avere altri figli," disse Amber durante il viaggio in macchina per tornare a casa di Cate. "Te lo immagini?"

Cate scrollò le spalle. "So che non sembra possibile ora, ma forse, in futuro..."

"Non ci pensare nemmeno," disse Amber mentre combatteva le lacrime. Le sarebbe servito molto per costruire la fiducia con un altro uomo. E i bambini? Quella era una questione completamente diversa.

Venerdì Amber portò Cate in città per partecipare alla cerimonia in ricordo di Jesse e della sua famiglia.

Parcheggiarono l'auto nell'appartamento di Amber e presero un taxi per raggiungere la casa di Jesse.

Cate le strinse la mano per darle coraggio mentre entravano in un edificio non lontano dal Museo d'Arte Moderna.

"Ce la farò," disse Amber con dolcezza, anche se stava lottando con i ricordi di quando era con Jesse e con il senso di colpa che non riusciva a scacciare.

Mentre era in piedi nell'ascensore che portava all'ultimo piano e all'attico di Jesse, Amber si chiese chi avrebbe partecipato all'evento. Le piaceva l'idea di una celebrazione al posto di un evento lugubre, per un uomo che era apparso così vivo con la sua arte.

Accanto a lei, Cate rimase cupa. Amber apprezzò l'impegno con cui l'amica aveva cercato per tutta la settimana di tenerle alto il morale.

Le altre persone nell'ascensore le guardavano con curiosità, si chiedevano senza dubbio quale rapporto avessero con Jesse e la sua famiglia. Amber cercò di ignorarli e sembrò che anche Cate stesse facendo lo stesso.

Appena l'ascensore arrivò all'ultimo piano, Amber seguì Cate in un vestibolo all'esterno di ampie porte doppie che erano state spalancate.

Passarono davanti a una panchina e a delle grandi piante in vaso sistemate ai lati delle porte, poi entrarono in un grande salone pieno di persone in piedi, con i bicchieri in mano, intente a parlare tra loro.

Le cameriere passarono tra loro con dei vassoi di antipasti.

"È una vera festa," mormorò Cate ad Amber.

Fece un piccolo sorriso a Cate. "Gli sarebbe piaciuta molto. Era un uomo aperto e generoso. Non c'è da stupirsi che avesse così tanti amici."

Amber si irrigidì quando, voltandosi, trovò Belinda Galvin

che marciava accigliata verso di loro.

Cate si avvicinò al gomito di Amber per fermarla.

"Ciao, Amber. Cosa diavolo ci fai qui?" le chiese Belinda. "Questa festa è solo per la famiglia e gli amici stretti di Jesse. Non credo che tu sia invitata."

Amber studiò la donna nota per aver terrorizzato dipendenti e colleghi. Era alta, magra e i capelli grigio-argento, che portava scostati dal viso e legati dietro la testa, le conferivano un aspetto severo. Il suo viso, accuratamente modellato dalla chirurgia plastica, era più imponente che bello.

Ma l'attenzione di Amber fu catturata dagli occhi di Belinda. Erano di un grigio acciaio e non contenevano calore, forse non l'avevano mai avuto.

"Io e Jesse abbiamo lavorato bene insieme," disse Amber con un tono freddo che smentiva qualsiasi sospetto di paura. "Sono venuta a porgere i miei omaggi, proprio come ha chiesto Gayle Nickerson."

Belinda si mise le mani sui fianchi e studiò Amber. "Perché l'assistente di Jesse ti avrebbe chiesto di venire?"

"Probabilmente perché sapeva che io e Jesse eravamo amici," disse Amber. Sentì la rabbia che la attraversava.

Cate lanciò un'occhiata all'amica e poi disse a Belinda: "Cosa ci fai *tu* qui? Sei semplicemente una persona per cui ha lavorato qualche volta, giusto?"

Belinda si raddrizzò e divenne ancora più alta, ancora più imponente. Fissò Cate. "*E tu chi saresti*?"

Amber applaudì silenziosamente mentre osservava Cate raddrizzarsi ma restare calma di fronte a tanta alterigia. Prima che potesse rispondere, una donna si precipitò da lei. "Catherine Tibbs? Ho amato il suo ultimo libro e non vedo l'ora di leggere il prossimo."

Amber sorrise con gratitudine alla persona che aveva

interrotto quello che sarebbe potuto diventare un brutto confronto. “Scusami, Cate. Vado a cercare Gayle.”

Cate annuì e poi, ignorando Belinda, si voltò verso la sua ammiratrice.

Rimasta sola, Belinda si allontanò.

Amber passò accanto a delle persone che riconobbe perché erano famose nel mondo dell’arte e notò una fotografia di Jesse con la moglie e i figli esposta su un tavolino. Pensò a quanto terribile fosse ciò che era accaduto e cercò di combattere la nausea che l’aveva tormentata durante tutta la settimana per quella tragedia. Un’intera famiglia scomparsa.

Le sorrise un signore alto, bello, con i capelli grigi e due occhi blu che si illuminarono. “Amber?”

Amber fece una pausa. “Sì?”

“Ciao, sono Wynton Burr, un amico di Jesse.”

“Oh, sì. È un piacere rivederti.”

Stavano ancora chiacchierando quando Cate si avvicinò a loro.

Amber fece le presentazioni e poi Wynton li lasciò per salutare qualcun altro.

“Wow! È affascinante,” disse Cate.

“È un avvocato che ha commissionato a Jesse una foto ritratto di sua figlia. L’ho conosciuto a una festa a cui ho partecipato.”

“Sei pronta per andare a casa?” chiese Cate.

“Sì, improvvisamente sono esausta. Per fortuna ho il fine settimana per abituarmi di nuovo alla vita di città.” Lanciò un’occhiata in giro per la stanza. “Gayle è impegnata a parlare con altri. La chiamerò più tardi. Cerchiamo di uscire da qui senza incontrare Belinda.”

“È una donna davvero cattiva. Non so come riesci a sopportare di lavorare per lei.”

“Potrebbe non durare a lungo,” disse Amber mentre si

accarezzava lo stomaco. "Si illude ancora che tra lei e Jesse ci fosse qualcosa di speciale, ma so benissimo che non è così."

Avevano raggiunto l'ingresso quando Belinda le vide. "Non dimenticare di arrivare presto lunedì, Amber. Avrai molto da fare." Si rivolse a una coppia al suo fianco e disse con voce abbastanza alta da farsi sentire da molte persone: "Amber è la mia assistente. Per questo le è stato concesso di partecipare."

"Sono la tua assistente e un'amica di Jesse," disse Amber con parole fredde e nette, mentre la frustrazione le saliva dentro e la faceva pericolosamente avvicinare al pianto.

Cate le prese il braccio e la condusse via.

Nell'intimità dell'ascensore, Amber guardò il proprio riflesso nel pannello laterale a specchio, studiò l'immagine spaventosa della rabbia sul volto e si accasciò.

CAPITOLO VENTICINQUE

CATE

Durante il viaggio di ritorno a Ellenton, Cate fissava il paesaggio che scorreva fuori dal finestrino, persa nei propri pensieri. Le sembrava che Amber si trovasse in una situazione orribile. Sebbene amasse stare in città e nell'industria della moda, non sarebbe riuscita a mantenere il lavoro, se il suo perfido capo avesse scoperto della relazione tra lei e Jesse. L'amica le aveva già detto quanto tutti fossero competitivi. Grazie al cielo, Amber non era mai stata coinvolta in episodi di droga, come altri nel settore.

Cate ricordava la prima esperienza che lei stessa aveva avuto con la marijuana. Un sabato sera, Amber aveva chiamato le amiche e aveva chiesto loro di raggiungerla a casa. Lei e la madre avevano appena litigato perché uno dei fidanzati della donna era rimasto a dormire da loro. La madre era uscita per la serata e Amber era più che pronta a fare qualsiasi cosa per vendicarsi.

Quella sera erano un trio cupo. Cate era sconvolta dal disordine e dall'aria negativa che si respirava in casa e non vedeva l'ora di andarsene.

Brooke era depressa. Le era spuntata un'eruzione di brufoli sul viso. Annunciò in lacrime di essere pronta ad abbandonare la lotta per cercare di essere bella e compiacere sua madre. Era una battaglia continua, che Brooke non poteva vincere. Lo sapevano tutte e tre.

Dopo diversi spinelli, Amber aveva tirato fuori gin e vodka, gli alcolici preferiti dalla madre. Una decisione sbagliata. Divenne violenta, iniziò a rompere piatti e bicchieri nel lavandino della cucina e malediva la propria vita. Brooke aveva singhiozzato in modo incontrollato prima di prendere un coltello e minacciare di uccidersi. Cate si ammalò come un cane, vomitò ed ebbe i conati per ore.

Per Cate era stato un campanello d'allarme. Non aveva problemi a seguire le regole della madre in materia di droga o alcol. Anche all'università era stata presa in giro per essere una "santarellina." Anche se le dava fastidio essere chiamata così, non aveva intenzione di bere più di uno o due drink occasionali. Dopo tanti anni, era ancora prudente.

Il treno entrò in stazione. Cate scacciò il passato, scese dalla carrozza e si diresse verso il parcheggio. Aveva lasciato lì il suo SUV, prima di salire sull'auto di Amber per andare in città.

Appena fu a casa, si fermò nella nuova villetta di Brooke per controllare l'imbianchino. Lo aveva fatto ogni giorno, come richiesto da Brooke. Sapeva, per esperienza passata con i lavori di ristrutturazione della sua stessa casa, che era meglio presentarsi all'improvviso.

Entrò e rimase un attimo nell'atrio, per guardare la scala a chiocciola. Le sembrava perfetto che Brooke vivesse in una casa tanto elegante.

Cate entrò nella camera da letto principale e vide con piacere che il lavoro era quasi finito. La vernice gialla sulle pareti era perfetta e conferiva alla stanza una piacevole luminosità che avrebbe fatto sembrare più chiare le giornate invernali. Cate scattò delle foto della stanza per inviarle a Brooke. Paul avrebbe visto la casa di persona quella stessa sera, perché avrebbe dormito a casa di Cate qualche notte. Voleva essere vicino per assicurarsi che altri progetti più piccoli venissero terminati prima di volare in California per aiutare in quella fase del trasloco. Per come stavano andando i tempi, le ragazze della spiaggia avrebbero festeggiato il Natale insieme. Cate non vedeva l'ora.

Rientrata a casa, Cate decise di non aspettare un momento di più per addobbare. Andò in soffitta e trovò la scatola di decorazioni natalizie che tirava fuori ogni anno. Era in cucina che smistava gli addobbi, quando arrivò Jackson.

"Ciao, tesoro, come stai?"

"Tutto bene, credo." Jackson posò una pila di fogli e un quaderno sul tavolo della cucina. "Ha chiamato mia madre e ha chiesto se andiamo nella Carolina del Nord per le vacanze. Le ho detto di no, ma muore dalla voglia di parlarti dei preparativi per il matrimonio e della festa di fidanzamento che vuole organizzare per noi." Lui le rivolse uno sguardo preoccupato. "Le ho detto che saremmo andati lì per San Valentino, così avrebbe potuto dare la festa per noi. Va bene?"

Cate fece una pausa. "Certo, ci organizzeremo. Però, Jackson, non voglio un matrimonio in grande stile. Se non teniamo duro su questo punto, sarà un disastro."

"È quello che le ho detto. I miei genitori ti vogliono bene e vogliono il meglio per te. Pensano che siccome non hai una famiglia tua, spetti a loro farti felice."

"Non voglio alcun conflitto con loro. Mi hanno sempre trattato bene." Scosse la testa. "È così ironico: la differenza tra la mia famiglia e la tua."

Jackson sorrise e la strinse tra le braccia. "E io? Che posto occupo nel quadro?"

Lei ridacchiò. "Beh... mi viene in mente il principe azzurro."

"Questa è la mia ragazza," disse Jackson prima di posare le labbra sulle sue. Nel suo abbraccio, Cate lasciò andare le preoccupazioni. I genitori di Jackson non erano irragionevoli, ma solo entusiasti.

Proprio mentre Buddy cominciava ad abbaiare per attirare l'attenzione, squillò il cellulare di Cate. *Brooke.*

"Ehilà! Hai ricevuto le foto che ti ho mandato per messaggio?" le chiese Cate, ancora accaldata per il bacio di Jackson.

"Sì, sono deliziose. Grazie. Apprezzo tutto quello che stai facendo per me. Sto cercando di contattare Paul. È lì?"

Lo stomaco di Cate si contorse. C'era qualcosa nella voce di Brooke che faceva presagire guai. "Dovrebbe arrivare più tardi. Perché? Cosa c'è?"

"Abbiamo ricevuto un'offerta per la casa," rispose Brooke.

"Ma?"

"Ma è molto bassa. Si è sparsa la voce che cerchiamo disperatamente di sfuggire alle voci su Paul e che venderemo a qualsiasi prezzo." Ci fu un momento di silenzio e poi Brooke aggiunse: "Perché la gente è così feroce? Non è sufficiente che la reputazione di Paul sia stata rovinata dalle bugie?"

"Mi dispiace molto. C'è qualcosa che la tua agente immobiliare può fare al riguardo?"

"Domani terrà un *open house*. Anche se qui sono nel bel mezzo dello smistamento e dell'imballaggio, dice che è importante. Mi ha detto che allora chiarirà la situazione con gli altri agenti e con gli acquirenti. A proposito, è meglio che vada. Chi l'avrebbe mai detto che avremmo accumulato così tanta roba?"

"È una casa grande," le ricordò Cate.

"Giuro che sembra crescere mentre dormo," commentò Brooke. "Non vedo l'ora che arrivi la ditta di traslochi. Faranno loro gli imballaggi pesanti. Fino ad allora, ho tempo per scoprire i tesori degli ultimi quindici anni."

"Potrebbe essere divertente," rispose Cate, un po' per scherzo e un po' per provocarla.

"Devo ammettere che a vedere tutto il materiale per

neonati che avevo messo da parte, ho pensato brevemente di provare ad avere un altro bambino."

"Non sarebbe buffo se restassimo incinte nello stesso momento?" disse Cate.

Brooke rise. "È l'ultima cosa di cui ho bisogno in questo momento. Vizierò invece ogni tuo bambino. Ancora nessuna notizia?"

"Non ancora. Incrocio le dita," disse Cate mentre si massaggiava lo stomaco.

CAPITOLO VENTISEI

BROOKE

Brooke riattaccò il telefono, ma continuò a pensare al commento che aveva fatto a Cate. Voleva un altro bambino? Guardò la confusione che la circondava e scosse la testa. Quello che voleva davvero era una vita tutta sua. Non come moglie di Paul, né come madre delle gemelle, né come madre di un giovane al primo anno di università. Voleva essere Brooke Ridley Weston, artista, o Brooke Ridley Weston, imprenditrice. Era una persona creativa che si era persa. Amber l'aveva definita "prosciugata dalla famiglia", ma Brooke non era d'accordo. Amava i suoi figli e il marito, ma forse era arrivato il momento di voler un po' più bene a se stessa.

Proprio in quel momento, sua madre la chiamò. "Ciao, Brooke. Oggi a pranzo con gli amici ho sentito una notizia orribile."

Brooke sospirò. Sapeva che sarebbe arrivata una frecciatina. "E quale potrebbe essere, mamma?"

"Hanno detto che tu e Paul avete intenzione di svendere la casa perché state cercando di andarvene al più presto. Lo sai bene anche tu, Brooke: vivete in una zona privilegiata e l'abitazione vale un sacco di soldi."

"Mamma, non devi credere a tutto quello che senti. Fidati di me e di Paul. Inoltre, quello che facciamo non è affar tuo."

"Bene! Credo di averti chiamata in un brutto momento. Non ti stancare, tesoro. Quando sei stressata, tendi a mangiar troppo."

Brooke chiuse la chiamata e si sedette con la testa tra le mani. Per gli amici di sua madre, Diana Ridley era gentile e premurosa. Ma quando aveva a che fare con Brooke, non riusciva a controllare una vena di disprezzo che feriva la figlia.

Entrarono in casa le gemelle e le loro chiacchiere portarono una svolta piacevole. Brooke si alzò in piedi per salutarle. Farle andare a scuola con l'orario ridotto era stata una decisione che lei e Paul avevano preso insieme, ma con il trasloco a New York le figlie avrebbero ricominciato a stare lontane da lei tutto il giorno, inoltre Brooke non avrebbe avuto nulla da fare senza il volontariato e le altre attività a cui era solita dedicarsi in California. Un altro motivo per cambiare vita.

"Come va, ragazze?" chiese Brooke allegramente, dopodiché notò i loro volti tirati.

"I bambini dicono cose brutte su papà," disse Brynn.

"Anche su di te," aggiunse Bradley. "Dicono che stiamo scappando perché papà ha fatto qualcosa di terribile."

"Mi dispiace," disse Brooke, mentre si sforzava di controllare la frustrazione che voleva fuoriuscire in uno scatto d'ira. Mise le braccia intorno alle ragazze. "Sono voci. A volte bisogna lasciar perdere. Le voci non sono vere, ma spesso vengono diffuse per noia da persone ignoranti che non conoscono la verità. Non stiamo scappando, ma ci stiamo trasferendo per stare con papà nel nuovo posto dove lavorerà. C'è una bella differenza e voi non avete nulla di cui vergognarvi."

"È quello che ho detto a Kendall, ma lei ha detto che sua madre stava parlando con un'amica e l'ha sentita." Gli occhi di Brynn si riempirono di lacrime. "La odio."

Brooke accarezzò la guancia di Brynn e la studiò. "Non voglio che tu odi nessuno. Sua madre ovviamente non conosce tutti i fatti."

"Ma, mamma, a Kendall non importa. Sta dicendo a tutti di stare lontani da noi." Il mento di Brynn tremò.

Brooke deglutì a fatica poi guardò le figlie e desiderò di poter lavare via il dolore dai loro dolci visi. "Avete solo un'altra settimana di scuola qui in California e poi ce ne andremo. Kendall non è mai stata un'amica intima. Se siete fortunate, i vostri veri amici vi resteranno vicini. Come zia Amber e zia Cate hanno fatto con me."

"Le adoro, mamma. Sono le zie migliori del mondo," disse Brynn con passione.

"Anch'io," disse Bradley. "Cosa c'è per merenda? Abbiamo fame."

Brooke tirò un sospiro di sollievo. Le sue ragazze sarebbero state bene. Sarebbero rimaste l'una accanto all'altra.

Mentre andava a preparare uno spuntino per loro, ebbe la tentazione di chiamare la madre di Kendall, poi si rese conto che, se le avesse telefonato, avrebbe solo peggiorato la situazione.

Quando Paul le telefonò, era già passata ad altri problemi legati al loro trasferimento. L'agente immobiliare stava organizzando un evento *open house* al mattino per altri colleghi della zona e li aveva invogliati a partecipare con l'invito a un pranzo a buffet.

CAPITOLO VENTISETTE

AMBER

Mentre Amber si vestiva per il rientro al lavoro dopo più di una settimana, cercò di liberarsi dalla rabbia che provava. Non poteva permettersi di incasinare ulteriormente la sua vita ed era preoccupata di non riuscire a restare indifferente alle provocazioni di Belinda. Per il momento, Amber doveva mantenere il proprio lavoro. Aveva già cercato altre proposte nel settore della moda, ma non aveva trovato nulla di interessante né in termini di opportunità di crescita professionale né a livello di retribuzione.

Come le avevano insegnato, si diede un'ultima controllata allo specchio per assicurarsi che il suo aspetto fosse il più perfetto possibile. Un tempo amava l'idea di essere vestita con gli abiti più moderni e di tendenza che acquistava grazie alle sue conoscenze. In quel momento desiderava tornare a letto e dimenticare tutto quello che era successo. In un angolo della mente si chiedeva cosa sarebbe successo se Jesse non fosse morto e lei non avesse perso il bambino.

Amber si raddrizzò il colletto della camicia di seta blu zaffiro, infilò la giacca del completo di lana nera che aveva scelto e sperò che la tristezza che ogni tanto le toglieva l'aria rimanesse nascosta. Fece un respiro profondo e si addentrò nel trambusto delle strade della città.

Venti minuti dopo, aprì la porta degli uffici dell'Agenzia Galvin e si immerse nella quiete della prima mattinata. Dopo trenta minuti l'ufficio si sarebbe animato di rumori e attività ma in quel momento, era suo.

Si precipitò alla scrivania per controllare se c'erano messaggi per lei e per Belinda, li lesse e andò nell'ufficio privato del capo per iniziare a prepararle il tè. C'era una procedura ben precisa, naturalmente. Era solo una delle tante accortezze che potevano fare la differenza tra un inizio di giornata difficile e uno ancora peggiore.

Soddisfatta per aver svolto il compito correttamente, tornò nel suo ufficio, appena fuori da quello di Belinda.

Arrivò Jodie Pearson, la receptionist, e la giornata iniziò.

Amber era al telefono quando Belinda entrò in ufficio. Fece segno ad Amber di raggiungerla, le passò davanti alla scrivania ed entrò nel proprio ufficio, chiudendosi la porta alle spalle con un sonoro botto.

Ad Amber si strinse lo stomaco al pensiero della giornata che l'attendeva. Terminò la telefonata e, con un sospiro pesante, si alzò per occuparsi di Belinda.

Bussò alla porta e poi la aprì.

Belinda era in piedi accanto al servizio da tè e riempiva una fragile tazza. "Non vedevo l'ora che me la preparassi. È una di quelle mattine in cui non vorresti svegliarti."

Ad Amber si asciugò la gola mentre aspettava che Belinda le offrisse un posto a sedere.

Il capo le fece cenno di avvicinarsi a una delle sedie imbottite di fronte alla scrivania e si sedette dietro.

"Ci ho pensato tutto il fine settimana e devo avvertirti che sono arrivata a tanto così dal licenziarti." Belinda alzò una mano curata e fece sfiorare pollice e indice, con lo smalto rosso sulle unghie che brillava pericolosamente.

Amber rimase in silenzio. Non aveva intenzione di chiedere il perché. *Lascia che sia la stronza a dirmelo.*

Gli occhi freddi di Belinda la valutarono. "Non dovevi essere al ricevimento di Jesse venerdì. Tu lavori per me; non sei amica dei miei clienti. Capito?"

Amber si costrinse a rimanere in silenzio.

"Se non riesci a restare al tuo posto, dovrai lasciare l'azienda," continuò Belinda, prima di salutarla. "Ora puoi andare."

Amber si alzò per andarsene.

"A proposito, Amber, quel vestito ti appesantisce. Se fossi in te, starei attenta. Vestiti come quello sono a tua disposizione grazie a me. Ricordatelo."

"È tutto?" chiese Amber, fermandosi mentre usciva.

"Non è sufficiente?" Belinda scosse la testa. "In effetti sì, stai diventando grassa."

Il temperamento che Amber aveva combattuto per tutto il fine settimana si precipitò in superficie, troppo selvaggio per essere controllato. "Tu invece sei... scheletrica."

Gli occhi di Belinda si allargarono per la sorpresa, poi tornarono ad assottigliarsi.

Amber si preparò a essere licenziata.

All'improvviso, Belinda scoppiò a ridere. "Ah, sì! La mia servetta. Ok, ora vai, prima che perda le staffe."

Amber uscì di corsa dall'ufficio, lieta di aver colto Belinda di sorpresa. Più tardi, il suo capo avrebbe potuto vendicarsi, anche se, probabilmente, in fondo non si era offesa a sentirsi dare della scheletrica.

CAPITOLO VENTOTTO

CATE

Cate intuì che qualcosa non andava, perciò aprì gli occhi e fissò la luce dell'alba che filtrava nella camera da letto attraverso le persiane semiaperte. Fu attirata alla finestra dal silenzio esterno. Scrutò il prato coperto di bianco e i pini che avevano i rami ghiacciati di neve. Si fermò per chiedersi cosa l'avesse svegliata e sentì un dolore che le attraversava l'addome.

Si aggrappò al davanzale della finestra e cercò di trattenere le lacrime. *Il ciclo.*

Si mosse in silenzio per non svegliare Jackson, attraversò il tappeto fino al bagno e chiuse la porta dietro di sé.

Quando controllò, vide le prove e sospirò. Sapeva che l'utero avrebbe impiegato qualche mese per abituarsi alla rimozione della spirale, ma aveva stupidamente sperato di rimanere incinta subito.

Si pulì e si infilò di nuovo a letto con Jackson.

Lui si voltò verso di lei e le chiese assonnato: "Tutto bene?"

"Ho il ciclo. Niente bambino."

Lui la strinse a sé. "È ancora presto. Non scoraggiarti."

Si rannicchiò contro di lui per trovare conforto nelle sue braccia. Al mattino, le cose sarebbero sembrate migliori. Ma al momento non poteva fare a meno di pensare a Brooke e a tutte le volte che aveva cercato di avere un bambino dopo la nascita di P.J. L'amica aveva passato un periodo terribile. Amber era rimasta incinta quando non voleva e aveva perso il bambino. Cate pregò di non dover vivere quella terribile esperienza.

Più tardi, quando suonò la sveglia di Jackson, Cate scivolò fuori dal letto, indossò una calda vestaglia e si infilò gli Ugg. "Forza, Buddy. È ora di alzarsi."

Il cane la scrutò da sotto la coperta ai piedi del letto e si rannicchiò nella trapunta rifiutandosi di uscire.

Con una risatina, Cate lo tirò fuori e lo strinse tra le braccia. Mattine d'inverno come quella di solito rendevano Buddy scontroso. Non poteva biasimarlo. Con le sue zampette corte, la neve invernale gli congelava la pancia. Non era piacevole.

Lo portò al piano di sotto e lo mise fuori, sulla terrazza posteriore. Lui la guardò con un'espressione così triste che lei rise. "Sbrigati! Fai i tuoi bisogni e torniamo subito in casa."

Mentre Buddy si allontanava al trotto, Cate studiò il panorama intorno a sé. Di solito non le piaceva la neve, ma quella mattina il sole stava sorgendo in un cielo rosato, che trasformava il bianco candido della neve intorno a lei in qualcosa che sembrava una glassa rosa che ricopriva gli alberi e i cespugli vicini. Catturata da quella bellezza, si strinse le mani. Nella mente le scorrevano scene descrittive che lei archiviò, in modo da usarle in futuro in un libro.

Quando Buddy abbaiò, lei si distrasse e la magia scomparve.

Tornarono in casa, Cate accese la macchina del caffè e preparò la tavola. La colazione abituale di Jackson consisteva in un bicchiere di succo di frutta, una ciotola di muesli con la frutta, una tazza di caffè e poche parole. Le serate e le chiacchierate diurne compensavano quella mancanza. Paul le aveva detto di non disturbarsi, ma lei gli tagliò della frutta in più e preparò dello yogurt nel caso lui ne volesse un po'.

Quando il caffè fu pronto, Cate se ne versò una tazza e si sedette al tavolo della cucina. Quel giorno doveva tornare a lavorare sul libro. Aveva perso troppo tempo tra il giorno del Ringraziamento e tutti i traumi successivi con Amber e la casa di Brooke.

"Buongiorno," disse Jackson, prima di sedersi al tavolo della cucina. La studiò per un attimo. "Come ti senti? Non voglio che ti scoraggi. Abbiamo appena iniziato."

Lei sorrise al suo tentativo di rincuorarla. "Mi rendo conto che dovremmo continuare così, senza nemmeno pensarci, o inizieremo un giro sulle montagne russe come quello che hanno vissuto Brooke e Paul."

Con un'espressione seria, lui annuì. "Sono d'accordo."

Paul li raggiunse. "Buongiorno. Grazie per avermi ospitato per la notte. Brooke e io lo apprezziamo molto."

"Nessun problema," disse Cate con sincerità. "Siete della famiglia. Sei sicuro di non voler passare qui un'altra notte?"

Scosse la testa. "No, ho promesso a Brooke di tornare a casa. La situazione è tesa con i vicini e i compagni delle bambine." Sospirò. "A volte mi è difficile credere a tutto quello che è successo."

"Mi dispiace per tutto quello che avete dovuto affrontare. Ma è quasi finita. Tra una settimana sarete in viaggio per tornare qui e restarci."

"Non vedo l'ora," replicò Paul.

"Serviti pure la colazione. Se hai bisogno di qualcos'altro, dimmi pure," offrì Cate. "Spero che a voi signori non dispiaccia, ma io devo mettermi al lavoro. Buona giornata."

Buddy la seguì, si sistemò sulla sua morbida coperta sotto la scrivania, e la tirò dall'angolo finché non si fu coperto.

Jackson bussò ed entrò. "Ci vediamo stasera. Chiamami se hai bisogno che prenda qualcosa. Accompagno Paul in stazione." La baciò e uscì.

Cate andò a salutare Paul. Lui si stava mettendo il cappotto e lei si avvicinò. "Buon viaggio," disse prima di dargli un rapido bacio sulla guancia. "Ci vediamo presto."

"Grazie ancora. Sono sicuro che Brooke si farà sentire per farti sapere come va la situazione."

"Lo farà sicuramente," disse Cate. Si guardarono l'un l'altra e ridacchiarono. Brooke poteva anche essere a tremila chilometri di distanza, ma era sicuramente la responsabile della nuova casa.

Quel pomeriggio, Cate era inquieta. Si alzò e andò in cucina per prepararsi una tazza di tè caldo. Scrivere era diventato frustrante, soprattutto per il senso di fallimento che provava a livello personale. Era passata dal pensare che sarebbe rimasta incinta così in fretta da non poter finire il libro, al credere che non sarebbe mai successo. Per quanto cercasse di avere pazienza, era preoccupata. Sospirò e si chiese se sarebbe stato così per i mesi a seguire, mentre si sentiva sulle montagne russe a causa delle emozioni.

Mentre aspettava che l'acqua bollisse per il tè, Cate studiò la fotografia che Brooke le aveva inviato dopo il viaggio in Florida. Nell'immagine avevano cercato di ricreare lo scatto originale delle ragazze della spiaggia che le ritraeva quando avevano tredici anni. Erano sedute sulla sabbia e sorridevano al gentile sconosciuto che aveva accettato di scattare la foto. *Non male per essere alle soglie della quarantina*, pensò, mentre guardava le due amiche. Studiandole, nessuno avrebbe immaginato tutti i problemi che stavano vivendo. Per quanto riguardava lei stessa, non aveva più quella timidezza contenuta, ma sembrava sinceramente felice, con un sorriso che le illuminava gli occhi. Sapeva che in parte era dovuto alla decisione che lei e Jackson avevano preso.

CAPITOLO VENTINOVE

AMBER

Amber stava controllando il programma settimanale degli impegni delle modelle, quando un fattorino si avvicinò alla scrivania. Aveva in mano un grosso pacco piatto di forma quadrata avvolto in carta marrone. "La receptionist mi ha detto che l'avrei trovata qui. Questa è una consegna speciale per lei da parte di Gayle Nickerson. Mi ha detto di consegnarglielo personalmente."

"Per me? Grazie." Amber accettò il pacco e lo posò sulla scrivania. "Aspetti. Le voglio lasciare la mancia."

Alzò la mano. "No, è già tutto sistemato." Si girò per andarsene.

"Aspetti! Ha idea di cosa contenga?"

Scosse la testa. "Mi hanno solo detto che era qualcosa di speciale, di maneggiarlo con cura e di consegnarlo a lei personalmente."

Mentre il fattorino si allontanava, Amber scartò il pacco, poi fissò la propria immagine sorridente, all'interno di una cornice di metallo argentato. Le venne la pelle d'oca lungo la schiena. Ricordava il momento esatto in cui Jesse aveva scattato quella fotografia. Avevano girato su un'isola la pubblicità del profumo e lei si era presa una pausa dal sole riparandosi sotto una palma. Era vestita con un prendisole bianco molto leggero e aveva guardato Jesse mentre lui la chiamava per nome. Avevano fatto l'amore la sera prima e lei aveva capito di non aver mai provato nulla del genere per nessun altro uomo. Si fidava di lui abbastanza da ammettere a se stessa ciò che sentiva.

"Cos'è?" chiese Belinda mentre usciva dal proprio ufficio.

"È una fotografia dell'ultimo servizio per il profumo," disse Amber, che studiò l'immagine e sperò che nessun altro potesse vedere ciò che lei non era riuscita a nascondere.

Belinda rimase in silenzio, concentrata sulla fotografia. I tratti duri del suo viso si bloccarono. "Mio Dio! Tu e Jesse? Come avete potuto?"

"Cosa vuoi dire?" chiese Amber, sforzandosi di parlare con calma anche se il cuore aveva cominciato a battere tanto forte da farle venire le vertigini.

"Qualsiasi sciocco può vedere il modo in cui lo stai guardando, il modo sensibile in cui ti ha ritratto, persino lo sguardo che ti stava rivolgendo." Il suo viso, normalmente pallido, si fece di un rosa acceso. "Mi hai tradita. Conoscevi i miei sentimenti per lui, Amber! Puttana! Sei licenziata! Porta via le tue cose, compresa questa orrenda fotografia!"

Il bisogno di proteggersi si fece strada dentro di lei. "Su quali basi mi licenzi? Gelosia?"

Belinda fece scattare la mano; fu l'unico gesto di avvertimento per Amber.

Afferrò il polso di Belinda per evitare il colpo. "Oh, no, non succederà. Non mi colpirai. Capito?" Fissando la donna che aveva reso la sua vita miserabile per tutto quel tempo, Amber sentì crescere in sé una rabbia che non si permetteva da anni. "Sei una persona detestabile che non meriterebbe mai un uomo dolce e gentile come Jesse. Non c'è da stupirsi che lui abbia rotto con te."

Belinda spalancò gli occhi e con uno strattone si liberò il polso. "Fuori di qui!" urlò, tanto forte che diverse persone accorsero dagli altri uffici e si radunarono intorno a loro.

Appena Belinda vide i colleghi, disse: "Cosa volete? Non

sono affari vostri."

Amber cercò di non correre, raccolse la fotografia incorniciata, afferrò la borsa e, anche se le tremavano le ginocchia, si allontanò con tutta la dignità possibile. Doveva mettere una certa distanza da Belinda, per non cedere alla tentazione di strapparle i capelli.

Amber tornò nel suo appartamento e studiò la fotografia. Al ricordo di quell'occasione sull'isola, gli occhi le si riempirono di lacrime. Per lei, fare l'amore con Jesse era stato un risveglio assoluto. Studiò la firma di Jesse e notò la lettera "L" che aveva scritto con discrezione sopra il proprio nome. Le lacrime che le avevano offuscato la vista le rigarono le guance. Lui l'aveva amata, anche se non nel modo in cui lei aveva sperato.

Suonò il campanello. Amber si ricompose, andò alla porta e dopo aver controllato dallo spioncino, la aprì. Jodie Pearson, la receptionist dell'ufficio, era in piedi con una grande scatola di cartone in mano. Amber scosse la testa, Belinda non aveva perso tempo a liberare la scrivania.

"Entra." Aiutò Jodie a prendere la scatola e insieme la posarono sul pavimento dell'ingresso.

"Mi dispiace per quello che è successo," disse Jodie. "Belinda è ancora in preda alla rabbia. Tutti, me compresa, le stanno alla larga. Mi ha fatto raccogliere i tuoi oggetti personali. Credo che siano tutti qui."

"Non c'era molto. Un'altra delle regole di Belinda. Era talmente abituata a licenziare le persone, prima che arrivassi io..."

"Non so come andrà in ufficio. Hai praticamente sempre gestito tutto, mentre lei si prendeva ogni merito. Come farai adesso?"

Il sorriso di Amber era genuino. “Mi prenderò un po’ di tempo libero e passerò le vacanze con gli amici.”

“La trovo una buona idea,” disse Jodie. “Ti auguro tutta la fortuna del mondo. Me ne andrei anch’io se potessi, ma il lavoro è ben pagato. Quindi, credo che resisterò, anche se le prossime settimane saranno probabilmente un po’ difficili. Non ho mai visto Belinda così turbata.”

“Ti piacerebbe rimanere per una tazza di caffè o un bicchiere di vino?” offrì Amber, sollevata all’idea di non dover affrontare la rabbia di Belinda.

Il volto di Jodie si illuminò. “Grazie, ma è meglio che vada. Devo tornare in ufficio.”

“Ok. Abbi cura di te, Jodie. Se avrò mai bisogno di una receptionist, ti chiamerò.”

Jodie le rivolse un pollice in su. “Verrei in un batter d’occhio. Sei la migliore.”

Amber sorrise e accompagnò Jodie all’uscita, ma rimase sulla soglia a chiedersi cosa sarebbe successo dopo.

Da sola, Amber smistò il contenuto della scatola che Jodie le aveva preparato. Come aveva detto alla receptionist, in ufficio aveva tenuto pochi oggetti personali. Aveva la terribile sensazione che Belinda li avrebbe controllati. L’unica foto che aveva lasciato sulla scrivania era quella delle ragazze della spiaggia, che risaliva a quando lei e le amiche avevano tredici anni. Le era stata restituita, insieme a un rossetto, una crema per le mani e una crema solare. Belinda poteva pure tenersi la pianta che Amber aveva ricevuto per il compleanno e la composizione floreale di seta che lei stessa si era comprata: non le voleva lì nell’appartamento, le avrebbero ricordato troppo le esperienze negative in ufficio.

Non era minimamente preoccupata delle informazioni

memorizzate sul proprio computer al lavoro. Consapevole del tipo di persona che era Belinda, aveva tenuto gli affari privati sul computer personale.

Amber provò un'ondata di tristezza. Tre anni di duro lavoro e di momenti difficili si erano ridotti a una scatola di cartone con pochi oggetti e ai ricordi che aveva conservato nella sua mente.

Sentì il bisogno di una parola di conforto, così prese il telefono e chiamò Cate.

Allo squillante "Ciao, bella!" di Cate, Amber provò un'immensa gratitudine. Le sue amiche erano molto importanti per lei, come la famiglia che non aveva mai avuto. "Che succede?"

Amber raccontò a Cate i dettagli della propria mattinata.

"Licenziarti in questo modo sembra una tipica mossa di Belinda. Soprattutto per via della foto. Quella fotografia deve essere qualcosa di speciale."

"Sì," disse Amber con semplicità, poi si prese un momento per controllare le emozioni. "Lui mi amava, per quanto poteva," disse infine. "È chiaro."

"Mi fa piacere che tu ora lo sappia, ti renderà tutto più facile, ma anche più difficile."

Amber pensò ai momenti condivisi con Jesse e alla perdita del loro bambino. Rimase in silenzio.

"Ti andrebbe di lasciare la città e venire a trovarci?" propose Cate con dolcezza.

"Grazie, ma credo che resterò qui per un giorno o due. Mi nascondo. Poi mi piacerebbe venire prima di quanto avevamo programmato per le vacanze. Aiuterò Brooke con il trasloco. Dovrebbe tenermi occupata."

"E puoi aiutarmi a decorare la casa per farle una sorpresa," disse Cate. "Nel frattempo, Amber, pensa che questa potrebbe essere una benedizione inaspettata. Sei stata schiava di quella donna per anni. Forse è arrivato il momento di volare, di fare qualcosa per conto tuo. Come abbiamo detto a Brooke a proposito della pittura, prenditi del tempo per goderti la vita al massimo. Non vedo l'ora di vederti per poterti abbracciare forte forte. Ti voglio bene."

"Ti voglio bene anch'io," disse Amber prima di chiudere la telefonata. Aveva bisogno di quel tipo di incoraggiamento. Le aveva già fatto girare la testa.

Mentre studiava la scatola, Amber si sentì nuovamente determinata. Sapeva abbastanza del mestiere da poter creare qualcosa di tutto suo. Perché no? Nonostante Belinda rivendicasse tutto il merito dei loro successi professionali, la verità era che Amber aveva fatto una gran parte del lavoro. Aveva ascoltato e imparato, era stata la tramite attraverso cui le persone raggiungevano Belinda. Tutte esperienze positive.

Se ricordava bene, il suo capo non le aveva fatto firmare un patto di non concorrenza perché, al momento dell'assunzione, non aveva creduto che Amber sarebbe stata in grado di mantenere il lavoro; l'aveva assunta comunque perché la stessa Amber aveva insistito. Belinda era stata troppo spregiudicata, troppo sicura.

Se Amber avesse deciso di avviare un'attività, si sarebbe trattato di un'operazione molto diversa da quella di Belinda. Amber fece un piccolo sorriso. Forse il licenziamento era proprio quello che le serviva. Doveva aspettare e vedere.

CAPITOLO TRENTA

CATE

Dopo aver chiuso la telefonata con Amber, Cate rimase per un attimo a pensare alla sua amica. Come spesso accadeva, la vita era dolce e amara. Era dispiaciuta che Amber avesse perso il lavoro, ma era contenta che Jesse non solo avesse aperto un conto per lei, ma le avesse anche preparato un regalo speciale prima di morire. Dopo aver perso il bambino e mentre affrontava quella perdita, Amber aveva bisogno di essere rassicurata sul fatto che la loro unione fosse stata più di un'avventura. Cate conosceva Amber abbastanza bene da sapere che grazie alla sua naturale capacità di recupero sarebbe andata avanti, ma l'amica meritava di più. Santo cielo, aveva persino subito un abuso sessuale e lo aveva tenuto nascosto per anni, facendo finta che non fosse successo. Delle tre, Amber sembrava la più dura, ma in realtà era la più vulnerabile.

Cate era contenta che l'amica la aiutasse a decorare la casa di Brooke per le Feste. Avrebbe fatto bene a entrambe passare un po' di tempo insieme. Brooke, Paul e le bambine sarebbero arrivati in aereo il 19 dicembre, mentre P.J., la madre di Brooke e il furgone per il trasloco sarebbero arrivati il giorno dopo. L'albero di Natale e alcune altre decorazioni già appese in casa avrebbero aumentato l'eccitazione e tolto l'ansia di disfare le valigie e sistemarsi. Erano già stati consegnati alcuni mobili nuovi.

Si sedette sulla sedia della scrivania e pensò a cosa scrivere.

Mentre si affannava a terminare l'ultimo libro della serie *Guerre di Galeon*, la sua mente continuava a pensare alla storia d'amore contemporanea che stava nascendo nei suoi pensieri. Poteva farcela e diventare l'autrice di un genere letterario completamente diverso?

Buddy abbaiò e corse a salutare Jackson. Le vacanze invernali erano appena iniziate e lui avrebbe avuto due intere settimane di pausa dalla scuola. Entrambi erano felici al pensiero che lui non avrebbe dovuto alzarsi presto in quelle mattine fredde.

"Ciao tesoro! Come va la scrittura?"

Cate sospirò. "Non va. Da quando mi è stato detto che questo sarà l'ultimo libro della serie, la mia mente si è bloccata. Non c'è sensazione peggiore che essere rifiutati prima ancora di aver finito il proprio lavoro."

Jackson si chinò e le baciò la fronte. "Sei una brava scrittrice. Anche se questa nuova editrice non è entusiasta, i tuoi fan lo sono. Ricordalo."

"Grazie," disse Cate. "Credo di odiare l'idea di non scrivere più di Serena e Rondol. Sono diventati miei amici nel corso degli anni, sai?"

Jackson fece una risatina. "Anche miei."

Anche lei rise. Quante volte aveva discusso con lui dei libri precedenti? Era un buon ascoltatore. Quello era uno dei motivi per cui i suoi studenti lo amavano dentro e fuori dall'aula.

"Per la cena di stasera, sto pensando a un pollo arrosto glassato al miso e allo zenzero."

"Meraviglioso. Prima che tu vada, lascia che ti parli di Amber." Gli diede i dettagli del licenziamento di Amber e disse: "Forse arriverà tra un paio di giorni. Mi aiuterà a decorare la casa di Brooke e resterà qui per tutte le vacanze. Ti va bene?"

"Sì. Sono contento che non stia nella dépendance, perché ho intenzione di finire il tuo ufficio lì. Un regalo di Natale per te."

"Grazie. Chissà se il nuovo spazio mi schiarirà le idee."

Ridacchiò. "La tua mente continuerà a girare a prescindere da tutto. Hai più immaginazione della maggior parte delle persone."

Sorrise, augurandosi di escogitare presto qualcosa per il resto della trama del libro. Era quello il guaio di essere una scrittrice d'istinto: le sorprese erano sempre in agguato, alcune buone, altre meno.

Amber arrivò qualche giorno dopo con un paio di valigie e un sacco di regali. Vederla riempì il cuore di Cate. Non riusciva a ricordare l'ultima volta che le tre ragazze della spiaggia avevano trascorso il Natale insieme.

La vita di Cate si riempì di attività e risate, mentre cucinava con Amber e insieme si preparavano per le vacanze.

Il giorno prima dell'arrivo della terza amica a New York, Cate e Amber portarono a casa di Brooke i tesori decorativi che le avevano comprato. Appesero fuori dalla porta d'ingresso una grande ghirlanda verde di piante fresche, ornata da un grande fiocco rosso brillante. Su ogni lato della porta, misero un abete rosso in vaso, con dei nastri rossi legati alle estremità di ogni ramo.

Sul bancone della cucina disposero sei piatti da cena e sei da pranzo con il disegno dell'albero di Natale griffato. I tovaglioli di lino verde erano stati sistemati accanto ai piatti, infilati in appositi portatovaglioli a tema natalizio. Vicino, c'era una scatola di robuste posate di plastica pronta all'uso, insieme a un paio di confezioni di piatti e ciotole di carta griffate. Cate sapeva che a Brooke piaceva quel tipo di accortezza. Le sarebbe piaciuto anche il barattolo di biscotti fatti in casa.

Nel bagno degli ospiti, Cate mise a disposizione due asciugamani ricamati con un motivo natalizio. Sul bancone del lavandino, Amber sistemò una grande candela a batteria, il cui rivestimento rosso scintillante illuminava la stanza e aggiungeva un tocco di festa. Meglio ancora era il contenitore per incenso che aveva riempito la stanza di un profumo di pino.

"Andiamo a fare la spesa e siamo a posto," disse Amber. "Ho messo il vino nel portabottiglie e il vassoio dei formaggi speciali è nel frigorifero. Ma ora abbiamo bisogno di generi alimentari di base come latte, uova, burro, pane e tutto il resto."

"Perfetto," rispose Cate mentre dava un'occhiata soddisfatta alla stanza. Non era molto, ma abbastanza per dimostrare che ci tenevano ad aiutare Brooke e la sua famiglia a iniziare bene le vacanze.

Più tardi, dopo aver messo a posto la spesa e riempito il frigorifero con i prodotti che pensavano potessero servire a Brooke, le due amiche tornarono a casa di Cate.

"Se non ti dispiace, vado a fare un pisolino," disse Amber.

"Buona idea. Potrei sdraiarmi anch'io." Da quando aveva deciso di mettere su famiglia, Cate si stava prendendo molta cura di sé, anche concedendosi un sonnellino di tanto in tanto, cosa che normalmente non faceva. Inoltre, sapeva che i giorni a venire sarebbero stati impegnativi.

CAPITOLO TRENTUNO

BROOKE

Brooke fissò con un nuovo senso di estraneità le stanze vuote di quella che in California aveva chiamato casa. Le era piaciuta molto, ma quando i vicini e altre persone che conoscevano appena lei o Paul avevano cominciato a pensare che ci vivesse un molestatore, quel luogo aveva perso il fascino della casa. Se solo avessero conosciuto Paul, avrebbero capito che le cose non stavano in quel modo, che lui era in grado di far male a nessuno. Mentre lo osservava aiutare le bambine a salire nella macchina che avevano noleggiato per raggiungere l'aeroporto, il cuore di Brooke soffriva per il marito. Ultimamente, Paul si comportava in modo diverso, come se il peso delle false accuse gli avesse incurvato le spalle. Brooke sentì di volerlo abbracciare. Chiuse per l'ultima volta la porta di casa e raggiunse il marito e le ragazze in macchina.

Come previsto, Cate e Amber li accolsero nell'area degli arrivi dell'aeroporto Kennedy. Quando vide i sorrisi sui loro volti, Brooke si riempì di gratitudine. New York sembrava già il posto giusto.

"Benvenuti nella vostra nuova casa," disse Cate, facendo eco ai pensieri di Brooke.

"Sono felice che tu sia qui," aggiunse Amber mentre la stringeva a sé.

"Come stai?" le chiese Brooke. "Pensi ancora che perdere il lavoro possa portare a una svolta positiva?"

Amber lasciò uscire un grosso sospiro. “Penso di sì. È difficile rompere i vecchi schemi, ma dopo che ti sarai sistemata e avremo superato le vacanze, voglio organizzare una riunione delle ragazze della spiaggia.”

Brooke sorrise. “Mi sembra un buon piano.”

Mentre Paul e un facchino recuperavano i bagagli dal nastro trasportatore, Brooke teneva d’occhio Brynn e Bradley. Dopo aver subito atti di bullismo a scuola, erano entusiaste di trasferirsi tanto quanto lo era la madre. Cate aveva la pazienza di una santa e ascoltava le due gemelle che le parlavano contemporaneamente.

Più tardi uscirono dalla città per raggiungere West Walles. Paul, le bambine e i loro bagagli erano sistemati nel SUV di Cate, mentre Brooke era in auto con Amber. Durante il tragitto, Brooke pensò che, con le amiche a condividerla, quella fase della vita sarebbe stata diversa, migliore. Sperava che fosse tutto ciò che loro tre volevano.

Quando finalmente Amber svoltò nel vialetto della sua nuova casa, Brooke guardò l’edificio con occhi nuovi. Era una bella abitazione, un luogo che lei intendeva riempire di amore e sostegno per la propria famiglia. E in occasione delle visite di sua madre, avrebbe cercato di mantenere la pace tra loro.

Notò la ghirlanda sulla porta d’ingresso e i vasi ai lati, poi si rivolse ad Amber con un sorriso. “Oh, cielo! Tu e Cate avete vestito la casa per Natale. Grazie!”

“È stato molto divertente. Volevamo farti una sorpresa.”

Paul si avvicinò all’auto di Amber per aiutare Brooke. Un gesto dolce, pensò lei quando scese e si mise accanto a lui.

“Alla felicità nella nostra nuova casa,” le disse.

“Felicità e amore,” lo corresse Brooke, compiaciuta nel vedere il sorriso del marito allargarsi.

“Possiamo entrare adesso?” li pregò Brynn, che rabbrividiva per il vento freddo.

Accanto a lei, Bradley si strinse le braccia intorno alle spalle. "Fa freddo!"

"Certo, andiamo," disse Brooke, guidando tutti verso la porta d'ingresso.

Rimasero in attesa mentre Paul faceva una piccola cerimonia per aprire la porta, dopodiché la spalancò con un sorriso. "Benvenuti nella nostra nuova casa!"

Dopo aver scaricato i bagagli dal SUV di Cate, lei e Amber rimasero in attesa.

"Ci salutiamo per dare a te e alla tua famiglia un po' di privacy," disse Amber. Baciò la guancia di Brooke. "Divertitevi."

"Grazie, Amber." Si rivolse a Cate. "E grazie a te." Si abbracciarono. "Apprezzo tutto quello che avete fatto per preparare la casa. Organizzerò qualcosa di speciale per voi due dopo il nuovo anno."

"Non è necessario," rispose Cate. "Siamo felici che tu sia qui. Siete sicuri di non voler passare la notte a casa mia?"

"Grazie comunque, ma qui staremo bene. Le ragazze si sono accampate nelle loro camere e il nuovo letto per me e Paul è già pronto, grazie a te."

"Va bene, allora. Ci vediamo più tardi, quando verrete a cena. Jackson sta preparando il suo famoso sugo per gli spaghetti. Sa quanto piace alla tua famiglia."

"Che tu sia benedetta," disse Brooke. Le vide uscire dalla porta e si precipitò al piano di sopra per controllare le bambine. Stavano chiacchierando in una delle loro stanze, mentre guardavano fuori dalla finestra che dava sul retro.

"Che c'è?" chiese lei, compiaciuta della loro eccitazione.

"C'è molto spazio per un cane," disse Brynn.

"Avevi detto che ne potevamo tenere uno, se c'era un cortile grande e recintato. Questo è enorme!" esclamò Bradley con gli occhi che le brillavano.

"Prima sistemiamoci in casa e poi vedremo."

Bradley e Brynn si diedero il cinque e si rivolsero a Brooke. "La nonna ha detto che ce ne avrebbe comprato uno per Natale."

Brooke si morse il labbro per evitare di dire qualcosa di cui si sarebbe pentita. Era proprio da sua madre fare una bravata del genere. "Come ho detto, vedremo. Vi piacciono le vostre stanze?" Le camere comunicanti erano state dipinte di viola, come le bambine avevano chiesto.

"Sono forti, mamma," disse Brynn, che come sempre desiderava compiacere la madre.

"La mia sarà diversa, con il copriletto rosa e non verde come vuole Brynn," disse Bradley, la gemella più indipendente.

"Perfetto," disse Brooke. "Ognuna di voi può scegliere quello che vuole per le decorazioni."

Brynn le sorrise. "Sono contenta di aver lasciato la nostra vecchia casa."

"Anch'io," concordò Bradley. "Qui saremo felici. Lo so."

Brooke abbracciò le figlie, soddisfatta della loro reazione. A scuola avevano passato un periodo più difficile del previsto.

Più tardi, dopo aver ispezionato la casa, organizzato il più possibile e verificato che i traslocatori fossero in città per andare da loro la mattina presto, Brooke e il resto della famiglia partirono per andare da Cate con l'auto che Paul aveva fatto arrivare dalla California.

Mentre erano in macchina, Brooke si rese conto che lei e Cate non vivevano tanto vicine dai tempi del liceo. Era una bella sensazione, e con Amber in città a un'ora da loro, era ancora meglio. Si prospettava un periodo interessante.

CAPITOLO TRENTADUE

AMBER

Fuori dalla casa di Brooke, Amber si rivolse a Cate. “Ci vediamo tra un po’. Devo incontrare Wynton Barr, l’avvocato amico di Jesse. Ha accettato di parlarmi delle possibili azioni legali necessarie per organizzare i miei progetti futuri.”

Cate sorrise. “Ho visto come ti guardava al ricevimento di Jesse. Non c’è da stupirsi che abbia accettato di prendersi un po’ di tempo per incontrarti.”

Amber scrollò le spalle. “Cosa posso dire? È un uomo molto gentile.”

“Beh, buona fortuna. Spero che riesca a trovare un modo per farti lavorare liberamente per conto tuo. So quanto sia importante per te.”

“Grazie, tesoro! Ci vediamo più tardi. Non preoccuparti, arriverò in tempo per la cena.”

Amber salì in macchina e rimase seduta per un momento. Sapeva quanto fosse importante quell’incontro. Dopo aver superato lo shock di essere stata quasi aggredita e licenziata, dentro di lei si era instaurata una nuova determinazione. Una persona non dovrebbe avere il diritto di decidere il futuro di un’altra. Avrebbe lottato per la propria indipendenza, al diavolo Belinda.

Amber si sentiva più sicura e guidò fino a un quartiere chic a pochi chilometri di distanza. Lì, Wynton aveva una grande proprietà. Sebbene avesse un ufficio in città, le aveva spiegato che a volte incontrava i clienti a casa sua per avere più privacy.

Data l'eccellente reputazione e la lista di clienti noti, Amber si aspettava un edificio imponente. Si trattava invece di un'elegante casa in stile Tudor, in mattoni, situata su una collinetta, in un terreno ben curato.

Parcheggiò l'auto nell'ampio vialetto laterale e si diresse verso la porta d'ingresso. Guardò le finestre di vetro piombato sulla facciata della casa e si chiese come fosse l'interno.

Le aprì la porta una donna sorridente che indossava un grembiule bianco su un'uniforme grigia.

"Signorina Anderson?"

"Sì."

"Prego, entri. Il signor Barr la sta aspettando." Accompagnò Amber in un ingresso rivestito di marmo e le prese il cappotto.

Wynton uscì dal retro della casa. "Ciao, Amber. Vieni con me. Il mio ufficio è in fondo al corridoio." Si rivolse alla donna. "Grazie per essere venuta oggi, Emelda. Passa delle buone vacanze. Ci vediamo dopo Natale."

Lei annuì, raggiante. "Grazie di tutto. Anche da parte della mia famiglia."

Affascinata dalla conversazione, Amber osservò le guance di Wynton diventare rosa quando Emelda gli gettò le braccia al collo e lo abbracciò forte. Sempre sorridendo, si rivolse ad Amber. "È un brav'uomo."

Wynton ridacchiò e scosse la testa. "Emelda fa parte della famiglia da sempre. Una cara donna, di sicuro." Fece cenno ad Amber di procedere.

Amber lo seguì mentre osservava ogni dettaglio delle opere d'arte e degli arredi. Si fermò davanti a una parete con una grande fotografia incorniciata di una bellissima donna giovane, era stupenda. "È questo il ritratto che hai commissionato a Jesse?"

Wynton si fermò e la fissò, i suoi lineamenti si addolcirono di tenerezza. “Sì, questa è Samantha, mia figlia.”

“È adorabile,” disse Amber.

“Si lo è, ma Jesse aveva un grande talento. Sapeva far emergere i sentimenti interiori di una persona, in modo che lo spettatore potesse osservare sia l’immagine che le emozioni che ci sono dietro.”

Amber pensò al proprio ritratto.

“Tua figlia vive qui?” chiese Amber, ansiosa di fare un confronto tra la fotografia e la ragazza.

“No, è all’università, ma dovrebbe arrivare a breve. Domani mattina presto partiamo per la nostra baita nel Vermont; sarò presto ufficialmente in vacanza. Lì festeggeremo insieme le vacanze.”

“Nessun altro parente?” domandò Amber, sorpresa.

I suoi occhi si riempirono di tristezza. “Mia moglie è morta di cancro tre anni fa.”

“Mi dispiace molto. Questo deve essere un periodo dell’anno difficile per te.”

“Sì, mia moglie amava le vacanze. E tu? Passerai le Feste in famiglia?”

Amber sentì un bruciore agli occhi. Sbatté rapidamente le palpebre e si chiese se quella manifestazione di emozioni fosse il risultato degli ormoni ancora in guerra dopo la perdita del bambino. “Sarò con le mie due migliori amiche e le loro famiglie. Siamo amiche da quando eravamo bambine. Significano tutto per me.”

“Bene. Nel mio lavoro, quando si ha a che fare con problemi di ogni tipo, si impara che gli amici possono essere molto più gentili, leali e affettuosi di alcuni membri della famiglia. Sono felice che tu ne abbia.”

Wynton si voltò, continuò a camminare lungo il corridoio ed entrò in un ufficio che si affacciava su un ampio prato e su un laghetto coperto di ghiaccio, ben illuminato da fari esterni.

"Splendido," disse Amber. Si fermò per un momento a contemplare il panorama, poi si sedette sulla sedia che Wynton le aveva offerto di fronte alla scrivania.

Lui si accomodò dietro la scrivania, incrociò le dita e la studiò. "Parliamo del motivo per cui sei qui. Hai accennato al licenziamento. Dimmi esattamente cosa è successo."

Amber si agitò irrequieta sulla sedia. "Per cominciare, devi sapere che ho frequentato Jesse Carpenter per un paio di mesi prima che si ricongiungesse con la moglie. Lo conoscevo da anni, ma fino ad allora eravamo semplicemente amici e a volte lavoravamo insieme."

"In effetti, questo lo so."

Amber si ritrasse sorpresa. "Davvero? Abbiamo cercato di essere discreti al riguardo, proprio perché capitava che lavorassimo insieme."

"Un giorno ho pranzato con Jesse e me l'ha raccontato. Aveva un'ottima opinione di te," disse Wynton a bassa voce.

Amber strinse le mani così forte da far diventare le dita bianche. Tuttavia, non riuscì a trattenere le lacrime, che iniziarono a scenderle sulle guance. "Mi dispiace tanto..." cominciò, ma poi si arrese al dolore che la riempiva.

Wynton si alzò e si avvicinò a lei. "Ecco." Le porse una scatola di fazzoletti. "Vai avanti e sfogati. Non c'è nulla di cui vergognarsi. In passato avrei voluto farlo spesso anch'io."

Amber si sforzò di mantenere il controllo e riuscì a tamponare gli occhi mentre si costringeva a inspirare ed espirare per tranquillizzarsi.

Wynton si sedette sulla sedia della scrivania e la guardò. "Non eri come le altre con cui Jesse usciva. Me ne sono accorto al ricevimento in onore di Jesse che si è tenuto a casa sua."

"Altre? Intendi dire come Belinda Galvin?" La voce di Amber si indurì. "È per lei che ho bisogno del tuo aiuto. L'assistente di Jesse ha mandato nel mio ufficio un ritratto che Jesse mi aveva fatto. Belinda l'ha visto, ha capito che io e Jesse ci eravamo frequentati, ha tentato di tirarmi uno schiaffo e mi ha licenziata in tronco."

"Non è un motivo legale per licenziare qualcuno," disse Wynton. "Continua."

Amber lo aggiornò su tutta la situazione. "Piuttosto che lottare e trovare un motivo per rimanere all'Agenzia Galvin, un giorno vorrei riuscire a essere libera di creare la mia agenzia di moda. Però sarebbe molto diversa dalla sua."

"Come mai?" Wynton si chinò in avanti e la studiò con quello che si sarebbe quasi potuto definire l'inizio di un sorriso.

"Ho lavorato per Belinda per più di tre anni. In quel periodo, ho avuto modo di conoscere molto del settore, tante persone che ci lavorano, comprese quelle che hanno avuto conflitti con Belinda. Non intendo competere con lei per ottenere nuovi modelli giovani. Voglio chiamare persone più anziane e modelli che potrebbero non essere considerati belli secondo gli standard di Belinda. In altre parole, persone reali che hanno volti notevoli, ma nei quali ci si possa identificare, e che non hanno corpi troppo magri. Ora c'è un desiderio reale da parte di molte persone di allontanarsi da immagini irrealistiche. Penso di poter fare la differenza sfruttando questi sentimenti."

"A che clientela ti rivolgeresti?"

Quando capì di avere il suo interesse, Amber si raddrizzò. "Come ho detto, ho avuto a che fare con diverse società, agenti e modelli per molto tempo e spesso ho cercato di allentare la tensione tra loro e Belinda. Inizierei con calma e proseguirei da lì."

"Allora, cosa mi stai chiedendo?"

Amber fece un respiro profondo. "So che Belinda si opporrà a qualsiasi mia scelta. Una volta irritata, non si fermerà davanti a nulla finché non avrà distrutto i suoi nemici. Ho bisogno che tu dia un'occhiata al mio contratto per assicurarti che sia qualcosa che posso fare legalmente, così se lei cerca di farmi chiudere, sarò coperta. Non ho firmato una clausola formale di non concorrenza, se questo può aiutare."

La guardò pensieroso. "Potrebbe essere utile. Ma potrebbero esserci altri modi per aggirare qualsiasi azione legale da parte sua. Modi legali, intendo. Le persone come Belinda pensano di non poter essere ritenute responsabili, ma il più delle volte si sbagliano."

"Lo farai, tu? Mi aiuterai?" La voce di Amber era impastata di sollievo.

Il sorriso di Wynton era genuino. "Mi piacerebbe molto fregare una persona come Belinda Galvin. Jesse mi ha fornito alcuni dettagli sulla difficoltà di lavorare con lei."

"Ha una buona reputazione nel settore."

"Anche al di fuori," disse Wynton. "Ho visto coi miei occhi come ti ha trattata al ricevimento. Non solo è stata scortese, ma anche crudele. Non c'è da stupirsi che Jesse non volesse uscire con lei."

Un colpo alla porta li interruppe.

Wynton controllò l'orologio e disse: "Entra pure."

Una ragazza magra e con i capelli scuri aprì la porta e sbirciò all'interno. "Scusate. Non volevo interrompere."

Wynton le fece cenno di entrare. "Sam, ti presento Amber Anderson. Amber, questa è mia figlia, Samantha."

Amber e Sam si sorrisero a vicenda. "Sono felice di conoscerti. Mi è piaciuta molto la fotografia che ti ha scattato Jesse Carpenter."

"Mi fa sembrare molto meglio di quello che sono in realtà," disse Sam con semplicità, e con un tocco del dito si indicò il naso piuttosto grande.

"Penso che avesse un soggetto adorabile," disse Amber, che

apprezzò la giovane donna, la quale sembrava sentirsi a proprio agio con se stessa.

"Aspetto nell'altra stanza, papà," disse Sam prima di chiudersi la porta alle spalle.

Wynton lanciò un'occhiata ad Amber. "Penso che siamo partiti con il piede giusto. Non appena torneremo dal Vermont, ti chiamerò. Forse allora potremo incontrarci per discutere di varie proposte."

"Mi sembra una buona idea," disse Amber, contenta di poterlo rivedere. Lui non l'aveva derisa, né le aveva detto che un'attività come quella che lei immaginava non avrebbe funzionato. Al contrario, si era comportato come se non ci fossero problemi.

"Lascia che ti prenda il cappotto," disse Wynton mentre la seguiva nel corridoio.

Controllò l'armadio e tirò fuori il cappotto di cammello di Amber. "È questo. Giusto?"

Amber sorrise e lo ringraziò, mentre lui l'aiutava a indossarlo.

Si voltò per salutarlo e si fermò quando si trovò faccia a faccia con lui. Per un attimo si guardarono, poi lui disse: "Buon Natale. A presto."

Amber salutò lui e Sam. "Buone Feste."

Era consapevole che Wynton e la figlia Sam erano rimasti in piedi davanti alla porta d'ingresso mentre lei scendeva i gradini verso la macchina. Anche se era girata di spalle, sentiva i loro sguardi su di lei. Era una bella sensazione.

CAPITOLO TRENTATRÉ

CATE

Cate stava iniziando a temere che Amber non arrivasse in tempo per l'aperitivo e la cena, quando i fari dell'auto dell'amica illuminarono il vialetto. Come al solito, pensava che Amber guidasse un po' troppo veloce, ma d'altro canto l'amica aveva dato della lumava a Cate.

Mentre Amber scendeva dall'auto, arrivarono Brooke e famiglia.

"Ottimo tempismo," fece notare Cate mentre si avvicinava a loro con un sorriso. Jackson la raggiunse e insieme accompagnarono tutti all'interno.

"Mi siedo vicino al fuoco," esclamò Bradley, poi si tolse il cappotto, lo porse a Cate e si affrettò verso il calore del caminetto. Brynn la seguì a ruota.

"Le bambine non sono ancora abituate al freddo," disse Paul, rivolgendo loro uno sguardo tenero.

"Ma a loro piace," aggiunse rapidamente Brooke, al che Cate si rese conto di quanto l'amica fosse ansiosa di rassicurare Paul circa la loro nuova vita.

"Cosa volete bere tutti quanti?" domandò Jackson.

Prese le ordinazioni, dopodiché lui e Paul lasciarono il soggiorno e andarono in cucina.

"Com'è andato l'incontro con l'avvocato?" chiese Cate ad Amber mentre prendevano posto sul divano.

"Sì, raccontaci tutto," la incalzò Brooke.

Un bel rossore illuminò le guance di Amber. Sospirò.

"Credo che riuscirò ad aprire un'attività tutta mia, se deciderò di portare avanti l'idea. Wynton Barr pensa di poter essere d'aiuto. Lui e sua figlia andranno in Vermont per le vacanze, ma quando tornerà ci rivedremo."

"Bene," disse Brooke. "Se tu entrassi in competizione con Belinda, le servirebbe da lezione."

Amber scosse la testa. "Se decidessi di andare avanti, non saremmo esattamente in competizione. La mia attività si concentrerebbe sul lavorare con persone qualunque che cerchino pubblicità, spot, video e simili, modelli con cui Belinda non si degnerebbe di lavorare."

"Oh, mi piace," disse Cate. "Penso che molte persone siano stanche di modelle innaturalmente magre e potenziate dalla chirurgia plastica."

"Un messaggio davvero bello per le ragazze," aggiunse Brooke.

"Ci sono altri modelli di alto livello che hanno giurato di non voler più lavorare con Belinda. E conosco alcuni che si stanno riprendendo dall'uso di droghe. Questo potrebbe dare loro una seconda possibilità." Amber scrollò le spalle. "Vedremo, ma questo è il mio piano, per ora."

Cate abbracciò Amber d'impulso. "Ti ho mai detto quanto ti voglio bene? Sono davvero orgogliosa di come stai dando una svolta a questa delusione."

"Anch'io," disse Brooke, alzandosi dalla sedia su cui era seduta. Abbracciò Amber e si sedette di nuovo. "Ora parlaci di questo Wynton Barr. Ho sentito dire che è un bel tipo. E anche single."

Il sorriso di Amber attirò l'attenzione di Cate. "È un uomo gentile, proprio come lo era Jesse. Ed è intelligente. Ho la sensazione che Belinda non vincerà nessuna guerra che vorrà intraprendere con me. Wynton esaminerà il mio contratto, naturalmente, alla ricerca di eventuali scappatoie, ma la parte migliore è che conosce la causa del mio licenziamento. Lei darà la colpa a qualcos'altro, ma il fatto è che mi ha licenziato perché stavo con Jesse."

"Ehi, perché tanta serietà qui dentro?" domandò Jackson, con in mano un vassoio di bevande, seguito da Paul che portava un grande piatto di antipasti.

"Parlavamo solo della nuova idea imprenditoriale di Amber," disse Cate. "Ma ora che siete qui, festeggiamo il trasferimento di Brooke e Paul a New York."

Jackson distribuì bevande a tutti, compresi bicchieri di succo di mela per le gemelle.

"Alla famiglia Weston! Che il vostro trasferimento qui vi porti tutto ciò che desiderate."

"La famiglia Weston?" disse Brynn. "Siamo noi!"

Gli adulti risero e alzarono i bicchieri.

Più tardi, dopo che tutti si furono saziati degli spaghetti di Jackson, del pane all'aglio e dell'insalata di verdure fresche, Brooke si alzò. "Odio essere una di quelle persone che mangiano e scappano, ma domani sarà una giornata impegnativa, e i traslocatori arriveranno di prima mattina."

Cate si alzò. "Dobbiamo andare tutti a letto presto, se vogliamo esservi d'aiuto."

Tra abbracci e baci, il gruppo si disperse.

Mentre Amber aiutava Cate a pulire, le due chiacchierarono del cambiamento di Paul. Di solito era un uomo tranquillo, ma in quel periodo sembrava quasi distrutto.

"Brooke lo aiuterà," disse Amber. "Ma noi dovremo aiutare lei."

"Sì," concordò Cate. Brooke aveva già abbastanza problemi da risolvere: il trasloco, la sistemazione delle bambine e il rapporto con la madre.

###

La mattina dopo, Cate si aggrappò alla tazza di caffè decaffeinato e ne inspirò il profumo. Da quando aveva cercato di rimanere incinta, aveva eliminato la caffeina. Tuttavia, quella prima tazza di caffè era preziosa per lei.

"Sei pronta ad andare?" le chiese Amber. Era bellissima vestita con jeans e una felpa delle ragazze della spiaggia che un anno prima Brooke aveva regalato loro. Meglio ancora, sembrava felice.

"Datemi il tempo per un altro sorso, poi sarò pronta." Guardando il cielo terso del mattino, Cate ringraziò il fatto che i traslocatori avrebbero potuto lavorare senza essere ostacolati da pioggia o neve. Bevve un ultimo sorso di caffè, posò la tazza e andò a prendere il cappotto. Aiutare Brooke le avrebbe impedito di pensare troppo al sesso con Jackson della notte precedente. Come al solito, lui era stato meraviglioso, ma c'era una nuova intensità nel loro fare l'amore che era un po' imbarazzante, perché entrambi pensavano al bambino che speravano di concepire.

Cate si affrettò a raggiungere Amber, che stava uscendo dalla porta.

Più tardi, quando si accostarono alla casa di Brooke, il furgone dei traslocatori era già lì davanti, in posizione. Quando videro le dimensioni del veicolo, Cate e Amber si scambiarono un'occhiata stupita.

"Oh, mio Dio! Ci vorrà più di un giorno per scaricarlo," commentò Amber.

Scesero dall'auto ed entrarono in casa, dove regnava il caos.

Brooke le vide e si affrettò a raggiungerle. "Grazie al cielo siete qui. Cate, ho bisogno che tu vada di sopra e aiuti Paul a sistemare i mobili e gli scatoloni nelle camere da letto. Amber, devi andare in cucina e assicurarti che le scatole siano impilate il più comodamente possibile. La ditta di traslochi ne aprirà alcune domani. Il resto cercheremo di farlo oggi. Ho messo delle etichette sui cassetti e sugli armadi per indicare cosa metterci."

"Wow! Sei davvero organizzata," disse Amber. "Sono colpita."

Brooke le rivolse un sopracciglio interrogativo e si allontanò in fretta per parlare con uno dei traslocatori.

Cate scambiò una risata sommessa con Amber e disse: "Credo sia meglio fare come vuole lei."

Si precipitò su per le scale precedendo due uomini che stavano trasportando una testiera.

Nel tardo pomeriggio, mentre tornavano verso casa, Cate emise un leggero gemito e scrollò le spalle. "Devo avvertire Jackson che non mi trasferirò mai. Anche con tutto l'aiuto che hanno dato a Brooke, non è facile."

"E tutta quella roba? Giuro che mi metterò a rovistare nel mio armadio e mi sbarazzerò di molti vestiti," disse Amber.

"Voi due dovreste aprire un negozio di abbigliamento firmato di seconda mano," disse Cate, poi si fermò. "Aspetta! Forse non è una cattiva idea. Che ne pensi?"

"Se Brooke vuole farlo, sarei felice di darle alcuni dei miei vestiti, e conosco alcuni altri che potrebbero essere disposti a fare lo stesso. Parliamone dopo che saremo sistemate. Brooke è molto più organizzata di quanto pensassi."

Cate ridacchiò. "Hai visto lo sguardo che ti ha rivolto quando l'hai notato? Era molto simile a quello della madre."

Amber sorrise. "Meglio non dirglielo."

Quando entrarono in casa, al naso di Cate giunsero aromi meravigliosi che provenivano dalla cucina. Entrò in cucina e trovò Jackson che stava ungendo due polli. "Hanno un profumo delizioso."

"Grazie. Uno è per la famiglia di Brooke, l'altro per noi. Quando avrò preparato tutto, io e te potremo portar loro la cena."

"Brooke sarà entusiasta. Sua madre arriverà da un momento all'altro ed è in agitazione per tutto quello che sta succedendo."

"Sua madre la rende comunque nervosa," disse Amber. "Ci vediamo dopo, ragazzi. Vado a sdraiarmi per un po'."

Dopo che Amber ebbe lasciato la stanza, Jackson posò il cucchiaio di metallo che aveva in mano e avvolse Cate tra le braccia. "Forse dovremmo andare a sdraiarci anche noi."

Sorrise e lo spinse via. "Dopo le vacanze avremo tutta la privacy che vogliamo. Adesso ho bisogno di un bel bagno caldo."

Si sorrisero a vicenda e Cate si rese conto che, se avessero avuto un bambino, non avrebbero avuto l'intimità a cui erano abituati. Era un pensiero che la fece riflettere.

CAPITOLO TRENTAQUATTRO

BROOKE

Osservando sua madre e P.J. uscire dall'auto noleggiata da Paul per il tragitto dall'aeroporto a casa, Brooke provò un misto di emozioni. Era felice di vedere il figlio, ma pensava che avere la madre lì per le vacanze, nello stesso momento in cui stava cercando di sistemarsi in una nuova casa, avrebbe rappresentato un problema in più da gestire. Paul le aveva promesso di intervenire, se fosse stato necessario, ma mentre Brooke pensava ai giorni a venire, le si tesero il collo e le spalle.

Andò alla porta per salutarli. Le si sollevò il cuore quando P.J. gridò: "Ciao, mamma!" Poi il figlio le diede un abbraccio che le era mancato. Sua madre rimase fuori a osservare il paesaggio. Con un sorriso soddisfatto, studiò la facciata della casa.

"Ciao, mamma," disse Brooke. A Diana Ridley non piaceva essere chiamata mamma. Una volta le nipoti l'avevano chiamata *nonnina* e si erano sentite dire che dovevano rivolgersi a lei con il termine *nonna*.

"Ciao, tesoro," disse la madre. "Sembra che tu sia stata brava a scegliere la casa. Non vedo l'ora di vedere le mie stanze."

"Spero che ti piacciano. Cate mi ha aiutato a scegliere il colore."

"Oh, bene. Cate ha buon gusto. Ha fatto un bel lavoro con la sua piccola fattoria."

Brooke lasciò perdere lo schiaffo verbale e si girò mentre Paul li raggiungeva sulla soglia della porta.

“Ciao, Diana. Sono felice che tu sia arrivata sana e salva. Entra, lasciami il cappotto e poi ti porterò le valigie di sopra.”

“Grazie caro,” disse lei. “Credo che mi piacerà vivere qui. La posizione è perfetta.”

Un tremito scosse il corpo di Brooke. “Cosa vuoi dire?”

“Ho deciso di trasferirmi a New York. Che senso ha vivere in California, se le mie nipoti sono qui?”

Brooke deglutì a fatica. “Sono sicura che qui in zona ci siano molti condomini adatti alle tue esigenze.”

“Ho pensato di stare con te mentre decido dove andare a vivere.”

Brooke si sforzò di mantenere la compostezza, ma era stanca e fu una vera lotta. Non voleva che la madre vivesse con lei.

Paul notò la reazione della moglie e disse subito: “Sono sicuro che possiamo trovare un posto adatto a te. La nostra agente immobiliare è stata fantastica.”

“Grazie, caro, ma non ho intenzione di affrettare i tempi. È una scelta importante.”

P.J. scese le scale di corsa. “La mia stanza è bellissima. Quando andiamo a mangiare?”

Brooke guardò il figlio e sorrise. “Lo zio Jackson ci manderà la cena. Nel frattempo, puoi fare uno spuntino.”

“Dove sono le mie nipoti?” domandò Diana.

“Di sopra, stanno mettendo a posto le loro cose nelle camere. Ti porterò su a vederle e ti mostrerò la suite che abbiamo riservato per te,” disse Brooke. Mentre si dirigeva verso le scale, sentiva i piedi come appesantiti da pietre.

“Nonna! Sei qui!” esclamò Bradley, sorridendo a Diana. “Vuoi vedere la mia camera?”

“Tra poco, cara. Prima voglio sistemarmi nella mia stanza,

poi mi mostrerai tutto quello che vuoi."

"Ciao, nonna," disse Brynn, che sbucò con la testa nel corridoio e salutò.

Un sorriso entusiasta attraversò il volto di Diana che allo stesso tempo rese felice e irritò Brooke. Tuttavia, apprezzava il fatto che la madre adorasse P.J. e le bambine, e quello per lei era più importante di qualsiasi vecchio risentimento che potesse manifestarsi di tanto in tanto.

"La tua stanza è da questa parte," disse Brooke, mentre conduceva la madre lontano dalle bambine. Cate aveva aiutato a rifare il letto e a sistemare i mobili. Mancava qualche ulteriore ritocco, ma era praticamente finita. Brooke se ne era assicurata. Aprì la porta e si mise in disparte.

"Oh, com'è... diversa," disse sua madre. Fece una pausa per studiare la stanza. "Voglio dire, mi piacciono i colori. È bella, Brooke. Grazie."

"Mettiti comoda, mamma. Dovrebbero esserci molte grucce e tutto ciò che può servirti. Ho messo una brocca d'acqua e dei bicchieri sulla scrivania." Si girò per uscire.

La madre le si mise di fronte. "Brooke, dico sul serio. Grazie."

Lei fece un cenno di assenso. "Ai tuoi nipoti non piacerebbe passare il Natale senza di te. Non sarebbe lo stesso."

Le due si scambiarono uno sguardo silenzioso e poi Brooke lasciò la stanza, rammaricandosi di non riuscire a essere davvero felice all'idea che la madre trascorresse lì il Natale e si trattenesse anche dopo le vacanze.

CAPITOLO TRENTACINQUE

CATE

Cate passò le vacanze in preda alla confusione. Si sentiva spinta e tirata in tutte le direzioni: si occupò di Amber, aiutò Brooke e accompagnò Diana in giro per il quartiere, parlandole delle località vicine, mentre Brooke sfruttava il tempo a disposizione per sistemarsi. Cate imparò presto che Diana Ridley non avrebbe vissuto in nessuna zona che non fosse conosciuta come *molto ambita*.

Quando Amber informò che sarebbe tornata in città per festeggiare il Capodanno con alcuni dei suoi soci in affari, Cate convenne che fosse una buona idea. Come spiegò Amber, se avesse socializzato con loro in modo informale, avrebbe potuto scoprire chi sarebbe stato affidabile in futuro per aiutarla nella sua attività, se avesse deciso di avviarne una.

Alla notizia che sarebbero rimasti soli, Jackson e Cate furono contenti di avere di nuovo la privacy che avevano perso.

"Cosa vuoi fare per l'ultimo dell'anno?" le domandò Jackson una mattina, mentre erano seduti da soli in cucina a fare colazione.

"Sinceramente? Vorrei stare a casa, mangiare qualcosa di semplice, magari fare dei popcorn e guardare un film con te."

"Lo trovo un buon piano. So che alle tue amiche piace la mia cucina, ma sono pronto a rallentare. Inoltre, è un buon periodo del mese per stare da soli, no?"

Cate annuì, ma si sentì in qualche modo sminuita. Odiava

il fatto che i loro rapporti d'amore ormai fossero legati a un calendario. Era davvero poco romantico.

Lui si alzò e la abbracciò, e lei si sentì subito meglio.

Dopo che Jackson uscì per andare a scuola, Cate si sedette nel suo ufficio a chiedersi da dove riprendere a scrivere, quando squillò il telefono. *Abby Francis, la sua agente.*

Rispose. "Buon anno, Abby!"

"Anche a te," disse Abby allegramente. "Come va con il libro delle *Guerre di Galeon*?"

Cate fece una smorfia. "Francamente, sono bloccata. Durante le vacanze sono stata impegnata in faccende personali e non ho avuto il tempo di tornare indietro e rivedere quello che ho scritto per capire bene come procedere."

"Che ne diresti di compilare la proposta per il romanzo contemporaneo che vuoi scrivere? Preparala e mandami i primi tre capitoli. Ho in mente qualcosa, ma non sono pronta a discuterne con te."

In Cate si accese la curiosità. "Vuoi che interrompa il lavoro sul libro di Galeon e mi concentri sulla proposta? Non non è proprio da te, Abby."

"Non lo è, ma potrebbe valerne la pena. Fidati di me."

Un brivido di eccitazione attraversò Cate. "Quando ti serve?"

"Il prima possibile, ma voglio che tu sia scrupolosa. Dovrai conoscere il nuovo mondo così come conosci Galeon. Devo andare. A più tardi."

Cate chiuse la chiamata. Abby sembrava molto eccitata, non era calma come al solito. Che Cate tornasse al vecchio mondo di Galeon o che ne creasse uno nuovo e contemporaneo, era comunque il momento di darsi da fare.

Tirò fuori i suoi appunti su un libro che aveva temporaneamente intitolato 'Serata tra donne.' La storia si svolgeva a New York, un luogo facile per le sue ricerche. Anche se aveva l'ambientazione, aveva bisogno di sapere molto di più sui tre personaggi principali: Allison, Babette e Cissy.

Cate guardò i nomi e scosse la testa. Aveva davvero intenzione di scrivere un libro su se stessa e sulle due migliori amiche? Cancellò i nomi dei personaggi e ne scelse altri tre. Poi iniziò a scrivere una breve storia su ognuno di loro: il loro passato, i loro gusti, le loro antipatie, le loro sfide, i loro obiettivi interni, quelli esterni, le loro stranezze... e qualsiasi altra cosa che li rendesse reali. Lasciò che l'immaginazione riempisse gli spazi vuoti.

In tarda mattinata, avendo finito il primo personaggio, iniziò con il secondo. A differenza di Serena, la protagonista delle *Guerre di Galeon*, quelle donne moderne avevano difetti che all'inizio nemmeno lei aveva visto.

Buddy abbaiò per uscire e Cate si scoprì impaziente di portarlo fuori. Era una mattina limpida e frizzante. L'aria fresca l'avrebbe aiutata a schiarirsi le idee.

Fuori, mentre lanciava una palla per Buddy, la sua mente rimase concentrata sui nuovi personaggi. Le tre donne erano diverse l'una dall'altra, ma cosa le teneva unite come amiche? Pensò a Brooke e Amber. La sua amicizia con loro si basava, in gran parte, sulla fiducia reciproca, il desiderio di aiutarsi a vicenda e la gentilezza.

Come se quei pensieri l'avessero evocata, in quel momento Brooke le telefonò.

"Ciao, Brooke. Come ti sembra la tua prima mattina da sola?" le chiese Cate.

"Da sola? Non proprio," disse Brooke. "Mia madre è fuori con l'agente immobiliare, ma tornerà a momenti. Posso venire a trovarti?"

Cate esitò. Di solito teneva le mattine per scrivere. "Certo," rispose. Più tardi le avrebbe spiegato con tatto i propri orari, altrimenti si sarebbe presto ritrovata senza il tempo per lavorare. Anche chi conosceva la sua scrittura e i libri che aveva pubblicato non aveva idea di quanto lavoro ci fosse dietro ogni giorno e del perché dovesse ostinarsi a tenere le mattine per sé.

Quando Brooke arrivò, Cate fu contenta di non aver rimandato l'incontro. Aveva bisogno di smettere di fantasticare con la mente e cambiare un'idea dopo l'altra. Le avrebbe fatto bene allontanarsi dal progetto.

"Grazie per avermi fatta venire. So quanto devi essere impegnata, dopo aver avuto così poco tempo per lavorare durante le vacanze."

Cate la abbracciò. "Anche se di solito programmo le mattine per scrivere, è sempre bello vederti."

"Grazie. Avevo bisogno di questa pausa," disse Brooke, poi accettò una tazza di caffè caldo da Cate. "Se le mattine ti servono per scrivere, cosa farai quando avrai un bambino? Come farai a rispettare questi orari?"

Cate sospirò e prese posto al tavolo della cucina, di fronte a Brooke. "È una parte che dovrò capire. Abby ha chiamato per incoraggiarmi a buttare giù una specie di proposta segreta che dovrebbe contenere i primi tre capitoli di un nuovo libro. Di argomento contemporaneo, questa volta."

Brooke sorrise. "Sembra interessante. Mi piace Abby. È stata brava con te."

"Sì, è vero," concordò Cate. "Basta parlare di me, cosa succede nel tuo mondo?"

"Sono passati solo pochi giorni da quando ci siamo viste, ma mi sembra che siano passate settimane. Sei una persona con cui posso parlare di quanto sia frustrante vivere con mia madre. A chiunque altro, Diana sembra una persona affascinante e simpatica. Ma tu sai come riesca velatamente a mettermi in difficoltà. Sinceramente, mi sembra di compiere quattro anni, anziché quaranta."

Cate sorrise e le accarezzò la mano. "Capisco... La conosco da molto tempo."

Brooke emise un grosso sospiro. "Grazie. Non avevo bisogno di sentire altro: che sei consapevole di ciò con cui ho a che fare quotidianamente. Ora lascia che ti parli della nuova scuola delle bambine."

Cate ascoltò Brooke che parlava delle strutture della scuola e di come due ragazze della loro classe avessero già rotto il ghiaccio con le gemelle. "Spero che questo semestre sia positivo per loro, sia dal punto di vista scolastico che sociale."

"Anch'io," disse Cate. Studiò l'amica. "E tu? Che cosa farai del tuo tempo?"

"Potrei tornare a dipingere," rispose Brooke. "Ma non ne sono sicura. Non mi sono ancora ambientata abbastanza per fare del volontariato o dei lavori socialmente utili."

"Io e Amber abbiamo un suggerimento da darti. Aspetta questo fine settimana, quando la incontreremo a pranzo, e allora ne parleremo."

"Che succede?" domandò Brooke. "Non possiamo parlarne adesso?"

"Non ancora, perché ha a che fare con l'attività che Amber potrebbe avviare... e Brooke, più ci penso, più credo che potrebbe esserci un posto anche per tua madre."

A Brooke si illuminò il volto. "Mia madre? Bene, allora ne parleremo questo fine settimana. Qualsiasi cosa, pur di non averla tra i piedi."

Poiché erano amiche da molto tempo, Cate capì il sorriso che si allargò sul volto dell'amica.

CAPITOLO TRENTASEI

AMBER

Amber rimase sorpresa di vedere il nome di Wynton Barr sullo schermo del proprio cellulare, ma ne fu felice e rispose alla chiamata con un allegro "Ciao."

"Amber, sono Wynton. Sono tornato dal Vermont e mi chiedevo se potessimo incontrarci. Ho esaminato il tuo contratto con l'Agenzia Galvin e penso che ti interesserà sapere quali suggerimenti posso offrirti."

"Ottimo. Sono tornata al mio appartamento, quindi possiamo incontrarci qui in città in qualsiasi momento."

"Che ne dici all'ora di pranzo? La mia agenda è piuttosto piena questo pomeriggio, ma ho tempo di vederti durante la pausa."

"Sarebbe meraviglioso," disse Amber mentre controllava l'ora. Doveva affrettarsi a vestirsi per la giornata, ma poteva farcela.

Si accordarono per incontrarsi da Jake, un pub vicino all'ufficio di Wynton, poi Amber riattaccò. Si era dilungata in appartamento a fare ricerche su Internet ed era ancora in pigiama. Si precipitò in bagno e si fece rapidamente una doccia. Invece di indossare un vestito adatto al lavoro, indossò un paio di pantaloni di lana neri, stivali neri e un maglione blu brillante che si intonava agli occhi. Il trucco si limitò a lucidalabbra, ombretto e mascara. Da quando non doveva più vestirsi secondo gli standard imposti da Belinda in ufficio, si godeva il piacere di scegliere un look più naturale.

###

Quando Amber arrivò da Jake, il locale era pieno di gente. Controllò l'orologio e si guardò intorno nel ristorante affollato alla ricerca di Wynton, al che la direttrice di sala le si avvicinò. "Amber Anderson? Wynton Barr mi ha chiesto di accompagnarla al suo tavolo. Mi segua."

La donna le fece strada tra il rumore delle persone riunite al bar, fino a raggiungere un tavolo in fondo alla sala.

Wynton era al telefono, ma quando la vide salutò, sorrise e si alzò, staccandosi rapidamente dalla chiamata.

"Amber, è un piacere rivederti. Sono felice che tu sia riuscita a venire."

Gli sorrise. "In questi giorni sono molto libera. Ma non mi dispiace. Negli ultimi anni ho avuto un'agenda di lavoro così fitta e sono stata così sotto pressione che ora mi godo appieno il tempo libero."

La aiutò a sedersi e si accomodò di fronte a lei. "Posso immaginare bene il tipo di vita lavorativa che hai condotto sotto Belinda Galvin. Mi stupisce che tu abbia resistito così a lungo. Ho fatto delle ricerche e ho scoperto molto su di lei. È una persona sgradevole per cui lavorare. Sono curioso... Perché sei rimasta con lei così tanto tempo?"

Amber sospirò. "Può sembrare sciocco, ma volevo imparare tutto quello che potevo sull'attività, poi sempre più persone dipendevano da me per sistemare le faccende con Belinda. Sono diventata una specie di cuscinetto. Molte delle modelle che aveva assunto non riuscivano a lavorare con lei."

Lui la guardò con una tale intensità che Amber sentì le guance diventare bollenti. Si spostò sulla sedia. "Ho avuto una vita difficile, da piccola. Forse è per questo che sono riuscita a sopportare Belinda."

"Interessante. Dopo aver esaminato i tuoi documenti,

credo che potresti riuscire ad avviare la tua attività senza troppi problemi da parte sua. Minaccerà un'azione legale, come è solita fare, ma non credo che si arriverà a nulla. Il fatto è che ha sbagliato a non seguire il tuo percorso con una specifica clausola di non concorrenza. Le clausole standard non sono abbastanza forti e sono state redatte per i modelli, non per gli amministratori."

Amber non riuscì a bloccare un largo sorriso. "Non so bene cosa farò né quando, ma sono entusiasta di essere libera di scegliere come muovermi." Aveva taciuto il fatto che i soldi che Jesse aveva messo da parte per lei fossero stati sufficienti a non farla andare nel panico per la mancanza di un lavoro per diversi mesi.

Ridacchiò dolcemente. "Capisco. Ma non farti ingannare: Belinda non desisterà senza combattere. Ti suggerisco di aspettare almeno sei mesi prima di contattare chiunque altro per una nuova attività. Se si dovesse andare in tribunale, il fatto che tu abbia atteso tanto a lungo aiuterebbe la tua posizione."

"A Capodanno sono andata a una festa per incontrare vecchi amici del settore e credo che avrei molto sostegno per quello che voglio fare."

Arrivò la cameriera e ordinarono rapidamente due Caesar Salad.

Mentre aspettavano l'arrivo del cibo, continuarono a parlare.

"Com'era il Vermont?" gli chiese Amber.

"Andare lì per le vacanze è una tradizione che porto avanti per mia figlia Sam, però, sinceramente, preferirei rimanere a casa. Senza mia moglie non è la stessa cosa, per nessuno dei due."

"Posso capire quanto sia difficile. Devi averla amata molto."

"Sì," disse Wynton. "È per questo che dopo la sua scomparsa non ho avuto molte frequentazioni."

"Ammiro questo tipo di devozione."

"E tu? Come hai trascorso le vacanze? Con le tue amiche?"

Amber sorrise. "Sì, con loro e le loro famiglie. Io non ho una famiglia di cui parlare." Fece una pausa. "Beh, in realtà mia madre è viva, ma non siamo mai state unite."

"L'infanzia difficile di cui parlavi?"

"Sì," disse Amber, allarmata dal bruciore che sentiva agli occhi. Non conosceva bene Wynton, ma lui aveva un modo di arrivarle nel profondo che era inquietante... eppure piacevole.

Finirono di mangiare ridendo per qualcosa che le gemelle di Brooke avevano detto sul loro fratello.

Wynton pagò il conto e accompagnò Amber all'esterno del ristorante. "Tra uno o due giorni ti invierò un rapporto con le informazioni che ho trovato. Potrai partire da quello." Le strinse la mano. "Sei una brava persona, Amber. Fammi sapere come va la situazione. Ti auguro tutta la fortuna del mondo."

"Grazie. Apprezzo il suo aiuto," disse lei. "Per favore, mandami anche il conto del ristorante."

Scosse la testa. "Stavolta offro io, ma forse accetterai di uscire a cena con me, uno di questi giorni."

"Mi piacerebbe," rispose lei. "Grazie."

Lui le rivolse un sorriso luminoso, controllò l'orologio e si girò per andare.

Amber rimase un attimo a guardarlo farsi strada tra la folla di persone sul marciapiede, poi si allontanò anche lei, piena di un nuovo senso di speranza per il futuro.

Era sabato e Amber aprì la porta di casa alle amiche per farle entrare. All'inizio della settimana, Brooke aveva chiamato pregando di sapere che idea Amber e Cate avessero per lei. Non volendo entrare nel merito senza Cate, Amber non aveva raccontato nulla. Da allora, aveva studiato un piano commerciale per gestire un negozio di vestiti di seconda mano. Lei e Cate lo avevano esaminato insieme e avevano concordato che era perfetto per Brooke. Amber avrebbe lavorato con lei fino a quando non avesse ritenuto sicuro aprire la propria attività. Wynton aveva suggerito di aspettare un po'.

Cate e Brooke si tolsero i cappotti mentre chiacchieravano del clima insolitamente freddo.

"Oddio!" gridò Brooke, con gli occhi fissi sul ritratto incorniciato appeso nel corridoio. "È questa la fotografia che ti ha scattato Jesse? Amber, è stupenda!"

Cate studiò l'immagine e si rivolse ad Amber. "Ha fatto un lavoro fantastico nel mostrare la tenerezza che hai dentro. Deve averci tenuto davvero a te. Si vede molto chiaramente."

Il sospiro di Amber venne dal profondo. "È quello che ha visto Belinda. Ecco perché sono un tale disastro e non mi interesserò a nessuno per un po' di tempo. Tanto in futuro sarò troppo impegnata."

"A proposito di impegni, che programmi avete per me tu e Cate?" disse Brooke. "Hai promesso che me lo avresti detto oggi."

Amber scambiò uno sguardo con Cate. "Prima prendiamo un caffè e poi ne parliamo." Le condusse nel piccolo spazio che per scherzo chiamava cucina. In un angolo c'erano un piccolo tavolo rotondo e tre sedie.

"Come è andata la prima settimana di scuola per le bambine?" domandò Amber a Brooke mentre preparava delle tazze di caffè.

Sul volto di Brooke si allargò un ampio sorriso. "Gli è piaciuta molto. Sono molto sollevata. I loro ultimi giorni in

California sono stati proprio difficili. Non mi piaceva vederle andare a scuola ogni giorno. Qui, vale la pena di alzarsi alle sei e mezza per portarle a scuola."

"Non c'è un servizio di autobus?" le chiese Cate.

"Sì, ma abbiamo deciso di non usarlo finché non saremo certi che le bambine si siano ambientate."

Amber distribuì le tazze di caffè e si sedette al tavolo. "Sono felice che tu sia venuta a divertirti con noi, oggi. Sembra quasi di essere ai vecchi tempi, noi tre insieme."

Brooke ridacchiò. "Con molti cambiamenti."

"Ma... Ehi, non siamo così male per la nostra età," disse Cate. Poi si avvicinò. "Però devo confessare che stamattina mi sono tolta un capello grigio. Ho dovuto farlo, mi stava fissando."

"Meglio questo che un pelo sul mento," disse Brooke. "Bleah."

"Parliamo di qualcosa di meglio," propose Amber. "Brooke, volevi sapere dell'idea che io e Cate abbiamo pensato per te. Allora. Un negozio di fascia alta di abiti di seconda mano per donne e ragazze."

Gli occhi di Brooke si allargarono. "Perché dovrei volerlo fare?"

"Per coinvolgerti nella comunità e tenerti occupata. Questo è un periodo di nuovi inizi per tutte noi," commentò Cate.

"Aspettate! Torno subito," disse Amber. Uscì e tornò con una cartella.

"Ecco, Brooke. Ho scritto alcune idee sull'attività. Ti aiuterò a metterla in piedi e a farla funzionare. Wynton ritiene che per un po' di tempo non dovrei occuparmi di un'attività mia."

"Userò alcuni dei miei contatti della zona per trovare il posto perfetto," propose Cate. "O forse la tua agente immobiliare ti aiuterà."

"Ho diversi contatti nel settore della moda, persone che sarebbero felici di donare i loro abiti o di metterli in conto vendita," disse Amber. "Il fatto è che una volta era davvero importante avere molti vestiti a portata di mano, ma ora non è più così, tranne che per i gruppi sociali più importanti. Molte persone si stanno ridimensionando e semplificando."

"Lo vedo come un modo per aiutare le donne in carriera, magari le mamme single che non possono permettersi molti abiti belli," aggiunse Cate.

"E anche per le loro figlie. Ricordate come ho preso i vestiti usati e li ho fatti miei con un po' di cura e una piccola modifica?" Amber non aveva molti vestiti nuovi.

"Hai una tale predisposizione per un lavoro del genere," disse Brooke. "Allora, dimmi di più."

Tutte e tre discussero sull'idea e poi iniziarono a fare sul serio.

"Prima di tutto, avremmo bisogno di un nome. Cate, tu sei la creatrice di parole. Pensane uno," disse Amber, poi si rivolse a Brooke. "Tu pensa al luogo e alla logistica. Per esempio, sono abbastanza sicura che vorremmo iniziare con un orario limitato. Pensavo dal giovedì al sabato."

Brooke sorrise. "Si potrebbe fare."

"Ho trovato!" esclamò Cate. "Che ne dite di qualcosa come 'Renewable You'? O 'Fresh like a Daisy'? O semplicemente 'Refresh'."

Amber e Brooke si scambiarono un'occhiata e dissero insieme "Refresh!"

"Lo adoro," commentò Brooke. "Questo nome potrebbe avere più significati. Ci darebbe l'opportunità di vendere qualcosa di più dei vestiti, se volessimo."

"Direi che la ragazza è una di noi," disse Cate, sorridendo ad Amber. "Ti rendi conto di quello che hai appena detto, vero, Brooke?"

"Sì, era da molto tempo che volevo fare qualcosa di mio. Questo mi terrebbe occupata, ma non troppo da non poter dipingere... almeno più avanti, quando avrò una routine."

Amber rimase in silenzio, ma si chiese se Brooke si rendesse conto del lavoro necessario per portare al successo anche una piccola attività di vendita al dettaglio come quella di cui avevano parlato.

Dopo averne discusso ancora a lungo, Brooke si alzò. "Non so voi, ma io ho fame. Andiamo a pranzo fuori."

"Qualche giorno fa ho mangiato da Jake. Il cibo era delizioso e si trova solo a un paio di isolati da qui."

"Va benissimo," disse Cate. "Sono pronta per una passeggiata."

Amber fu sorpresa di trovare il ristorante affollato di sabato a ora di pranzo, ma del resto, come aveva detto alle amiche, il cibo era buono. Trovarono posto al bar e con la collaborazione di un cliente che si spostò volentieri, si sedettero insieme.

"Non so voi," disse Brooke, "ma credo che dovremmo brindare all'inizio del Refresh."

"Solo un bicchiere per me," disse Cate. "Sto attenta a quello che bevo."

"Anch'io," disse Amber. Era felice di essere diventata meno rigida riguardo al proprio peso, ma non poteva lasciarsi andare.

Dopo aver ordinato da bere e da mangiare, Amber si sedette sullo sgabello del bar e studiò la folla. Si sentiva più rilassata di quanto non fosse da tempo. Stava lentamente imparando a liberarsi dalla pressione di lavorare con Belinda e di soddisfare le sue continue richieste.

"Ciao! Cosa ci fai qui?" disse una voce familiare che

proveniva dalle sue spalle.

Si girò e trovò Wynton Barr che le sorrideva. Era vestito con un paio di jeans e un maglione nero che gli stava a pennello, aveva un aspetto, beh... delizioso. Il suo sorriso creò una bolla di felicità dentro di lei.

"Ciao, potrei chiederti lo stesso."

Lui rise. "Dovevo recuperare del lavoro in ufficio e questo è un ottimo posto per il pranzo."

"Sì, finché non ci abbiamo pranzato, mi ero dimenticata di quanto fosse buono." Si accorse che Brooke e Cate li stavano fissando. "Wynton, vorrei presentarti la mia amica Brooke Weston. Hai già conosciuto Cate Tibbs."

Le sopracciglia di Wynton si alzarono. "Ah, le migliori amiche di cui ho sentito parlare." Sempre sorridendo, fece un cenno di saluto e strinse la mano a entrambe le donne. "Lieto di conoscerti, Brooke, e di rivederti, Cate. Piacere." Si rivolse ad Amber. "Sono contento di vederti. Magari possiamo pranzare o cenare insieme per discutere ulteriormente dei tuoi progetti?"

"Sì, volentieri," rispose Amber, mentre rifletteva su quanto desiderasse che ciò accadesse.

Wynton fece un piccolo inchino e andò verso la porta d'ingresso.

"Wow!" disse Brooke. "È proprio un bell'uomo."

"E gli interessi," aggiunse Cate. "Me ne sono accorta."

Amber alzò la mano per fermarle. "Siamo solo amici. Tutto qui."

"Mmmh," fece Brooke. "So che non vuoi parlarne dopo tutto quello che è successo, ma Amber, è un amico che dovresti sicuramente tenere."

Amber sorrise, incapace di negare le emozioni che Wynton le suscitava.

CAPITOLO TRENTASETTE

BROOKE

Lungo il viaggio di ritorno in treno, Brooke parlò a Cate dell'idea di Refresh.

"Mi sembra più un servizio per i clienti che un negozio di vendita al dettaglio. Amber parla dei propri vestiti fin da quando era bambina. Erano molto importanti per lei. Pensiamo a come possiamo aiutare le donne in affari, le mamme single, le adolescenti. Se arrivassero i contatti che Amber ha avuto grazie al lavoro con Belinda, potremmo offrire un'intera gamma di abiti di fascia alta. Potrei riuscire a procurare i vestiti attraverso la scuola delle ragazze, che comprende i gradi dall'asilo alle superiori."

Cate le sorrise. "Bello, ma forse dovresti rivolgerti prima alle donne e poi alle adolescenti. Ma mi piace l'idea che sia più un servizio che altro."

Brooke sentì il sorriso allargarsi sul viso. "Anch'io. Sono stata molto fortunata per tutta la vita."

Cate le diede un colpetto affettuoso. "E per questo sei sempre stata generosa."

"Grazie. Ci provo. Devo parlare con Paul, naturalmente, ma credo che sarà contento di sapere che ho trovato qualcosa di nuovo da fare. Figuriamoci se posso stare a poltrire in piscina con questo clima!"

Cate rise con lei. "Ancora per poco."

Brooke entrò in casa, si sentiva ancora allegra. Appese il

cappotto e intanto si immaginava già il successo del negozio.

Quando andò in cucina, la madre era seduta al tavolo, con un libro in mano e una tazza di tè vicino.

"Ciao, mamma. Come stai? Hai avuto successo con l'agente immobiliare?"

Sua madre la guardò e sorrise. "In effetti, ho trovato un posto che mi piace molto: una piccola e graziosa casa che posso raggiungere facilmente a piedi. Sembra perfetta per me, perché potrò arrivare qui all'istante. Senza amici, ci sarà un posto dove andare quando avrò bisogno di uscire di casa."

Il cuore di Brooke battè forte per lo sgomento. "Pensavo che volessi stare più vicino alla città per goderti tutte le attività che ci sono."

La madre si guardò le mani e poi alzò lo sguardo su Brooke con gli occhi lucidi. "So che non abbiamo avuto un ottimo rapporto, ma sono tua madre e vorrei cercare di essere una compagna migliore per te."

Brooke sentì il sospetto crescere dentro di sé come un serpente diffidente. "Perché questo cambiamento, mamma? Cosa c'è che non va?"

"Mi sembra di invecchiare troppo in fretta e stare con le tue bambine mi ha ricordato tutto quello che mi sono persa mentre tu crescevi."

Brooke si sedette di fronte a lei, senza sapere cosa dire. Sua madre aveva ragione. Non erano mai state unite. E in quella fase della vita, dubitava che lo sarebbero mai state. Non dopo tutti quei sottili abusi verbali ed emotivi che aveva subito da parte della madre nel corso degli anni.

Ricordò gli sforzi del padre per farle andare d'accordo e trattenne un profondo respiro. Per il bene di quell'uomo, avrebbe fatto un tentativo. "Possiamo cominciare a darci spazio l'un l'altra e stabilire anche un programma per passare regolarmente del tempo insieme finché non ti costruirai una tua cerchia di amici. Lo trovi ragionevole?"

Sua madre si accigliò. "Sembra più un accordo d'affari."

Brooke rimase in silenzio. Era il meglio che potesse fare per il momento.

"Va bene," sospirò la madre. "Cercherò di non intromettermi, ma se vogliamo provare a diventare amiche, dobbiamo passare del tempo insieme. Va bene?"

"Sì, certo. Ora, parlami di questa casa. Sembri soddisfatta."

La madre le rivolse un sorriso appagato. "Mi hanno detto che si trova nella zona migliore di West Walles, un po' più a nord di qui."

Brooke si costrinse a mantenere il sorriso. Sua madre poteva anche parlare di cambiamento, ma nel caso in cui ci fosse veramente stato, non sarebbe certo avvenuto all'istante.

"È stata fatta quattro anni fa ed è in ottime condizioni. La donna che ci viveva è morta improvvisamente e la sua famiglia la sta vendendo. L'agente immobiliare ha già fatto un'offerta, anche se la casa non è ancora ufficialmente sul mercato."

"L'agente è brava. A me e a Paul è piaciuta."

"Sì, capisce quello che mi piace e di cosa ho bisogno. In ogni caso, pensa che la famiglia accetterà la mia offerta e che potrò trasferirmi entro un mese."

"Bene," disse Brooke, sollevata dal fatto che la madre non sarebbe rimasta da lei troppo a lungo. "Vuoi che io e Paul diamo un'occhiata?"

La madre sorrise. "Sì, mi farebbe piacere. Magari più tardi quando torna Paul, ovunque sia andato."

"Certo, glielo chiederò. In ogni caso, ho bisogno di parlargli. Amber e Cate mi hanno proposto un'idea commerciale interessante."

"Oh, davvero?" La madre si sporse in avanti.

"Sì. Amber lavorerebbe con me per organizzarlo e avviarlo. Si tratta di un negozio di abiti firmati di seconda mano. Lo chiameremmo 'Refresh'. Sarebbe un modo per aiutare le imprenditrici, le mamme single e le ragazze adolescenti. Bello, no?"

"Diventeresti una commessa?" Il suo volto sembrava inorridito.

Brooke lasciò andare un soffio di frustrazione. "Mamma, per favore. Parli come se fossimo delle reali inglesi, troppo altisonanti per fare un lavoro del genere."

"È solo che tuo padre ha lavorato molto duramente per prendersi cura di noi, per assicurarsi che non dovessimo mai lavorare."

"Al giorno d'oggi, anche se alcune donne non hanno bisogno di lavorare per mettere il cibo in tavola, vogliono comunque avere una vita piena e fare qualcosa per gli altri. È una premessa fondamentale per vivere bene."

La donna più anziana posò la tazza di tè e fissò la figlia. "Stai forse insinuando che non sto vivendo una bella vita perché non sono una... una... negoziante?"

"Non andiamo oltre, va bene?" Brooke si alzò. "Posso portarti dell'acqua calda? Altri biscotti per il tè?"

"No grazie, cara. Sto bene così."

"Allora credo che andrò di sopra per un po' a controllare le mail, prima di andare a prendere le ragazze a casa delle loro amiche."

"Sono felice che si stiano ambientando molto rapidamente," disse Diana.

"Anch'io," rispose Brooke, contenta che fossero d'accordo su qualcosa.

Brooke, insieme a Paul e le bambine, seguì la madre e l'agente immobiliare nella casa piuttosto piccola, ma bene arredata, che voleva acquistare Diana. Era incantevole. Sua madre poteva essere difficile, ma aveva un gusto impeccabile.

"Cosa ne pensi?" chiese l'agente immobiliare a Brooke.

"È perfetta. Mia madre quando potrà sapere se la sua offerta è stata accettata?"

L'agente controllò l'orologio. "Spero tra un paio d'ore. Ho consigliato a Diana di fare un'offerta più che onesta per evitare che la casa venga messa sul mercato. Se accadrà, le gare d'appalto faranno lievitare il prezzo."

"Speriamo che la famiglia sia ragionevole," disse Brooke. La casa era più lontana dalla propria di quanto le avessero fatto credere. E pensare di riavere il proprio spazio era allettante.

Quella sera, quando in casa tornò la calma, Brooke si sdraiò a letto accanto a Paul e gli raccontò la sua idea per Refresh.

"È qualcosa che vuoi fare davvero o lo fai per compiacere Amber e Cate?"

Brooke sbatté le palpebre per la sorpresa. Poteva essere quello il motivo per cui si era improvvisamente aggrappata all'idea? Scosse la testa. "No, mi sto sforzando di capire come riempire la mia vita con P.J. lontano per il college e le bambine sempre più indipendenti. Cate e Amber lo sanno e hanno lanciato l'idea. Ma io l'ho modificata un po' e ho intenzione di farne un'attività di beneficenza, invece che una a scopo di lucro. E poiché il negozio sarà aperto solo tre giorni alla settimana, avrò tempo per la famiglia. Potrei anche tornare a dipingere. Certo, la mamma dice che diventerei una commessa."

Si girò e le sorrise. "Mia moglie, commessa e artista."

Lei rise. "Ci credi che mia madre sembra quasi offesa dall'idea che io possa aprire un negozio? Non la capisco. Si direbbe che provenga da un ambiente ricco invece che dalla famiglia di operai che detesta."

"Credo che il suo atteggiamento nasconda molto dolore. In passato, avrebbe potuto essere ridicolizzata per le sue origini. Di certo ha mantenuto le distanze. In tutti gli anni in cui siamo stati insieme, non l'ho mai sentita parlare della famiglia."

"Hai ragione. Forse dovrei darle un po' di tregua."

"Forse dovresti approfittare della sua presenza qui e metterla a lavorare in negozio. Chi meglio di lei può offrire abiti di fascia alta a persone che potrebbero non conoscerne il valore?"

"Oddio!" Brooke ridacchiò e si coprì la bocca. "Farne una commessa? Che soluzione perfetta per tenerla occupata e fuori dai piedi." Si voltò verso Paul. "Lo sai quanto ti amo?"

"Credo sia meglio che tu me lo faccia vedere," disse Paul con una scintilla negli occhi che Brooke non vedeva da un po'.

Mentre Brooke lo raggiungeva, pensò che, dopo tutto, compiere quarant'anni non sarebbe stato poi tanto male.

CAPITOLO TRENTOTTO

CATE

Come ogni giorno, Cate controllò la posta elettronica, i messaggi telefonici e i dati di vendita. Era diventata un'abitudine fin da quando era entrata a far parte del mondo dei libri. Vedere quanti lettori amassero il suo lavoro la tranquillizzava e la incentivava ad andare avanti. Naturalmente, non tutte le recensioni avevano cinque stelle, ma con le critiche arrivavano anche gli elogi. I messaggi privati erano i migliori. Considerava alcuni dei suoi fedeli lettori come veri amici.

Nelle ultime due settimane aveva alternato idee per il nuovo libro a tentativi di aggiungere qualcosa a quello precedente sulle *Guerre di Galeon*. Da quando aveva saputo che quello sarebbe stato l'ultimo capitolo della serie, il finale le dava dei pensieri. Voleva scriverlo bene.

In quella mattina di fine gennaio, Cate era seduta in cucina e non riusciva a iniziare né il nuovo libro, né il finale del vecchio. Le mestruazioni erano arrivate insieme a dei crampi che distruggevano qualsiasi pensiero di affrontare una gravidanza. Pensava a tutte le volte che lei e Jackson avevano fatto l'amore nella speranza che lei rimanesse incinta, e non riusciva a trattenere la sensazione di fallimento o il bruciore delle lacrime.

Con un sospiro, Cate si alzò. Si sarebbe chiusa in ufficio: niente telefoni, niente mail, niente Facebook, Instagram, Twitter o qualsiasi social media; solo in quel modo sarebbe riuscita a lavorare ai libri. La sua agente e la redattrice la stavano aspettando. Non aveva più scuse.

Buddy sembrò capire quanto fosse importante quel momento, infatti, invece di cercare di salirle sulle gambe, impresa che le dimensioni ridotte avrebbero comunque vanificato, il cagnolino si sdraiò su una morbida coperta sotto la scrivania.

Cate fece un respiro profondo e tornò alla scena della battaglia tra Serena e l'acerrimo nemico Santor, re degli Argoes. Come regina dei Galeon, Serena aveva il dovere di combattere fino alla fine per proteggere il suo popolo da invasori come Santor. Cate era rimasta al duello tra Serena e Santor davanti al castello. I due schieramenti erano pronti a combattere al primo segno di predominio, ma fino ad allora sarebbero stati i due leader battersi.

Cate iniziò a digitare:

Serena sollevò la spada che suo padre le aveva tramandato e la fece roteare il più in alto possibile. Santor era più alto di lei di ben venti centimetri. Ma quello che lui aveva in altezza, lei lo aveva in velocità. Il trucco consisteva nel portarlo a muoversi in cerchio.

Swoosh! **Calò la spada e colpì... l'aria! Serena dondolò all'indietro sui talloni, strattonando la mano che teneva in pugno i capelli scuri.**

Infuriata dal fatto che Santor stesse giocando sporco, si allontanò da lui e sollevò di nuovo l'arma. Mentre si preparava a calare la spada su quella dell'avversario, vide che Santor stava cercando di farla inciampare con i grandi piedi e saltò via.

"Non sei un combattente! Sei una ballerina!" gridò Santor, caricandola a denti stretti.

"Attenzione!" la chiamò Rondol. "Sta cercando di costringerti

a uscire dal cerchio."

Una delle regole della gara era che entrambi i concorrenti dovevano rimanere all'interno del cerchio tracciato nella terra.

Serena lo schivò mentre lui si lanciava in avanti.

Santor inciampò su di lei e atterrò fuori dal cerchio.

Serena abbassò la spada. "Basta, Santor. Ho vinto io."

Lui si voltò e la colpì con l'arma, provocandole un taglio sulla fronte. "Potrai anche vincere questa battaglia, ma porterai per sempre la mia cicatrice," sogghignò.

Serena si portò una mano al viso e sentì il calore del sangue. "Non ti sarà mai permesso di tornare. Tu e la tua gente dovete andarvene subito, o sarete fatti prigionieri."

Al grido di Santor, le sue truppe cominciarono ad attaccare i Galeon, un gesto contrario a tutte le regole.

Serena entrò nella mischia e cercò di non pensare al dolore alla fronte e al sangue che le colava negli occhi. Sentì un movimento al proprio fianco e si voltò. Un piccolo drago le volò sopra la spalla, per proteggere il braccio che impugnava la spada.

"Chi sei? Da dove vieni?" chiese Serena, sollevata per l'aiuto ricevuto. Il duello con Santor le aveva prosciugato le energie e non sarebbe riuscita a farcela.

"Sono Condora," disse il piccolo drago mentre i Galeon costringevano gli Argoes alla fuga.

La folla iniziò ad applaudire quando l'ultimo Argoes si alzò nel cielo per volare via.

Rondol si avvicinò a Serena e le cinse le spalle con un braccio. Sorrise al drago che svolazzava ancora lì vicino; un piccolo filo di fumo usciva dalle narici dell'animale. "Vedo che hai un nuovo protettore," le disse.

"Sì," rispose lei. "Si chiama Condora."

"Chi ti ha mandato?" chiese Rondol, passando un panno sulla

ferita di Serena.

"La regina dei Draghi," disse Condora prima di posarsi sulla spalla della donna.

"Sei molto giovane," disse Serena, accarezzando la schiena del drago.

Condora fece un cenno di assenso. "Sì, la regina ha pensato che dovessi crescere con il tuo bambino."

"Bambino?"

Condora si sollevò in aria e scosse la testa. "Mi dispiace! Non avrei dovuto dirtelo. È un segreto. È uno dei tanti."

"Vuoi dire uno dei tanti bambini?" chiese Serena, arrossendo quando vide l'espressione di orgoglio sul bel viso di Rondol.

Condora sbatté freneticamente le ali. "Oh, no! Non dovevo dirti neanche questo."

Serena si avvicinò e strinse il piccolo drago. Abbracciandolo, sussurrò: "È la sorpresa più bella di sempre. Ora che il mio popolo può vivere in pace, posso crescere la famiglia che ho sempre desiderato. I miei figli, col tempo, contribuiranno a mantenere forte il nostro regno."

"Sì," disse Condora con un cenno del capo. "È quello che la regina mi ha detto."

Cate smise di scrivere con gli occhi pieni di lacrime. Amava Serena e desiderava essere come lei. Ma in quel momento si domandò se per lei avere un bambino sarebbe rimasto un sogno impossibile. Dopo aver deciso di creare una famiglia con Jackson, non era più sicura se sarebbe mai successo. Non aveva pensato che i bambini avrebbero fatto parte del proprio futuro, ma la vita le sembrava vuota, senza la promessa di averli. Quel pensiero la fece piangere.

Quando Jackson tornò a casa, Cate si era asciugata le lacrime e si era concentrata su tutto quello che avrebbe fatto.

Non poteva permettere che la delusione distruggesse il rapporto con il compagno. Aveva letto troppe storie di coppie che in simili circostanze non erano sopravvissute.

"Ehi, tesoro, come stai?" Jackson la prese tra le braccia. "Ho ricevuto il tuo messaggio. Anch'io sono deluso. Ma si risolverà. È ancora presto per dirlo."

Si accoccolò contro il maglione caldo del compagno e fu attraversata da una nuova ondata di speranza. Erano due persone in salute che avrebbero continuato a cercare di formare una famiglia.

Lui le sollevò il mento e la baciò.

Cate rispose, come sempre, all'ondata di energia che si era creata tra loro.

Quando si staccò da lei, Jackson le disse dolcemente: "Ti amo."

"Anch'io. Ti amo," rispose Cate, e le uscì un tono simpatico che fece sorridere entrambi.

"Oggi ho sentito mia madre. Non vede l'ora che andiamo in Carolina del Nord. Ha detto che ha optato per una festa piuttosto semplice, come volevi tu, ma d'altronde ha un milione di amici, quindi non so di quante persone esattamente stia parlando. Comunque, è solo per un fine settimana."

"Ok, ma... Jackson, stavo pensando che invece di un matrimonio in chiesa, vorrei sposarmi sulla spiaggia al Seashell Cottage. Abbiamo parlato di sposarci a giugno. Il diciassette giugno sarebbe perfetto... Prenotiamo pure, così sarà come lo vogliamo. Che ne dici?"

Lui le sorrise. "Io dico che sei molto intelligente. Se prenotiamo, eviteremo di dover discutere per qualcosa di diverso. Quelli della mia famiglia che parteciperanno potranno affittare una casa propria o alloggiare in uno degli alberghi vicini."

"Come il Salty Key Inn," disse Cate, entusiasta. "Gli piacerà molto."

"Dammi il cinque!" Jackson alzò la mano e Cate la schiaffeggiò allegramente. "Non preoccuparti," disse. "Mi occuperò io della mia famiglia. Come farai con Amber e Brooke?"

"Ho già un piano. Possono stare al Seashell Cottage con noi. La madre di Brooke può badare alle bambine in un altro posto. Noi andremo da qualche altra parte per la luna di miele."

"Ho in mente qualcosa," propose Jackson, "ma non sono pronto a parlarne."

"No?" Lei lo fissò. Jackson amava sorprendere.

"Non te lo dirò," disse lui, allontanandosi da Cate con una risata.

CAPITOLO TRENTANOVE

AMBER

Amber era in camera e fissava l'enorme mucchio di vestiti appoggiati sul letto. Dopo aver ripulito l'armadio dagli abiti classici che non aveva più intenzione di indossare, si sentiva come se pesasse alcuni chili in meno. Si era resa conto che ogni volta che faceva qualcosa per liberarsi dalla sua vita lavorativa passata, diventava più ottimista. Per anni la gente le aveva chiesto come avesse potuto sopportare di lavorare per Belinda. Lei e la sua consulente ne avevano persino parlato. Ora le sembrava assurdo essere rimasta all'Agenzia Galvin tanto a lungo.

Quando le squillò cellulare, controllò il nome e rispose con impazienza. "Ehi, Brooke! Come va?"

"Credo di aver trovato il posto giusto per Refresh in un paesino vicino a casa mia. Vorrei che ci dessi un'occhiata; se ti piace, firmerò un contratto d'affitto mensile."

"Che idea intelligente. Certo." Guardò i vestiti sul letto e decise che poteva aspettare a piegarli e riordinarli. "Posso uscire questo pomeriggio. Va bene?"

"Sì. Perché non passi la notte qui da me? Possiamo parlare di molti dettagli e rivedere i suggerimenti che ci hai inviato."

"Fantastico. Sono pronta per un cambiamento. Non sono abituata a non lavorare."

"Non preoccuparti. Se riusciamo a far funzionare questo progetto, non dovrai più stare a New York. Pensi di trasferirti da queste parti?"

"In realtà ci ho pensato, ma non voglio fare nulla finché non deciderò se aprire un'attività in proprio."

"Va bene. Fammi sapere quando sei in viaggio e telefonerò alla mia agente immobiliare. È entusiasta di questo posto tanto quanto lo sono io."

Amber chiuse la chiamata e sorrise. Brooke era diventata una persona diversa da quando aveva iniziato a pensare al progetto di Refresh. Quello e il trasloco le avevano dato una nuova energia, un motivo per usare le capacità organizzative e un mezzo per stare lontana dalla disapprovazione della madre. Lei e Cate si erano fatte una bella risata sull'orrore di Diana per il fatto che Brooke sarebbe diventata una "commessa." Quell'atteggiamento era davvero tipico di lei.

Mentre Amber tirava fuori dall'armadio il suo piccolo beauty case, ricevette una telefonata. Pensò che fosse Brooke, così rispose: "Dimmi!"

"Scusa... È un brutto momento?" le chiese una voce profonda che Amber riconobbe all'istante. Il suo battito cardiaco accelerò. Aveva pensato molto a Wynton.

"Ciao, Wynton. Scusami. Ovviamente pensavo fosse qualcun altro. Come posso aiutarti?"

"Vorrei portarti a cena stasera, se sei d'accordo."

"Oh... ho appena fatto dei piani per lasciare la città e passare la notte a casa di un'amica a West Walles," disse Amber, senza riuscire a nascondere la delusione.

"Potremmo trovare un posto vicino. Casa mia non è lontana da West Walles. Mi fermerò lì per la notte."

Amber pensò subito a Brooke. "Potrebbe funzionare. Fammi controllare con lei e ti richiamo subito." Chiuse la chiamata, inondata dalle emozioni. Il legame che aveva stretto con Wynton grazie all'amicizia con Jesse le sembrava una benedizione. Erano due degli uomini migliori che avesse mai conosciuto ed entrambi le avevano ispirato fiducia fin dall'inizio.

Chiamò Brooke e le chiese se poteva saltare la cena con lei.

"Oh, certo! Esci pure con Wynton. Ho visto il modo in cui voi due vi sorridevate."

"Siamo solo amici," disse Amber, che non era pronta ad affrontare quei sentimenti. "A lui manca ancora la moglie e io non ho dimenticato Jesse."

"Come vuoi," disse Brooke. "Ci vediamo nel pomeriggio. E se vuoi passare la notte, la tua stanza è pronta."

"Grazie," disse Amber. "Lo apprezzo molto."

Chiuse la chiamata e telefonò a Wynton. "Se l'invito a cena è ancora valido, accetto."

Ridacchiò. "Certo. Mandami un messaggio con l'indirizzo e vengo a prenderti alle otto, va bene?"

"Benissimo," rispose sinceramente.

"Ci vediamo," disse, poi chiuse la telefonata.

Il tono allegro della voce di Wynton la deliziava.

Quando Cate arrivò, Amber e Brooke stavano aspettando l'agente immobiliare fuori dalla vetrina del negozio. "Sono in ritardo?"

"No, aspettiamo l'agente. Sta arrivando," disse Brooke.

"Guarda la facciata. Non è adorabile?" domandò Amber. Il piccolo edificio sulla strada principale di una città vicina sembrava più una casetta di pan di zenzero che un negozio. Le assi di legno dipinte di marrone erano accentuate da rifiniture viola.

"Questo era il negozio di una sarta che in passato ha fatto dei lavori per me," commentò Cate. "Mi è dispiaciuto che abbia chiuso l'attività, ma ora sono felice che possiate utilizzare questo edificio. Sarà perfetto per quello che il vostro progetto."

"Fuori dagli orari di apertura avremo molto spazio per sistemare i nuovi capi e prepararli per la vendita," disse Brooke. "C'è un grande tavolo da lavoro nella stanza sul retro e molti posti per appendere i vestiti." Si voltò e salutò l'autista di una Mercedes argento.

Amber osservò una donna di mezza età che usciva dall'auto. La donna raddrizzò la giacca del tailleur blu pallido, lisciò la gonna scozzese coordinata e si diresse verso di loro con un'andatura ansiosa.

Brooke andò a salutarla e la condusse da Amber e Cate. "Cassandra, hai già conosciuto Cate a casa mia, quando l'abbiamo comprata. Mi ha aiutato con i colori della vernice. Ma non hai ancora conosciuto Amber Anderson. È un'altra delle mie più care amiche e mi sta aiutando con questo progetto."

"Che bello. Non ci siamo già incontrate? Ti ho già vista?"

"Forse," disse Amber, poi con uno sguardo avvertì le sue amiche di non parlare della pubblicità dei profumi. Le strinse la mano. Da quello che aveva sentito dire su di lei, Cassandra era una forza nel settore immobiliare della zona. Se in futuro avesse deciso di avvicinarsi a Cate e Brooke, l'avrebbe tenuta presente.

"Diamo un'altra occhiata all'interno, che ne dite?" propose Cassandra mentre armeggiava con la serratura della porta. "L'unico motivo per cui il proprietario prenderebbe in considerazione un affitto mensile è che vuole vendere la proprietà ma non ha ricevuto offerte ragionevoli. È un po' fuori mano per alcune attività commerciali, ma per quello che vuoi fare tu, Brooke, credo che andrà benissimo."

Amber aveva preparato una lista di caratteristiche che avrebbe voluto vedere nell'immobile e mentre facevano un giro all'interno le spuntava mentalmente. C'era molta luce naturale che passava dalle finestre anteriori, un ampio magazzino, spazio per gli spogliatoi, un bagno ordinato e un comodo spazio di lavoro, come aveva detto Brooke. Sul retro dell'edificio erano disponibili due posti auto.

"Sembra perfetto," disse Amber. "Io dico di andare avanti, Brooke."

Cassandra sorrise. "Ho già preparato i documenti. Manca solo la tua firma, Brooke. Ma ti consiglio di leggere attentamente il contratto di locazione. Ricorda che il proprietario potrebbe darti un preavviso di soli trenta giorni per lasciare il negozio. Mi sono presa la libertà di aggiungere una clausola che dice che se trova un acquirente legittimo per la proprietà, hai lo stesso periodo di un mese per adeguarti all'offerta o migliorarla. Ho anche aggiunto un budget per una nuova moquette."

Amber sorrise. Cassandra era all'altezza della reputazione che la precedeva. Dopo che ogni dettaglio fu chiarito e l'agente ebbe risposto a tutte le sue domande, Brooke firmò il contratto.

Cassandra le consegnò un mazzo di chiavi. "Congratulazioni, signore. Refresh sta per nascere."

Amber fu travolta da un'ondata di entusiasmo. Nell'aiutare Brooke, era entrata in una nuova fase della propria vita. Qualcosa che non aveva nulla a che fare con Belinda Galvin. Accidenti, che bella sensazione!

Appena Cassandra se ne andò, Amber riprese a girare per il negozio e con le amiche prese appunti su eventuali modifiche che potevano essere necessarie.

"Io e Jackson ci offriamo per dare una mano di vernice fresca alle pareti," propose Cate. "Così, sembrano squallide."

"Fantastico!" esclamò Brooke. "A che colore stai pensando?"

"Una tinta pesca chiaro. Qualcosa che si integri con tutti i colori e ammorbidisca la stanza." Cassandra aveva accennato alla necessità di sostituire il tappeto. Deve stare bene con praticamente tutte le altre decorazioni che deciderete."

"Perfetto, domani io e Amber potremo scegliere la moquette. Lei si fermerà per la notte," disse Brooke, dando una gomitata ad Amber con un sorriso impetuoso. "Stasera ha un appuntamento galante con un certo avvocato."

"Ah, si?" disse Cate, posando lo sguardo su di lei.

"Non stiamo cercando niente," disse Amber. "Lui si sente solo dopo aver perso la moglie e io devo ancora voltare pagina dopo il periodo trascorso con Jesse. La situazione è chiara per entrambi."

Cate la abbracciò. "Oh, tesoro, non vogliamo metterti a disagio. Stiamo solo scherzando."

"Lo so," disse Amber, ma le amiche avevano ragione. Wynton era sexy e lei sarebbe stata sicuramente attratta da lui, se fosse stata pronta anche solo a prendere in considerazione un vero e proprio appuntamento.

CAPITOLO QUARANTA

AMBER

Amber si sedette nella stanza degli ospiti a casa di Brooke e raccolse i pensieri per la serata che l'attendeva. Era entusiasta di incontrare Wynton a cena. Anche se lei e Jesse non stavano insieme da diversi mesi, si chiedeva se non stesse correndo troppo. Con Jesse era stata la prima volta in vita sua che si era sentita abbastanza sicura da fidarsi di un uomo. Con Wynton si sentiva già allo stesso modo. Forse perché entrambi erano più anziani di lei? O perché avevano avuto successo? Perché erano onesti? Chi poteva dirlo.

Dalla finestra fissò il paesaggio invernale sottostante. Per molto tempo era entrata e uscita dalla terapia per affrontare la propria infanzia, e da circa un anno sentiva finalmente di aver messo a tacere il passato. Ormai aveva capito che la maggior parte delle madri non si comportava come la sua, la maggioranza teneva i figli al sicuro. Finalmente, Amber aveva il controllo della propria vita e si era resa conto che gli uomini bravi non erano come quello che l'aveva aggredita. Aveva osservato e lavorato con Jesse per molto tempo, prima di poter pensare di uscirci insieme. E lui le aveva dimostrato quanto avesse ragione il terapeuta che l'aveva seguita. Gli uomini rispettabili potevano essere gentili, amorevoli e onesti.

Sospirò e buttò fuori i sentimenti che teneva dentro. Dopo aver conosciuto Jesse, aver pensato a un futuro insieme ed essere rimasta incinta, aveva aperto il proprio cuore a tutte quelle possibilità. Ma poi i sogni per un futuro con lui le erano stati strappati via. Si accarezzò le braccia e ammise che, più di ogni altra cosa, si sentiva sola e desiderava una vita normale e piena di amore, qualcosa che per troppo tempo aveva avuto paura di trovare.

Sentì un leggero bussare che interruppe i suoi pensieri. "Sì?"

La porta si aprì e Brooke scivolò dentro. "Volevo solo controllare come stavi. Sei soddisfatta di tutto quello che abbiamo visto oggi al negozio? Volevo capire se sei d'accordo con tutti i miei piani."

Amber sorrise. "Sono pienamente d'accordo con i piani per Refresh, e sono felice di aiutarti. Non sono più sicura di voler avviare una mia attività. Ora che sono rimasta lontana dal settore per un po', non so se è il caso di rientrarci."

"Prenditi il tempo necessario per capire come va la situazione. Nel frattempo, sono entusiasta che tu mi aiuti in questa mia nuova impresa. Dopo tanti anni passati a fare la mamma e la moglie, ho perso un po' di fiducia in me stessa per quanto riguarda gli affari. Ho bisogno di te, Amber."

Amber si alzò in piedi e andò verso Brooke. "Anche io ho bisogno di te. Farai di questo locale il miglior negozio di articoli usati di sempre! Ed è per una buona causa."

Mentre Amber scendeva le scale con un semplice abito di lana blu, si sentiva come un'adolescente al primo appuntamento: nervosa, eccitata e spaventata. Che cosa stava facendo?

"Sei bellissima," disse Brooke in piedi in fondo all'ampia scalinata con Wynton e le due bambine.

"Come sei bella!" esclamò Brynn.

"Sì, P.J. direbbe che sei sexy," aggiunse Bradley.

"Lo direi anch'io," commentò Wynton, suscitando le risatine delle gemelle.

Nel vedere gli occhi scintillanti di Wynton, Amber si rilassò. Sarebbe andato tutto bene. Era un brav'uomo.

Brooke gli passò il cappotto di pelliccia sintetica di Amber, lui si avvicinò e la aiutò a indossarlo. "È un'altra fredda serata d'inverno, ma almeno questo ti terrà al caldo."

"Sì, è accogliente e piuttosto sobrio."

Rideva. "Samantha sarebbe d'accordo con la tua scelta."

"Divertitevi," disse Brooke, sorridendo a entrambi.

Amber le fece un piccolo saluto e uscì dalla porta che Wynton le tenne aperta.

"Beh, siamo partiti bene," disse lui. "Mi è piaciuto parlare con Brooke e conoscere le sue bambine. Mi fa piacere che tu abbia delle amiche così simpatiche."

"Aiuta, e dopo i guai passati con Belinda, ho imparato ad apprezzare i veri amici."

"Bene," rispose, "Perché la vita ha sicuramente i suoi alti e bassi."

Wynton la aiutò a salire sulla sua Porsche verde bottiglia e si mise al volante. "Spero che ti piaccia il cibo italiano. Arturo è uno dei miei posti preferiti."

"Mi piace," concordò Amber. "Ora che non lavoro più per Belinda, non dovrò più limitarmi a dover solo assaggiare il cibo."

Lui le rivolse uno sguardo di sorpresa. "Sono felice di sentirlo. Era un lato che amavo di mia moglie, Barbara. Non aveva paura di godersi la vita."

"Sono sicura che ti manca ancora."

"Sì, ma questo è l'anno in cui mi sono detto che mi aprirò a nuove possibilità. Non che abbia fretta..."

"Questo sarà il mio anno per cercare di fare lo stesso," aggiunse Amber.

"Penso che ti piacerà non essere più sotto il dominio di Belinda. È una tiranna."

"Sì, è vero. Ora mi rendo conto di quanto sia stato malsano restare lì. Anche la mia consulente lo pensava."

Lui le lanciò uno sguardo di approvazione. "Mi piace la tua onestà."

Scrollò le spalle. "Almeno quella ce l'ho."

Si avvicinò e le strinse la mano. "Hai molto di più. Non vedo l'ora di conoscerti meglio."

Compiaciuta, Amber sentì le guance scaldarsi.

Si fermò davanti a un edificio semplice in muratura. "Non lasciarti ingannare dall'esterno. Arturo ha il miglior cibo che abbia mai mangiato e non mi ha mai deluso."

La aiutò a scendere dall'auto e, tenendole una mano posata sulla vita, la condusse all'interno dell'ingresso principale, dove alcune persone aspettavano sedute su delle panchine.

La direttrice di sala, una donna dai capelli grigi vestita con un semplice abito nero, notò Wynton e si affrettò a raggiungerlo. "Wyn, mio caro ragazzo, come stai? Sono passati secoli. Stasera siamo pieni, ma ti ho tenuto il tuo tavolo speciale." Sorrise ad Amber. "E lei chi è?"

Wynton le mise un braccio protettivo intorno alle spalle. "Nona, questa è Amber Anderson, l'amica di un'amico. Amber, lei è Nona Bertelli, la dolce metà di Arturo."

"Piacere di conoscerti, Amber," disse Nona, esaminandola con cura. "Spero di vederti molto più spesso. Ora seguitemi."

Nona li condusse in un angolo in fondo al locale, a un tavolo coperto da un panno di lino rosso. La luce delle candele brillava da un vaso di cristallo intagliato, che metteva in risalto i calici scintillanti e l'argenteria lucida ben disposta.

"Grazie, Nona," disse Wynton mentre aiutava Amber a sedersi e accettava i menù dalla signora.

"Non c'è di che, Wyn. Quando vuoi." Se ne andò

velocemente e si diresse verso la porta d'ingresso per salutare altri clienti.

Amber diede un'occhiata al ristorante. Per quanto ne sapesse lei, erano seduti nella sala principale. Si vedeva un'altra sala all'estremità dell'ambiente in cui si trovavano. In quella, i tavoli erano coperti da stoffe a quadretti rossi e bianchi e l'atmosfera sembrava molto più informale.

Wynton vide che Amber la osservava e ridacchiò. "Le famiglie con bambini piccoli sono assegnate a quella sala. Arturo non vuole che i piccoli rovinino l'esperienza della sua cucina. Io e Barbara siamo stati contenti quando Sam ha finalmente ricevuto l'approvazione per sedere qui, nella sala principale."

Amber sorrise. "Mi fa piacere. La cena è rovinata, quando i bambini piangono e si agitano intorno al tavolo."

"È vero, ma a me non ha mai dato fastidio avere dei piccoli intorno."

Si chiese perché Wynton non avesse altri figli. Era ovvio che amasse Samantha.

Apparve la cameriera. "Bentornato, Wynton. Siamo felici di averti qui."

"Amber, ti presento la nipote di Nona. Annette, lei è Amber Anderson."

Amber sorrise alla bella ragazza dai capelli scuri. "È bello che questo ristorante abbia una gestione famigliare."

Annette rise dolcemente. "Bello? Di solito sì. Ma gli animi italiani possono essere piuttosto infuocati, di tanto in tanto."

"Che programmi ha Arturo per questa sera? C'è qualcosa di speciale o mi affido al mio solito?" chiese Wynton.

"Potresti provare le fettuccine con salsa di aragosta al limone. È deliziosa, con teneri pezzi di aragosta proveniente dalle acque del Maine."

"Sembrano deliziose. E tu, Amber? Hai bisogno di tempo

per decidere?

"Sì, scusate. Sono stata così presa a guardarmi intorno che non ho ancora dato un'occhiata al menù."

Wynton sorrise ad Annette. "Credo che tu abbia trovato un'altra cliente fedele. Non abbiamo ancora mangiato e adora già il posto..."

Annette sorrise e si rivolse ad Amber. "Che ne dici di uno dei miei piatti preferiti, linguine con verdure fresche grigliate in una leggera salsa al burro e aglio?"

"Perfetto," disse Amber, lieta di non dover controllare il menù e far aspettare Wynton.

Quando Annette se ne andò, si avvicinò il sommelier.

"Ti fidi di me per il vino?" le chiese Wynton.

Amber annuì. "Naturalmente."

Dopo aver parlato con il sommelier, Wynton si rivolse ad Amber con un sorriso. "Ho ordinato un buon vino bianco che credo ti piacerà. Lo spero, almeno."

"Non sono molto esperta di vino, quindi sono ansiosa di assaggiare che sapore ha."

Wynton si sporse in avanti. "Come va con quel negozio di abbigliamento di cui mi hai parlato?"

"Bene, sto aiutando Brooke a farlo partire. Credo che avrà successo e nel frattempo mi diverto."

Wynton ridacchiò dolcemente. "Sono contento. Come ho detto, spero di conoscerti meglio. È da un po' che non esco con qualcuno. Non ne avevo voglia. Ma dopo averti incontrata, ho deciso che voglio provare."

"Sì, anch'io. Ma devo avvertirti che sono una persona molto cauta, da questo punto di vista."

"Non c'è problema. Anch'io."

Il sommelier tornò con una bottiglia di vino. La mostrò a Wynton, la aprì, gli porse il tappo e aspettò.

Secondo la routine, Wynton accettò una piccola quantità di

vino nel proprio calice e lo assaggiò prima di fare un cenno di approvazione. "Molto buono, grazie."

L'uomo versò il vino nel bicchiere di Amber e poi riempì quello di Wynton. "*Buon appetito!*"

Wynton alzò il bicchiere verso di lei. "All'amicizia."

"Sì!" Amber acconsentì rapidamente, prima di alzare il bicchiere per toccare quello di Wynton.

Durante la cena chiacchierarono con leggerezza del tempo, di Refresh, di Samantha e di altri argomenti poco impegnativi.

Quando finalmente entrambi furono sazi, Wynton si appoggiò allo schienale della sedia e la guardò. "Mi è piaciuta la cena insieme. Ti sembrerei un viscido se ti chiedessi di tornare a casa mia per un caffè? Non sono pronto per finire la serata."

Amber rise. "Macché viscido. Non mi sembri uno così."

Lui la studiò. "Non farò l'idiota, te lo prometto."

Quando Wynton si fermò davanti a casa, Amber osservò l'edificio e l'apprezzò come aveva fatto la prima volta. Era una casa molto bella, per nulla ostentata.

Si affrettarono a scendere dall'auto, camminarono nell'aria gelida fino alla porta d'ingresso ed entrarono.

"Accenderò il camino nella sala da pranzo. Possiamo sederci lì," disse Wynton mentre la aiutava a sistemare il cappotto.

"Va bene. Vuoi una mano in cucina?"

"No, ma puoi tenermi compagnia. A vivere da solo, ho imparato a muovermi bene dietro ai fornelli. In effetti, mi piace cucinare."

"Tu e il fidanzato di Cate, Jackson, andreste d'accordo. È un cuoco eccezionale."

"Mi piacerebbe incontrarlo, prima o poi."

"Forse succederà," disse Amber, già sicura che sarebbe piaciuto sia a Cate che a Jackson.

Wynton preparò il caffè e ognuno portò la propria tazza in sala. "Sediamoci davanti al fuoco." Indicò il divanetto. Amber vi si sedette e si spostò in modo che Wynton avesse molto spazio, visto che era alto più di un metro e ottanta e aveva le spalle larghe.

Rimasero a fissare il fuoco per un po' e poi Wynton disse: "Devo chiedertelo. Quanto eri legata a Jesse? Se non si fosse riunito alla moglie a Parigi, avresti continuato a vederlo?"

Amber posò la tazza di caffè sul tavolino accanto. Wynton aveva detto di ammirarla perché era onesta. Glielo doveva.

"Sì... io... quando è morto ero incinta di suo figlio." Le lacrime punsero gli occhi di Amber. "Uscivamo insieme solo da un paio di mesi. Non mi sarei mai aspettata che accadesse una cosa del genere. La verità è che non ero stata vicina a molti uomini, prima di lui." Amber si coprì la bocca e chiuse gli occhi, chiedendosi da dove cominciare e come finire. Fu investita da un'ondata di imbarazzo.

Wynton le avvolse la mano gelida con le dita calde. "Coraggio, puoi dirmelo."

Amber aprì gli occhi e si lasciò sfuggire le lacrime. "Ho perso il bambino poco dopo aver scoperto di essere incinta, quando è uscita la notizia dell'incidente. Mi si è spezzato il cuore."

Wynton la strinse in un abbraccio. "È sempre un momento difficile. Barbara e io abbiamo perso tre bambini."

Le massaggiò la schiena e la lasciò piangere.

Amber non sentì l'umiliazione che avrebbe potuto provare se al posto di Wynton ci fosse stato qualcun altro. Fu invasa da una sensazione di calma. Il segreto che aveva promesso di tenere nascosto a tutti era stato svelato e lei, invece di vergognarsi, si sentiva sollevata.

Mentre Wynton continuava ad accarezzarla per darle conforto, le chiese gentilmente: “E gli altri uomini?”

Amber si raddrizzò e lo guardò in faccia. Dopo anni di terapia, aveva capito che non era colpa sua se i fidanzati della madre avevano cercato di farle fare cose che lei non voleva. “Quando ero piccola, mia madre aveva molti ragazzi.”

“Ti hanno fatto del male?” Disse Wynton, con la fronte corrugata dalla preoccupazione.

“Uno,” disse Amber, con le labbra che si assottigliavano al ricordo, anche dopo tutto quel tempo. “È per questo che non ho mai frequentato molti uomini. Non ho voluto farlo fino a poco tempo fa, quando ho imparato a fidarmi di me stessa.”

“Ah, mia dolce Amber. Hai avuto un periodo molto difficile.” Le fece appoggiare la testa contro il petto ampio e le accarezzò la schiena. “Voglio che tu sappia che puoi fidarti di me.”

Amber si abbandonò a lui e lasciò che i singhiozzi che le salivano dalle viscere uscissero allo scoperto; trovò sollievo nel condividere la verità.

Dopo un po’, Wynton disse: “Ti senti meglio?”

Amber prese il fazzoletto che lui le aveva offerto e si pulì gli occhi, poi si soffiò il naso. Quel suono avrebbe dovuto metterla in imbarazzo, ma non fu così. Studiò il volto di Wynton, che trovò pieno di preoccupazione, ed emise un lungo sospiro. “Non ho parlato a nessuno di quello che è successo, a parte Cate, Brooke e il terapeuta che mi seguiva. Ma sapevo di doverlo dire a te. Solo così avremmo potuto diventare veri amici.”

“Sì,” disse Wynton. “Grandi amici.”

Amber lo osservò. “Ti sta bene?” chiese, con la speranza che lui fosse d’accordo.

Wynton le scostò una ciocca di capelli dal viso e le rivolse un tenero sorriso. “Per ora, questo è ciò che saremo. Col tempo, spero che cambierai idea... Vorrei qualcosa di più."

Quando si rese conto della sincerità di quelle parole, Amber lasciò andare un piccolo sospiro di sollievo. Era un uomo meraviglioso.

CAPITOLO QUARANTUNO

CATE

Durante il volo per la Carolina del Nord, dove Cate e Jackson avrebbero trascorso San Valentino, lei gli era seduta accanto e cercava di non preoccuparsi del fine settimana che l'attendeva. Odiava i conflitti e sapeva che avrebbe dovuto farsi valere per far sì che il suo matrimonio fosse come lo desiderava. La madre di Jackson era una persona dolce, ma era abituata a comandare. Con sei figli, aveva dovuto imparare a tenere tutti in riga.

"Emozionata?" chiese Jackson dandole una strizzatina alla mano.

"E preoccupata," rispose lei sinceramente. "Sai che a tua madre non piacerà l'idea di tenere il matrimonio in Florida."

"È il *nostro* matrimonio, non il suo," rispose Jackson. "Non preoccuparti. È talmente felice che finalmente ti sposerò che potrebbe essere più accondiscendente di quanto pensi."

Cate si sentì subito meglio e si rilassò.

Più tardi, mentre uscivano dall'aeroporto internazionale di Raleigh-Durham e respiravano l'aria più calda della Carolina del Nord, Cate mise da parte i pensieri che la preoccupavano. Jackson amava i propri familiari e loro amavano lui. Quello era il momento di condividere la sua felicità con loro.

Una Suburban bianca si fermò sul marciapiede e Laurie, la madre di Jackson, scese per dar loro il benvenuto. Abbracciò Jackson ed esclamò: "Sono felicissima che siate qui! Abbiamo in programma un sacco di cose divertenti."

Si voltò verso Cate e la prese tra le braccia. "Benvenuta, Cate. Sono entusiasta di averti qui. Pensa un po', un'altra figlia!"

Cate sorrise. "Anche io sono contenta di essere qui, Laurie." Ma Laurie era già andata sul retro del veicolo per aiutare il marito a caricare le valigie.

Il padre di Jackson, Tom, si avvicinò a loro. "È bello vedervi. Laurie ha programmato questo giorno per settimane." Abbracciò Jackson e Cate. "È bello aggiungere un altro membro alla famiglia."

"Che ne dite, andiamo?" disse Laurie, che saltò sul sedile posteriore. "Jackson, puoi sederti davanti con tuo padre. Io e Cate dobbiamo chiacchierare." Accarezzò il sedile accanto a lei e fece cenno a Cate di entrare.

Cate non aveva molta scelta, quindi salì accanto a lei mentre Jackson si sistemò sul sedile davanti.

Laurie strinse la mano di Cate. "Allora, cara ragazza, domani ho pensato di dedicare un po' di tempo alla visita di alcuni luoghi che credo possano piacerti per il matrimonio. Jackson mi ha detto che volevi qualcosa di piccolo e intimo. Penso che sarai soddisfatta di ciò che ho trovato."

"Oh, ma..." Cate iniziò.

"Laurie, tesoro, rallenta. I ragazzi sono appena arrivati. Dagli il tempo di riprendere fiato," avvertì Tom.

Laurie agitò le mani davanti a sé. "Oh, giusto. Farò come dici. È troppo emozionante che siano qui." Si rivolse a Cate. "Abbiamo molto di cui parlare, ma prima ti darò la possibilità di sistemarti."

"Mamma, spero che tu ci abbia lasciato un po' di tempo per rilassarci con la famiglia. Questo è un viaggio breve."

"Certo. Domani sera abbiamo la festa di fidanzamento. Domenica sarà un giorno di riposo e di organizzazione. Il volo di lunedì non sarà prima del tardo pomeriggio."

Cate combatté l'impulso di saltare fuori dall'auto. Come la maggior parte degli scrittori, era timida e le piaceva passare del tempo da sola. La famiglia di Jackson poteva essere opprimente. Anzi, estenuante.

"Le vostre sorelle saranno qui, insieme a Jake e Justin," disse Laurie con una nota di trionfo. "Jon è impegnato in un progetto speciale per il governo e non può venire. Ma ha promesso di esserci al matrimonio."

"Bene," replicò Jackson. "Ha già trovato una ragazza?"

"No, ma ora che tu e Cate vi sposate, sa che la pressione per accasarsi è passata su di lui," disse Laurie ridacchiando. "Voglio che tutti i miei ragazzi si sistemino felicemente."

Cate guardò il paesaggio fuori dal finestrino e si sedette più dritta mentre oltrepassavano il cancello del complesso residenziale con annesso campo da golf che Laurie e Tom amavano tanto.

"Sarà meglio programmare una partita di golf," annunciò Tom alla moglie. "Devo aiutare Jackson a migliorare."

"Ehi! Mi vuoi aiutare? L'ultima volta ti ho battuto, ricordi?" disse Jackson ridacchiando.

Sempre ridendo, Tom accostò di fronte a una delle case più grandi del complesso residenziale. Erano appartenute a un imprenditore di successo che aveva posseduto diverse stazioni di servizio e fast food in franchising nel New Jersey, poi era riuscito a vendere tutto a un buon prezzo e ad andare in pensione presto.

Cate scese dall'auto e seguì Jackson all'interno. Le piaceva la disposizione della casa, i pavimenti in piastrelle, la piscina e l'enorme portico all'esterno. Tuttavia, a volte, Cate era intimorita dalle dimensioni, dal continuo viavai che c'era e dal modo in cui Laurie, Tom e gli altri parenti la riempivano con il loro chiacchiericcio.

Non appena si furono sistemati nella loro camera da letto, Jackson disse: “Andiamo! Andiamo dalle ragazze.”

Cate ormai sapeva che quelle che in famiglia tutti chiamavano le ragazze erano le due sorelle maggiori di Jackson, Janis e Jenn. Le aveva intraviste con le loro famiglie sedute a bordo piscina quando era entrata in casa.

Era interessante vedere Jackson con i suoi fratelli. Entrambe cinquantenni, Janis e Jenn adoravano lui e i fratelli minori. Oltre a scambiarsi baci e abbracci, di solito si prendevano bonariamente in giro. Quella volta non ci furono eccezioni.

“Bene,” disse Janis, una donna alta e magra con i riccioli scuri, “Cate ti ha finalmente messo il cappio al collo.”

Jackson alzò le mani. “Ehi! Sono io che ho dovuto convincerla a sposarmi.”

“Mi sembra giusto,” disse Jenn, mentre si alzava dalla sedia sdraio per abbracciarlo. Si rivolse a Cate. “Buon per te, sorella! Dobbiamo tenere questi ragazzi sulle spine.”

Il marito Nick, un uomo grande e grosso, le si avvicinò e le mise un braccio intorno alle spalle. “Come vuoi tu.”

Tutti risero. Nick era un ex giocatore di calcio e non aveva intenzione di farsi mettere i piedi in testa da nessuno.

Dan, il marito di Janis, uscì dalla piscina, si avvolse in un telo e si avvicinò al gruppo. “Ciao, Cate.” Diede un pugno giocoso sulla spalla di Jackson. “Allora, quando è il grande giorno?”

“Il diciassette giugno,” rispose Jackson con un sorriso. “Prepara le valigie, sarà un matrimonio con destinazione Florida.” Si rivolse a Cate. “Vero, tesoro?”

“Giusto,” disse Cate con tutta la forza possibile, mentre osservava gli sguardi di orrore sui volti di Janis, Jenn e della loro madre.

“Oh, ma non si può. La Florida? A giugno?”

"Mi dispiace, Jack, ma dovrai cambiare data," disse Janis. "Il bambino di Bitsy nascerà a metà giugno. Non posso mancare per il mio primo nipote."

"Inoltre, è il terzo compleanno del piccolo Chase. Io e Dan porteremo tutta la famiglia a Disney World, quel giorno."

"Io e Tom siamo in crociera con i nostri più cari amici. Un viaggio attraverso il Canale di Panama," disse Laurie.

Jackson lanciò uno sguardo preoccupato a Cate. "Ma abbiamo già prenotato il Seashell Cottage e alcune camere al Salty Key Inn."

"Era l'unico fine settimana in cui il cottage era disponibile," aggiunse Cate, poi sbatté rapidamente le palpebre per trattenere le lacrime. "Le mie amiche si sono già impegnate per quel periodo."

"Beh, non agitiamoci troppo," disse Tom. "Laurie, puoi chiamare i nostri amici e dire loro che prenoteremo la settimana successiva. Con questo anticipo non dovrebbe essere un problema. Janis e Jenn, dovrete spostare la data. Non è giusto chiedere a Cate e Jackson di cambiare giorno. Se il bambino di Bitsy è come gli altri bambini della famiglia, arriverà un po' in anticipo rispetto ai tempi."

Cate fece un respiro profondo. Tom non parlava a voce alta, ma era chiaro che non avrebbe permesso alcuna discussione. La sua ammirazione per lui crebbe.

"Grazie, papà," disse Jackson con sentita gratitudine. "Non è stato facile ottenere il cottage... e per me e Cate ha un significato speciale."

"Beh, allora credo che sia tutto risolto," disse Laurie con evidente disappunto. Sospirò. "Vorrei che voi due mi aveste avvertito prima. Avevo tanti progetti da portare avanti, qui."

"Mamma, ti abbiamo detto che volevamo qualcosa di piccolo e semplice," le ricordò Jackson con dolcezza.

"Forse possiamo far incastrare il matrimonio con il viaggio

a Disney World," disse Jenn. "Non preoccupatevi, ci saremo."

"Il Salty Key Inn non è troppo lontano da Orlando," osservò Jackson. "Ho stampato dei fogli informativi per voi, così avrete tutti i dettagli necessari. Ma è un posto molto frequentato, quindi assicuratevi di confermare le camere in anticipo. Mamma, papà, abbiamo pensato che vi sarebbe piaciuto alloggiare nella suite *Luna di miele*." Il suo sorriso era stuzzicante.

"Beh, è gentile da parte tua," disse Tom. "Che ne dici, Laurie?" Lui la guardò mentre muoveva le sopracciglia.

Quando le guance di Laurie diventarono rosa acceso, Cate rise con gli altri.

"Direi che va bene," disse Tom, dando un colpetto dolce sul sedere di Laurie.

Nel vederli, Cate sperava che lei e Jackson avrebbero mantenuto quel tipo di amore giocoso per tutta la vita.

La sera dopo, Cate era con Jackson in camera da letto, dove insieme aspettavano di andare alla festa di fidanzamento, e si chiese se avessero fatto la scelta giusta.

"Tua madre sarà d'accordo con le nostre scelte riguardo al matrimonio?" chiese Cate. Anche se Laurie si stava comportando bene riguardo alla scelta del luogo in cui celebrare le nozze, il suo disappunto era evidente.

Jackson la strinse tra le braccia. "Tesoro, il matrimonio riguarda noi. È importante avere la festa che vogliamo. Voglio bene a mia madre, ma se lasciamo che lo organizzi lei, diventerà qualcosa che nessuno di noi due vuole. Credimi, l'evento di stasera sarà un modo per dimostrartelo."

"Bene. Non sono abituata ad avere una famiglia da accontentare e non voglio ferire i sentimenti dei tuoi cari."

Lui le sollevò il mento e la baciò. "Loro ti amano. Non

preoccuparti."

"Va bene." Lei fece un passo indietro, poi una giravolta di fronte a lui. "Ti piace il nuovo vestito?"

"Mi piace su di te," disse Jackson. "Ti fa risaltare il verde degli occhi."

Il vestito di lino verde intenso e senza maniche era stato scelto da Amber e le stava a pennello. Cate si guardò allo specchio ed era contenta di essersi iscritta al corso di ginnastica di Brooke per fare un buon allenamento tre giorni alla settimana. I risultati si stavano vedendo.

Un colpo alla porta interruppe il bacio di Jackson. Lui si staccò. "Sì?"

"Jackson, sono io." Era la voce della madre dall'altra parte della porta.

"Sì, entra pure." Lui andò alla porta e la aprì. "Wow! Hai un bell'aspetto, mamma!"

Lei sorrise. "Grazie, figliolo. Ora vai. Voglio parlare da sola con Cate prima che arrivino i nostri ospiti."

Jackson lanciò un'occhiata a Cate, alzò le spalle e se ne andò.

Cate si strinse le mani e sorrise a Laurie. "Posso aiutarti in qualche modo?"

"No, mia cara, siamo a posto. Voglio solo darti questo." Porse a Cate una scatola turchese con un nastro bianco. C'era stampato Tiffany & Co. in nero, sulla parte superiore.

Il battito di Cate accelerò. Sapeva dell'esistenza di Tiffany, naturalmente, ma non aveva mai acquistato niente.

"Avanti, aprilo," disse Laurie con un sorriso.

Anche se le tremavano le mani, Cate tolse il nastro e sollevò il coperchio della scatola. All'interno, adagiata sul velluto, brillava una collana di perle.

"È bellissima," commentò Cate. "Non ho mai visto perle tanto ricche e lucenti."

"Sono perle Mikimoto. Janis e Jenn hanno ricevuto una collana simile al momento del fidanzamento. Qualcosa di speciale da indossare al matrimonio. Spero che piacciano anche a te."

Le lacrime che pungevano gli occhi di Cate scivolarono fuori e giù per le guance. "Oh, Laurie. Non riesco a pensare a un regalo più dolce. Grazie. Sono bellissime... anzi, sono molto di più. Ne farò tesoro."

Laurie la abbracciò. "Teniamo molto a te e a Jackson. È un ragazzo fantastico e tu lo hai reso molto felice. Non puoi sapere cosa significhi per me."

"Prometto di continuare a renderlo felice." Fece una pausa e poi sbottò: "Però non sono sicura di riuscire a dargli i bambini che vogliamo... Anche se non siamo ancora sposati, ci stiamo provando."

"Bene. Jackson ha sempre voluto una famiglia."

"Ma se io..."

Laurie le strinse la mano. "Non ci pensare nemmeno. Se è destino, tutto si risolverà."

Cate non riuscì a trattenersi dal dire: "Lo spero."

Laurie la abbracciò. "Lascia che ti metta la collana e poi andiamo alla festa."

Il Golf Springs Country Club era la versione elegante degli altri club nella zona, un gradino sopra la media. Cate c'era già stata una volta. L'arredamento comprendeva bei tappeti orientali, opere d'arte originali e una serie di decorazioni di cui Cate riconosceva la qualità estetica. I fiori freschi disposti in varie stanze conferivano all'ambiente un ulteriore tocco di classe.

Tom e Laurie avevano prenotato una sala da pranzo privata per cinquanta persone. A un'estremità della sala era stato allestito un bar completo. Le cameriere portavano vassoi di antipasti tra la folla di persone riunite al bancone e in piccoli gruppi sparsi per tutta la sala.

Cate seguì doverosamente Laurie e sorrideva mentre le venivano presentate così tante persone che non sarebbe mai stata in grado di ricordarne i nomi. La scrittrice che c'era in lei, però, catalogava abiti, frammenti di conversazioni e altre chicche da conservare nella mente per tirarle fuori in futuro. Tutti dettagli che avrebbero aggiunto consistenza alle descrizioni nei libri che avrebbe scritto.

Durante una pausa, Cate si diresse verso il bagno delle donne, bisognosa di respirare. La festa era bella in ogni dettaglio, gli ospiti piacevoli, la famiglia divertente, tuttavia, Cate era contenta che lei e Jackson avessero scelto qualcosa di più semplice. Dopo aver vissuto insieme per tanti anni, volevano godersi il momento in cui avrebbero finalmente pronunciato le loro promesse davanti a chi era loro vicino.

Cate aveva avvertito un po' di crampi e controllò che non avessero a che fare con le mestruazioni. Fino a quel momento era tutto a posto. Ma non ne sarebbe stata sicura prima di una settimana o poco più. Un pensiero preoccupante. Anche se gli altri non ne facevano menzione, la gioia di quel fidanzamento era l'idea di creare una famiglia.

CAPITOLO QUARANTADUE

BROOKE

Una volta firmato il contratto d'affitto per il negozio, Brooke si dedicò al progetto e stabilì un programma di lavoro. Prima di partire per la Carolina del Nord, Jackson e Cate, con l'aiuto di Brooke e Amber, avevano dipinto gli interni del negozio. Brooke ordinò una nuova moquette e poi, insieme ad Amber, scelse un tessuto da utilizzare per le tende dei camerini: una stampa verde e pesca, che conferiva all'ambiente un'aria sofisticata e divertente al tempo stesso. Con l'aiuto delle amiche, Brooke ordinò delle piante, alcune stampe di quadri che ritraevano donne, una poltrona verde scuro e altri mobili e oggetti decorativi che riprendevano i colori verde e pesca. Preparare il negozio era solo una parte del lavoro. C'erano altre questioni come selezionare i vestiti, creare gli annunci e scegliere il modo migliore per curare gli aspetti commerciali.

Una sera, dopo essere rientrata tardi, la madre di Brooke la incontrò sulla porta. "Dove sei stata? Io e le bambine ci chiedevamo quando saresti tornata per cenare insieme a noi."

Brooke strinse i denti. Sua madre si sarebbe trasferita nella nuova casa di lì a due giorni, e lei non voleva mandare all'aria il clima rilassato che avevano creato.

Così inspirò per calmarsi. "Ho lasciato un biglietto alle bambine e ho detto loro che forse avrei fatto tardi. Ci vorrà molto lavoro per preparare completamente il negozio. Finché non avremo sistemato tutto, non posso promettere di rincasare presto."

"Come farai quando non sarò qui con le bambine?" le chiese la madre con uno sguardo di sfida.

"Mi organizzerò diversamente. Non preoccuparti, farò in modo che siano adeguatamente sorvegliate. Tra poco inizieranno gli sport primaverili e usciranno da scuola più tardi."

"Io ero sempre lì per te quando tornavi a casa da scuola," disse la madre scuotendo la testa.

Brooke non riuscì a lasciar correre. "No, non c'eri. Avevi pranzi, partite di bridge e ogni sorta di attività. Era Maybelle che mi dava la merenda e mi chiedeva della mia giornata."

"Uff. Forse è per questo che sei ingrassata tanto. Ti ha viziata da morire."

Brooke fece un respiro profondo. "Non ho intenzione di parlarne con te. Faceva male prima e continua a farlo anche adesso."

"Oh, tesoro. Si faceva tanto per dire. Allora ero semplicemente molto preoccupata per te."

Brooke la studiò. "Non eri preoccupata per me. Ti preoccupava avere una figlia che non avesse l'aspetto che volevi tu. Mi mortificavi continuamente, mi facevi sentire tanto brutta, inadeguata. È ora di smetterla con le cavolate. Sono una donna adulta, mamma, quindi non devi più preoccuparti di me."

L'espressione di sorpresa sul volto di sua madre era chiaro. "Non fare così, Brooke. Ci tengo a te, davvero."

"Sono sicura che ne sei convinta, ma hai un pessimo modo di dimostrarlo. Sono stanca di sopportare i tuoi continui tentativi di sminuirmi. Ora spostati. Vado a cercare le bambine. Potremmo cenare un po' più tardi, stasera."

Brooke passò davanti alla madre e nel salire le scale si sentì meglio. Avrebbe affrontato di nuovo Diana, se necessario. Quel trasloco, quell'anno, significava un nuovo inizio. Si chiese quanto lavoro sarebbe stato necessario per convincere la famiglia che lei aveva una vita propria.

Il suono delle risatine delle gemelle la attirò verso la stanza di Brynn.

Erano distese sul letto e guardavano insieme un giornalino.

"Ciao! Cosa guardate di bello?" chiese loro.

"C'è un ragazzo carino di nome Xavier," disse Bradley. "È un cantante davvero figo."

Brooke sbatté le palpebre per la sorpresa. Le gemelle avevano dieci anni, non venti, e crescevano troppo in fretta. "Dove avete sentito parlare di lui?"

"Su internet. Maria a scuola ci ha prestato questo giornalino," disse Brynn. "Abbiamo promesso di restituirglielo domani."

"Posso dare un'occhiata?"

Bradley le porse la rivista. "Maria l'ha presa da sua sorella."

Brooke sfogliò le pagine, trovò ogni sorta di idee di bellezza, alcuni articoli sugli appuntamenti e annunci di abbigliamento, niente di strano.

Lo restituì. "Va bene, tenete. Avete ragione. Xavier è piuttosto carino."

"Mamma! Non dovresti dire una cosa del genere," disse Brynn. "Sei troppo vecchia."

"Sì, potresti essere sua madre," aggiunse Bradley.

"Grazie al cielo non lo sono," disse Brooke. "Bastate voi due e P.J., in questa famiglia."

"E il cane?" disse Bradley. "È quasi primavera."

"Aspettiamo un po'. Tra un mese o poco più dovrebbe fare un po' più caldo. In questo momento sono occupata a cercare di mettere in piedi il negozio, quello ha la precedenza."

"Non è giusto," disse Brynn.

"Dovete capire che ho bisogno di sistemare la mia vita qui in modo da essere soddisfatta e da poter aiutare gli altri. Ci vorrà il supporto di tutti voi."

"Ok, ma possiamo avere un cane?" insistette Bradley.

"Non ora. Forse più avanti. Nel frattempo, potete iniziare a cercare su internet cuccioli e canili."

"Davvero?" Brynn si mise in piedi e la abbracciò.

"Voglio un cane grande," disse Bradley. "Forse un San Bernardo."

"Troppo grande," disse Brooke. "Pensate piuttosto a una taglia piccola."

"Un bassotto!" esclamò Brynn.

"Vedremo... Ok?" Brooke lasciò la stanza e si diresse al piano di sotto, in camera sua, per mettersi qualcosa di più comodo.

Più tardi, dopo essersi messa dei jeans e una felpa, andò in cucina.

Sua madre alzò lo sguardo dal tavolo della cucina. "Ti sei vestita così? Paul tornerà presto a casa. Devi essere al meglio per lui."

"Non posso credere che tu dica certe cose. È un pensiero da anni Cinquanta, per carità. Siamo nel ventunesimo secolo. Ricordi?"

"Sto solo cercando di rendermi utile. Tuo padre si aspettava che io avessi un aspetto impeccabile."

Ancora due giorni! Brooke non vedeva l'ora di avere la casa tutta per sé. Sua madre aveva fatto un viaggio in California per supervisionare il trasloco e i tre giorni in cui era stata via erano stati una beatitudine.

"Hai saputo qualcosa dalla ditta di traslochi?" le chiese Brooke mentre prendeva dei petti di pollo dal frigorifero. Avrebbe preparato un semplice pollo ripieno di funghi con una salsa cremosa al formaggio, un piatto che piaceva molto alle bambine.

"Stanno arrivando. Non so come avrei fatto senza Rosita

che controllava mentre i facchini caricavano il camion; ha fatto anche tutte le pulizie prima che la casa fosse ufficialmente messa sul mercato."

"Spero che tu l'abbia pagata bene."

"Oh, certo. Suo figlio è all'università e lei ha bisogno di soldi."

Dopo aver finito di preparare il pollo, Brooke si concentrò sulla tavola. Di solito lo facevano le bambine, ma quella sera non voleva che ci fossero disaccordi su chi dovesse apparecchiare. Il giorno seguente avrebbe appeso in cucina una lista di faccende da sbrigare quotidianamente.

La sua mente vorticava di idee per gli ultimi ritocchi al negozio. Pensava di poter avviare l'attività entro due settimane. Amber aveva portato un certo numero di capi di abbigliamento e aveva in programma di ritirarne altri. Brooke aveva ricevuto un paio di telefonate da madri di studenti della scuola femminile che volevano consegnare la merce. Si trattava di un'altra procedura da organizzare. Bisognava anche mettere a punto un semplice sistema di contabilità e di vendita. Il giorno successivo, Brooke si sarebbe incontrata con un commercialista e con un venditore per vedere di affittare un registratore di cassa collegato a un programma di inventario.

Il rumore della porta del garage che si apriva attirò la sua attenzione. Sentì le labbra accennare un sorriso. Paul era a casa. Con lui vicino, Diana avrebbe assunto un atteggiamento dolce e premuroso che avrebbe calmato l'agitazione di Brooke.

Quando Paul entrò in cucina, le bambine si precipitarono al piano di sotto per salutarlo.

"Papà! Papà! Stiamo cercando un cane!" gridò Brynn.

"Voglio un bassotto come Buddy, il cane della zia Cate," aggiunse Bradley.

Paul lanciò un'occhiata a Brooke. "Per te va bene?"

"Sì, ma solo tra un po', dopo che avrò avviato la mia attività senza intoppi. Tu e le bambine dovete sedervi con me, così ne parleremo tutti insieme, perché ci saranno dei cambiamenti. Non sarò più disponibile per voi come lo sono stata finora."

Lui alzò le sopracciglia. "Va bene. Ne parleremo."

La madre di Brooke entrò nella stanza. "Com'è andata la giornata, Paul?" gli chiese, lanciando a Brooke un'occhiata tagliente.

"Bene, bene. Impegnativa come al solito," rispose gentilmente. "Vado a mettermi qualcosa di più comodo."

"La cena sarà pronta tra una trentina di minuti," disse Brooke. "Abbiamo tempo per un cocktail in salotto. Ho accesso il fuoco lì."

"D'accordo." Paul scomparve nella camera da letto.

Brooke resistette all'impulso di seguirlo e si rivolse alla madre. "Vai pure. Siediti in salotto e ti porto un bicchiere di vino. Tra due giorni, sarai da sola."

"Sì. Sarà bello avere uno spazio tutto mio," disse la madre. "Ma mi fa piacere che ci sia tu ad aiutarmi."

Come sempre, pensò Brooke con cattiveria, poi si rimproverò.

Preparò a Paul un bicchiere di scotch e versò del vino rosso in due calici. Le piaceva quel rituale serale di una breve pausa prima di cena. Era un buon momento per aggiornarsi sulle attività della giornata. Molte volte quel momento di comunicazione aveva aiutato il loro matrimonio. Ecco perché si era arrabbiata tanto quando Paul aveva smesso di parlarle di ciò che lui stava passando.

Portò in salotto un vassoio con il vino e lo scotch e lo posò sul tavolino di fronte al divano, vicino al camino.

"Hai detto a Paul di tutti i tuoi progetti? Si rende conto di quello che comporterà per i suoi impegni?" le chiese la madre.

"È un tema di cui intendo parlare con tutta la famiglia, a

tempo debito. Per il momento, supereremo questa settimana e il tuo trasloco, poi potremo organizzare una routine più normale."

"Assicurati che Paul si senta coccolato," disse la madre. "Gli uomini vogliono sentirsi i re del castello, per così dire."

"Mamma, smettila." Brooke si voltò mentre Paul entrava nella stanza.

Diana le rivolse uno sguardo interrogativo.

Brooke scosse la testa.

Paul capì il messaggio silenzioso della moglie e disse: "Pare che stia arrivando un'altra tempesta. Spero che non ritardi il tuo trasloco, Diana."

Lei gli rivolse un sorriso civettuolo. "Sembra che tu sia ansioso di liberarti di me."

Per fortuna, Paul stette al gioco. "Sai che non è vero, ci piace averti qui."

"Stavo giusto dicendo a Brooke quanto sia importante che quando torni a casa tu ti senta trattato come un re."

Paul lanciò un'occhiata a Brooke e si rivolse a Diana. "Sono sempre felice di tornare a casa dalla mia bellissima moglie." Il tono era gentile, ma comunicava un impegno fermo.

Brooke voleva abbracciarlo.

"Beh, spero che dopo il trasloco sarete felici di venirmi a trovare. Devo ancora farmi degli amici qui."

"Mi chiedevo se ti piacerebbe lavorare al Refresh. Sarebbe un buon modo per incontrare persone e integrarti con la zona circostante."

"Io? Una commessa? Sai come mi sento..."

"Mamma, sarebbe solo un lavoro part-time," intervenne Brooke. "Consideralo un lavoro di volontariato, anche se, naturalmente, ti pagheremo. E questo non è il tipico negozio dell'usato, anche se il suo scopo è quello di dare ad altri la possibilità di accedere a capi di abbigliamento di alta gamma.

Pensiamo di utilizzare gli abiti invenduti per aiutare le giovani professioniste e le donne che vogliono entrare nel mondo del lavoro."

"Ci penserò."

"Per favore, fallo. Amber, Cate e io pensiamo che saresti perfetta per questo lavoro, perché sei molto elegante e sai come presentarti bene. Siamo sicure che potresti aiutare molte altre donne."

"Oh, beh, fatemi traslocare e ci penserò. Ci sono donne che non hanno alcun senso della moda."

"Esattamente," disse Brooke, nascondendo il proprio divertimento.

Dalla cucina, si sentì suonare il timer del forno. Brooke si alzò in piedi. "Io penso alla cena. Voi due rilassatevi qui."

Mentre usciva dalla stanza, Brooke sentì la madre dire: "Brooke ha ragione. Sarei brava ad aiutare le persone con il loro guardaroba. Lo sa il cielo quanta pratica ho fatto."

"Sì, è così," disse Paul con una nota di umorismo che fece sorridere Brooke.

CAPITOLO QUARANTATRÉ

CATE

Una volta tornata a casa a New York, Cate ebbe il tempo di riflettere sul periodo trascorso in Carolina del Nord. Era felice che lei e Jackson avessero fatto quel viaggio. La festa di fidanzamento era stata bella e, soprattutto, aveva dato ai genitori di Jackson la possibilità di festeggiare con loro figlio; Laurie aveva avuto modo di organizzare qualcosa di speciale. Cate aveva anche avuto la dimostrazione che né Jackson né lei stessa volevano un matrimonio in grande stile. Tuttavia, erano felici per i parenti e gli amici che si erano impegnati a partecipare alle nozze in Florida.

Laurie e Tom avevano prenotato la suite nuziale al Salty Key Inn. Anche le due sorelle di Jackson e uno dei fratelli, Jerome, avrebbero alloggiato lì. Il fratello maggiore, Jake, doveva ancora sapere se gli avrebbero concesso le ferie e tutti stavano ancora aspettando notizie di Jon, che non era riuscito ad andare alla festa di fidanzamento.

Dalla parte di Cate, Brooke e Amber avevano confermato che sarebbero rimaste al cottage e avrebbero partecipato al matrimonio. Felice di essere stata invitata, la madre di Brooke si era attivata e aveva riservato una stanza al Salty Key Inn per sé e per le due ragazze, più un'altra stanza per P.J.

Con il proseguire dei piani, Cate era sempre più entusiasta e preoccupata. Aveva sentito Jackson parlare con la madre di quanto lo entusiasmasse l'idea di creare una famiglia. Cate sapeva che ci sarebbe voluto del tempo per rimanere incinta, ma a ogni delusione sentiva crescere un senso di fallimento.

Si strofinò l'addome nella speranza che i crampi mestruali, segno di un ennesimo esito negativo, se ne andassero. Aveva pianto quando aveva detto a Jackson di avere avuto il ciclo, ma lui le aveva ricordato che era ancora presto e che avrebbero avuto tutto il tempo per riprovarci.

Cate guardò fuori dalla finestra del proprio ufficio. Stava per arrivare un'altra tempesta di neve. Sollevò il telefono per chiamare Brooke. Si scambiarono un saluto e poi Cate chiese: "Ci sono novità sul furgone per il trasloco di tua madre?"

"Sì. Hanno in programma di arrivare nel pomeriggio, così inizieranno a scaricare. Mi hanno detto che la tempesta di neve potrebbe allungare i tempi, ma che resteranno per tutto il tempo necessario per completare il lavoro."

"Ti serve aiuto?"

"Sì," disse Brooke. "Mia madre mi sta facendo impazzire. Insiste per andare a casa sua *adesso*. Se tu venissi qui quando le ragazze tornano da scuola e rimanessi con loro fino all'arrivo di Paul, sarebbe fantastico. Ho bisogno di te dalle quattro e mezza in poi. Puoi farcela?"

"Certo, metto la sveglia sul telefono."

"Grazie. Sembri giù di corda. Tutto bene?"

"Mi sono venute le mestruazioni," rispose Cate, che sentiva il bruciore delle lacrime.

"Oh, tesoro, mi dispiace. So quanto devi essere delusa, ma è ancora presto, quindi non perdere la speranza. Succederà."

"È quello che dice Jackson. Ma se non fosse così?"

"Un passo alla volta, Cate," disse l'amica. "Resta positiva."

"Hai ragione. Devo smettere di pensarci. Non so come hai fatto, a suo tempo, ad aspettare di rimanere incinta delle gemelle."

"Non è stato divertente," ammette Brooke. "Spero che tu non debba passare lo stesso periodo. Vado a portare la mamma nella sua nuova casa. Grazie al cielo, si è fatta spedire la sua macchina dalla California. Accompagnarla dappertutto mi sta stancando, specialmente quando insiste nel darmi indicazioni a ogni incrocio."

Cate rise. Farsi scarrozzare in giro era davvero tipico di Diana.

"Grazie per l'aiuto. Ci vediamo dopo."

Cate chiuse la telefonata e tornò a lavorare su *Serata tra donne*, il romanzo contemporaneo che sperava di pubblicare. Finché non si fosse addentrata nella storia, non sarebbe riuscita a trovare una trama coerente nella sua interezza. Anche se era più facile scrivere della vita di tre giovani donne a New York che non di un un pianeta lontano chiamato Galeon, a Cate mancavano Selena e Rondol. Sapeva tutto di loro. Le tre donne di quella storia erano ancora sconosciute per lei.

Era immersa nella caratterizzazione dei personaggi quando Abby chiamò. "Come va con il nuovo libro?"

"Sto mettendo insieme i personaggi e poi scriverò i primi tre capitoli. Dovrei essere in grado di elaborarli in due settimane."

"Non puoi metterci così tanto. Ho promesso alla redattrice che glieli avrei consegnati entro quella data e anch'io ho bisogno di tempo per dare un'occhiata al manoscritto prima di inviarglielo. Fammelo avere entro la fine della prossima settimana. Non un giorno dopo. Devo andare," disse, poi chiuse la telefonata.

Cate emise un lungo sospiro. Abby non capiva che iniziare un libro non era un compito facile? Cate appoggiò la testa sulla scrivania, fece diversi respiri profondi e si disse che poteva farcela.

Era nel bel mezzo della definizione delle caratteristiche eccentriche di una delle tre donne quando suonò la sveglia.

Guardò l'orologio del telefono e sussultò. Quattro e un quarto.

"Andiamo, Buddy. Dobbiamo correre."

Cate caricò il cane in macchina e partì per la casa di Brooke. Amava le gemelle e la verità era che, se fosse rimasta incinta, avrebbe preferito avere una femmina.

Le bambine stavano rincasando, accompagnate dalla madre di una compagna di classe, quando Cate, risalendo in auto il vialetto, arrivò alle spalle della donna.

Cate e Buddy scesero in fretta dall'auto e raggiunsero le bambine all'ingresso.

"Zia Cate! Buddy!"

Cate salutò la donna e si rivolse alle bambine. "Vostra madre ha chiamato e mi ha chiesto di venire qui da voi. Lei e la nonna sono nella nuova casa in attesa che arrivi il furgone della ditta di traslochi. Entriamo, starò con voi finché non arriverà vostro padre."

"Andiamo, Buddy," disse Brynn, prendendo in braccio il cagnetto.

"Vogliamo un bassotto come lui," annunciò Bradley. "La mamma ha detto che va bene, ma non subito. Abbiamo fatto una riunione di famiglia. Dobbiamo tutti aiutarla a far partire la sua attività. Poi forse, dopo e con un clima più caldo, potremo prenderne uno."

"Sai già dove andrete a prenderlo?" chiese Cate, divertita dal modo in cui Buddy leccava le guance di Brynn.

"Ci mostreresti online dove l'hai preso tu?" domandò Bradley. "Stavamo cercando ma non siamo riuscite a trovare niente qui vicino."

"Certo," disse Cate. Seguì le ragazze in cucina, lesse il biglietto che Brooke aveva lasciato e distribuì gli spuntini che l'amica aveva messo da parte per le figlie.

"Cosa ne pensate voi ragazze della nuova attività della mamma, Refresh?" domandò Cate.

"Dobbiamo aiutarla," disse Brynn. "La mamma ha detto che è ora di fare dei cambiamenti."

"Più lavoro per noi," disse Bradley. "Sta facendo una lista di faccende da sbrigare."

"Sembra che stia pianificando il futuro. È un bene."

"Sì, beh, sappiamo già che, se prendiamo un cucciolo, dovremo prenderci cura di lui. La mamma ci ha anche comprato un libro di quel tizio che si fa chiamare *l'uomo che sussurra ai cani*. C'è molto da imparare." Brynn e Bradley si scambiarono un sorriso.

"Forse la mamma ci permetterà di prendere due cani, non uno." Bradley incrociò le dita.

Cate non poté fermare un grande sorriso. Quelle due bambine avrebbero fatto sussultare qualsiasi madre. Il pensiero di avere un solo figlio la spaventava. L'idea di avere due gemelli, invece, la terrorizzava.

Nella settimana successiva, Cate lavorò febbrilmente alla stesura dei primi tre capitoli del libro; tornò più volte all'inizio, rivedendolo quando le venivano nuove idee sui personaggi. Solo mentre scriveva su di loro era in grado di aggiungere strati all'identità dei caratteri, ai loro obiettivi interni e ai conflitti esterni che avrebbero potuto metterli alla prova. Quando, nella prima settimana di marzo, Abby la chiamò per sapere come stesse, Cate era esausta e del tutto incerta: non sapeva nemmeno se che quello che aveva scritto valesse la pena di essere letto.

"Il manoscritto è pronto?" le chiese Abby allegramente.

"Ho fatto del mio meglio nel lasso di tempo di una settimana che mi hai dato," rispose Cate, cercando di non sembrare brusca. "Sai che mi ci vuole più tempo per mettere insieme qualcosa."

"Wow! Mi dispiace averti fatto pressione, ma la redattrice che ho in mente stava cercando qualcosa di nuovo. Speriamo che non abbia già optato per un'alternativa."

"Scusa se sono così scontrosa, ma non sono sicura che ti piacerà."

"Mandamelo e poi vai a organizzare il tuo matrimonio," disse Abby. "Sono felice che stia finalmente succedendo. Il diciassette giugno, giusto?"

"Sì. È meglio che prenoti subito una camera al Salty Key Inn. Le stanze che abbiamo riservato si stanno riempiendo."

"Ok, grazie. Apprezzo l'invito, Cate. Sei una delle mie clienti più speciali. Io e te ci conosciamo da molto tempo."

"Grazie a te. Ti invio subito un riassunto provvisorio del romanzo e i primi tre capitoli. Fammi sapere come ti sembra."

"Va bene, ti richiamo tra un giorno o due. Nel frattempo, non preoccuparti. Se non mi piace, lo aggiusteremo insieme."

"È questo che temo: dover riscrivere tutto."

"Mi è arrivata la tua mail. Devo andare. Ci sentiamo presto."

Cate riattaccò e si strinse le mani. Quello era solo uno dei passaggi che durante la stesura di un libro le provocavano ansia: l'attesa di notizie su tutto ciò che non andava.

CAPITOLO QUARANTAQUATTRO

AMBER

In quella mattina di aprile, Amber ascoltò con attenzione il venditore che le illustrava il programma di inventario computerizzato che Brooke stava acquistando per il negozio.

"I vecchi sistemi erano complicati, ma questo è il più semplice possibile. Ci sono tre categorie per ogni articolo: prezzo, fonte, quota. Il prezzo è ovvio. La fonte determina se si tratta o meno di un articolo in conto vendita. In caso negativo, basta lasciare in bianco. La quota è il quaranta per cento del prezzo di vendita, ossia la somma che andrebbe a chi ha fornito l'articolo. Se l'articolo è già di vostra proprietà, questo campo si lascia in bianco. Tutto qui."

"E se cambiasse il prezzo?" domandò Brooke.

"Semplice. Si entra nel campo relativo e si cambia. Il resto viene calcolato automaticamente per lei."

"Possiamo iniziare con le mie donazioni," disse Amber. "Per la funzione di stampa, stampiamo l'etichetta del prezzo e la incolliamo su un cartellino di cartone. Giusto?"

"Sì, la stampa fornisce il prezzo e il numero di inventario, in modo da sapere dove andare per apportare eventuali modifiche al programma."

"Bene. Perché se un articolo in conto vendita non si riesce a vendere, il proprietario può decidere di darlo a noi." Brooke si girò verso di lei. "È allora che decido se metterlo in vendita o regalarlo."

Soddisfatta, Amber annuì. Molti enti di beneficenza

avrebbero apprezzato donazioni di quel tipo.

"Può fare tutto quello che vuole con i prezzi, purché li tracci nel programma di inventario," disse a Brooke il venditore. "Il vostro commercialista vorrà una traccia chiara di come sono stati gestiti gli incassi e le uscite e vorrà sapere come sono stati registrati gli addebiti e gli accrediti sulla carta di credito. Il mio suggerimento è di usare la versione base del programma, che è la più semplice. Possiamo anche cambiare il programma per lei, ma non credo che lei voglia farlo, a meno che non sia necessario."

"Sono d'accordo," disse Amber. Quello che era sembrato un problema complicato, era in realtà piuttosto facile da gestire. Brooke aveva già acquistato un paio di scatole di etichette per abiti di dimensioni diverse e anche gli aghi speciali per fissarle ai vestiti.

"Tornerò tra una settimana per vedere come sta andando. Nel frattempo, può chiamare l'ufficio per qualsiasi domanda." Sorrise a Brooke. "Grazie per la sua scelta." Le consegnò un quaderno con le istruzioni e fece un cenno con la testa. "Buona fortuna! Mi piace come ha arredato il negozio."

Se ne andò e Amber e Brooke si sorrisero a vicenda.

"Non è male," disse Brooke. "Se sei disposta, possiamo fare i turni per inserire i dati nel sistema."

"Non c'è problema. Anche tu hai bisogno di etichettare tutti i vestiti," disse Amber. Brooke aveva pagato un falegname perché montasse degli scaffali per capi come i maglioni e aveva acquistato diversi appendiabiti per i vestiti. C'erano delle grandi scatole di grucce pronte all'uso. Avevano deciso che tutti i capi appesi dovevano avere le grucce speciali del negozio, in modo da offrire un aspetto coerente e professionale. Brooke aveva anche acquistato un ferro da stiro a vapore per stirare i capi, se necessario. Refresh offriva abiti usati, ma sarebbero stati trattati ed esposti come se fossero nuovi.

"Pensi che sia pazza?" domandò Brooke, stringendosi le mani. "Mamma dice che devo fare ogni cosa al meglio, altrimenti mi pentirò di averci dedicato tutto questo tempo."

Amber fece una smorfia. "Ecco tua madre. Pensavo che volesse aiutarti."

"Non ha ancora deciso. Sono sicura che sta aspettando di vedere come parte l'attività. Se le cose andranno subito bene, si unirà a me. Altrimenti, se ne uscirà con un *te l'avevo detto.*"

"È proprio da lei, ma credo che le piacerebbe lavorare qui per qualche ora al giorno. Questo non sarà un negozio come tanti, con la solita tipologia di clienti." Anche se ad Amber non piacevano diversi aspetti del carattere di Diana, la donna poteva rivelarsi una risorsa meravigliosa per il negozio. Controllò l'ora. "Mi dispiace, devo andare. Ho un incontro con Wynton per un pranzo sul tardi."

"Grazie per essere venuta questa mattina. Divertiti con Wynton," disse Brooke. "Devi sapere quanto sono felice che tu esca con lui."

Sentendosi a disagio, Amber si fermò un istante. "Non è un vero e proprio appuntamento. Passiamo solo del tempo insieme."

Brooke la abbracciò velocemente. "Come vuoi... È una brava persona e sono felice che siate... amici."

Amber la salutò con un piccolo cenno del capo e uscì dal negozio. Wynton l'avrebbe raggiunta da Arturo. Era molto piacevole e naturale andare a pranzo con lui. Avevano parlato al telefono quasi ogni sera e lei si sentiva sempre più a suo agio in sua presenza. Era come se il periodo trascorso con Jesse l'avesse aperta a un nuovo tipo di amore. Lei e Wynton stavano diventando veri amici.

Amber arrivò al ristorante con qualche minuto di anticipo e vide che l'auto di Wynton era già nel parcheggio. Sapeva quanto anche a lui piacesse stare con lei ed era già emozionata.

All'interno, Annette la salutò. "È già qui, ti sta aspettando."

Amber sorrise e quando vide Wynton alzarsi in piedi per salutarla, accennò un saluto e si affrettò verso di lui.

Lui le prese le mani e la baciò sulle labbra.

Un tempo non avrebbe gradito quel genere di attenzioni in un luogo pubblico. Ma Wynton era un uomo affettuoso e lei aveva imparato a rilassarsi in sua compagnia.

"Com'è andata la mattinata con Brooke?" le chiese dopo averla aiutata ad accomodarsi sulla sedia di fronte a lui.

"Bene. Sta installando sul computer un programma di inventario che funziona benissimo. Il numero di articoli che dovranno essere inseriti nel sistema, etichettati e poi appesi nel negozio sembra scoraggiante, ma io la aiuterò. Vuole davvero che questa attività abbia successo."

"Mi piace il concetto, per come lo hai spiegato," disse Wynton. "Cosa prendi?"

"Ordinerò una zuppa. La pasta coi fagioli sembra invitante. Ho bisogno di qualcosa di sostanzioso, dopo una mattinata come questa."

Ridacchiò. "Forse prenderò lo stesso piatto."

"Com'è andato l'incontro di ieri sera?" gli chiese Amber dopo che Annette ebbe preso le ordinazioni. "È andato tutto come volevi?"

La sua espressione si fece seria. "È un caso difficile, ma credo di poter far vincere il mio cliente."

"Ne sono sicura," disse Amber con convinzione. Wynton era un avvocato rispettato che lavorava duramente per i propri clienti.

Wynton le rivolse un sorriso riconoscente. "Mi fa piacere che tu abbia fiducia in me."

"Infatti mi ispiri fiducia," disse lei, prima di ricambiare il sorriso di Wynton, che in quel momento allungò la mano per accarezzare quella di Amber.

"Ieri sera mi è mancato parlare con te," disse lui. "Che ne dici di vederci domani per cena?"

"Ne sarei felice." Disse Amber. "Mi stai viziando, lo sai."

Lui sorrise. "Bene."

Arrivò la pasta e fagioli ed entrambi mangiarono in un confortevole silenzio. Era un altro aspetto di Wynton che ad Amber andava a genio.

Dopo pranzo, Wynton la accompagnò alla macchina. "Grazie per aver accettato il mio invito." Le prese il viso tra le mani e si chinò per baciarla.

Con il cuore traboccante di gioia, Amber incontrò le sue labbra.

Quando si separarono, si sorrisero a vicenda.

"Ci vediamo domani sera," disse Wynton. La guardò salire in macchina e poi se ne andò.

Il giorno dopo, Amber e Brooke cominciarono a inserire le informazioni nel sistema di inventario e per etichettare i vestiti, cercando di sbrigare più lavoro possibile prima di un incontro pomeridiano con Seth Morehead, il contabile che Brooke aveva scelto per seguire l'attività. L'amica aveva sentito dire che Seth era del posto, giovane e ambizioso.

Quando arrivò per la riunione, Amber nascose un sorriso. Seth portava grandi occhiali rotondi appoggiati alla punta del naso e, con i suoi modi seri, aveva l'aspetto giusto.

Sottolineò la necessità di registrare accuratamente ogni spesa e di tenere le ricevute. Poi, con l'aiuto di Brooke, stese un piano di flusso di cassa che indicava ciò che sarebbe servito nei primi tempi, fino a quando i guadagni non sarebbero stati tali da coprire le spese.

"Dovrò fare molta pubblicità," disse Brooke. "Nel frattempo, posso sostenere i costi."

"Assicurati di coprire tutte le spese di base e di averne abbastanza per eventuali emergenze. Inoltre, dovrai tenere da parte una somma per pagare i beni in conto vendita che venderai regolarmente," la avvertì Seth.

"Userò i miei contatti non solo per l'abbigliamento, ma anche per aiutare a diffondere la notizia," disse Amber. "Alcune delle mie conoscenze potrebbero apprezzare l'idea di lasciare la città per acquistare con discrezione alcuni dei tuoi capi."

Brooke la guardò raggiante. "Se riuscissi ad avere clienti di alto livello, la mia vita sarebbe molto più facile."

Seth continuò a lavorare con loro, ma a un certo punto la mente di Amber non cominciò a vagare. La matematica non era mai stata la sua materia preferita.

Quando il contabile se ne andò, anche Amber cominciò a prepararsi per tornare a casa, sperando che Wynton accettasse di restare e di ordinare la cena da asporto. Era esausta.

Il suono del campanello fece correre Amber verso l'ingresso. Aprì la porta e sorrise a Wynton. "Prego, entra. Sono molto felice che tu abbia accettato di restare qui, stasera."

"È perfetto. Anch'io ho avuto una giornata piuttosto impegnativa."

Amber gli prese il cappotto e lo appese. Quando si voltò, Wynton era in piedi in disparte che fissava la fotografia che le aveva scattato Jesse.

Lui la guardò e sorrise. "È una foto davvero bella. Anche molto rivelatrice."

"Jesse era una persona speciale nella mia vita. È una tragedia che lui e la sua famiglia se ne siano andati."

"Sì, era un bravo ragazzo." Si avvicinò a lei e le baciò la guancia. "Sono felice che vi siate incontrati. Altrimenti, forse, non ti avrei conosciuta." La attirò tra le braccia.

Amber gli appoggiò la testa sul petto e lo abbracciò. Era bello avere quel legame con lui. Come diceva alle persone, la loro era un'amicizia che aveva molto di più da offrire, quando lei fosse stata pronta.

"Vieni in salotto. Ho aperto una bottiglia di vino e ho preparato una ciotola di noci. Ho pensato che potremmo rilassarci prima di ordinare da mangiare."

"Bene." Wynton entrò nella stanza e si sedette su un divano bianco sistemato davanti all'ampia finestra rivolta a ovest. Nel buio, le luci delle altre case scintillavano come stelle posate sui davanzali, prima di tornare in cielo. Un suono morbido di jazz leggero riempiva la stanza.

Amber si sedette, versò il vino e gliene porse un bicchiere. "Brindiamo a giorni più facili!"

"A giorni più facili. Sto lavorando a un caso simile al tuo. Un mio cliente che lavora da venticinque anni per la stessa ditta sta lottando per ottenere un bonus che gli spetta di diritto. Il suo datore di lavoro non la pensa così, ovviamente." Scosse la testa. "Belinda ha detto qualcosa sul trasferimento del tuo fondo pensione a un altro conto?"

"Non ancora. La conosco abbastanza bene da sapere che troverà ogni scusa per rimandare. Ecco quant'è arrabbiata...."

"Dovrebbe fare di meglio," disse Wynton. "Come sta andando Refresh?"

Amber lo aggiornò sui dettagli. "C'è un sacco di lavoro da fare per organizzarlo, ma Brooke sta cercando di mantenere tutto il più semplice possibile. Una volta avviato, dovrò trovare un vero lavoro o decidere di intraprendere un'attività tutta mia. Più ci penso, meno sono sicura di voler rimanere in città. West Walles o Ellenton, dove abita Cate, sembrano più vivibili."

"Ti capisco. Mi ritiro a casa mia appena ne ho la possibilità. Con Samantha lontana, non ha molta importanza, ma anch'io preferisco la periferia."

Si scambiarono uno sguardo. Amber sorrise. "Comunque, è bello che stasera ci venga offerta un'ampia scelta di cibo. Io pensavo al thailandese, e tu?"

"Blue Ginger è proprio dietro l'angolo. Dovrebbe essere veloce." Accarezzò il cuscino che aveva di fianco. "Avvicinati un po'. Mi piace averti accanto."

Amber fu invasa dalla felicità. Si alzò dall'estremità del divano e si sedette accanto a lui. Wynton la faceva sempre sentire davvero bene. Aveva capito che a lui non importava come lei si vestisse, se fosse truccata o meno. Gli piaceva *lei*, non solo l'immagine. Quella sera indossava pantaloni neri da yoga e una tunica a maniche lunghe: una *mise* che era tutto fuorché affascinante.

"Ieri sera ho parlato con Samantha e le ho detto che io e te ci stiamo frequentando. In passato non era contenta quando mi vedevo con una donna, ma mi è sembrato che stavolta approvasse. Credo che abbia capito quanto mi sono sentito solo." La baciò sulla fronte. "Mi piace stare con te."

"Piace anche a me." Stava per dirgli che in realtà non uscivano insieme, ma si fermò. Non avrebbe ingannato nessuno. Wynton e lei passavano più tempo possibile insieme. Anche se Amber stava cercando di abituarsi all'idea, lui le aveva già fatto capire che sperava che avessero un futuro insieme. Amber era nuova al gioco dell'amore duraturo e apprezzava ogni momento con lui; inoltre, si sentiva sempre più a proprio agio. Anche se non avevano ancora fatto l'amore, rannicchiata contro di lui, si sentiva pronta.

###

Dopo aver riposto gli ultimi avanzi nel frigorifero e i piatti nel lavandino, Amber si rivolse a Wynton, in attesa.

"Vuoi rimanere per una tazza di caffè o qualcos'altro?"

"Che ne dici di qualcos'altro?" disse Wynton con uno sguardo significativo.

Lei esitò. "Sediamoci un po'."

Tornarono in salotto e si sistemarono sul divano.

Wynton le mise un braccio intorno alle spalle. "Mi sto innamorando di te, Amber. Spero che tu sappia che non sono in cerca di rapporti occasionali. Dopo aver condiviso un matrimonio meraviglioso con Barbara, non potrei mai."

Amber deglutì a fatica. "Lo so. È quello che provo anch'io. È ironico che io esca con due uomini diversi nel giro di sei mesi. Non è da me. In effetti, non ho mai avuto molti appuntamenti. Mi è sempre sembrato più sicuro stare da sola."

"Non ti farei mai del male, Amber," disse Wynton, prima di spostarle i capelli dal viso. Le baciò una guancia, poi l'altra, prima che le sue labbra incontrassero quelle di lei in un bacio tanto tenero da indurla ad aprire la bocca.

Mentre lui continuava a baciarla, in Amber emersero dei sentimenti che di solito teneva nascosti. La nostalgia si trasformò in desiderio che le andò dritto al centro. Gli avvolse le braccia intorno al collo e si strinse a lui, mentre l'emozione la travolgeva in un'ondata dopo l'altra.

Dopo alcuni istanti, Wynton si staccò: "Dovremmo spostarci nella tua camera da letto?"

La domanda fece breccia nei sensi martellanti di Amber. "Sì... Oh, sì. Sarebbe meglio."

Lui le prese la mano e insieme si incamminarono lungo il corridoio, fino a raggiungere la camera.

Tremando, Amber guardò Wynton che iniziava a

sbottonarsi la camicia. In passato, a quel punto di una relazione, di solito trovava la forza di fermarsi. Ma quella sera non si sarebbe fermata. Wynton era una persona gentile che aveva promesso di non farle del male. Amber doveva dimostrare a entrambi che era disposta a fidarsi di lui.

Wynton si voltò e le sorrise. "Pronta?"

Lei annuì, si tolse la tunica e si sfilò i pantaloni. Poteva farcela.

Qualche istante dopo, sdraiata sul letto matrimoniale accanto a lui, gli disse: "Mi sa che anch'io mi sto innamorando di te."

"Ah, Amber. Non sai quanto significa per me." Lui le prese teneramente il viso tra le grandi mani, la baciò, mettendo in quel bacio sentimenti che lei riconobbe. Soddisfatta che Wynton avesse bisogno di lei quanto lei di lui, si abbandonò al bacio.

A seguire, si toccarono e si assaporarono.

Più tardi, mentre Amber giaceva nuda, rannicchiata contro il petto di Wynton, le si riempirono gli occhi di lacrime. Il loro amore era stato più che fisico. Era stato un incontro di anime, una condivisione di ciò che ciascuno aveva da offrire all'altro.

Lui le sollevò il mento e la guardò con preoccupazione. "Che succede? Lacrime? Ti ho fatto male?"

"No, sono semplicemente sopraffatta. Non mi sono mai sentita come mi fai sentire tu."

"E cioè?" le chiese dolcemente Wynton.

"Come se fossimo destinati a stare insieme. Sei tutto ciò che ho sempre desiderato."

Gli si inumidirono gli occhi. "Ti amo, Amber."

Mentre Wynton le massaggiava la schiena, lei lasciò uscire un sospiro di profonda soddisfazione. Con quell'uomo aveva trovato l'amore e la sicurezza che aveva sempre cercato.

CAPITOLO QUARANTACINQUE

CATE

Quel giorno di aprile Cate guardò fuori dalla finestra e notò i tulipani che erano spuntati dalla terra nell'aiuola sul retro di casa. Era una promessa per la fioritura che sarebbe seguita. Ancora una volta, aveva avuto la prova di non essere incinta. Sperava che, con l'arrivo di un clima più caldo e la comparsa di fiori e foglie sugli alberi, il mese successivo sarebbe stato fertile per lei.

Si mise di fronte al computer. Dopo la grande fretta di consegnare ad Abby la trama e tre capitoli del nuovo libro, non aveva più avuto notizie da parte dell'agente. Era arrivato il momento di concludere il libro delle *Guerre di Galeon*. Aveva tentato diversi finali, ma nessuno l'aveva lasciata soddisfatta.

Non era pronta a rinunciare ai personaggi che amava tanto. Perché la sua nuova redattrice non capiva che i lettori avrebbero provato lo stesso sentimento, una volta saputo che la serie stava per finire? E solo perché la redattrice con cui amava lavorare aveva deciso di stare a casa con il figlio!

Con un sospiro, si disse che doveva lasciar perdere e finire il libro.

Si preparò mentalmente e iniziò a scrivere, lasciando che le parole la attraversassero.

Poco dopo, persa nel momento, digitò *Fine*.

Si sedette sulla sedia e guardò le pagine che aveva scritto. Con il cuore in fibrillazione per le emozioni contrastanti, rilesse l'ultima pagina:

Su un balcone che dominava la folla sottostante, Serena era in piedi accanto a Rondol e accettava con un senso di travolgente gratitudine le acclamazioni del popolo. Era nata per il ruolo di regina, ma si era anche guadagnata quel titolo dopo aver combattuto una guerra dopo l'altra per garantire la pace a tutti i Galeon.

"Ben fatto, amore mio," sussurrò Rondol. "Loro ti amano e anch'io ti amo."

Serena guardò l'uomo che amava con tutto il cuore, senza riuscire a trovare le parole che cercava. Condora le si posò sulla spalla e la sua tenera pelle di drago tremò per l'entusiasmo. Secondo la previsione di Condora, se in futuro ci fossero stati molti bambini, Serena avrebbe avuto bisogno del suo aiuto per proteggerli.

"Lunga vita a Serena!" gridarono dal basso.

A Serena si riempirono gli occhi di lacrime. Alzò la mano e salutò. Era sopravvissuta alle battaglie e aveva fatto del proprio meglio per il popolo, non per dovere ma per amore verso di loro. Dovere significava fare la scelta giusta. Amore significava aprire il cuore a ogni possibilità.

Serena strinse la mano di Rondol, desiderosa di vedere cosa le avrebbe riservato la vita, perché lo amava più di ogni altra cosa.

Cate si sedette alla scrivania e guardò piena di tristezza il giorno che si stava oscurando. Spesso avrebbe voluto essere più simile a Serena, ma per come stavano andando la propria vita, le possibilità stavano diminuendo. Si sentiva molto frustrata. Non aveva ancora concepito un bambino, né si era creata una nuova vita da scrittrice.

Le squillò il cellulare. *Brooke.*

"Ciao, mi chiedevo se volessi unirti a me e ad Amber per un bicchiere di vino. Ho aperto ufficialmente e stiamo per festeggiare il primo giorno di affari."

"Mi piacerebbe molto. Sono a corto di idee. Ci vediamo al negozio il prima possibile."

Grata per la telefonata, Cate si sentì risollevata. Lasciò un biglietto per Jackson, mise Buddy in macchina e uscì. Aveva proprio bisogno di stare con le sue migliori amiche.

Mentre si avvicinava all'entrata del negozio, studiò l'edificio. Brooke aveva aggiunto delle tende viola alle due vetrine anteriori; ai lati della porta d'ingresso si trovavano dei vasi alti pieni di piante decorative e c'era anche una panchina di legno che Jackson aveva fatto su sua richiesta e aveva dipinto di viola, in tinta con la porta d'ingresso.

Scese dall'auto e si soffermò a controllare le vetrine. Composizioni di fiori di seta, coniglietti di porcellana e vari oggetti primaverili arricchivano l'esposizione di abiti in tema con la stagione. Aveva un aspetto divertente e rivelava buon gusto.

"È tutto meraviglioso," disse Cate quando lei e Buddy entrarono nel negozio. L'interno era illuminato a giorno e metteva in mostra i capi d'abbigliamento piegati sugli scaffali, sui ripiani o impilati sui tavoli. C'era una musica dolce e il leggero profumo dei fiori riempiva l'aria.

"Ciao!" esclamò Brooke prima di abbracciarla. "Fammi chiudere la porta così raggiungo te e Amber nella zona dei vestiti."

Cate attraversò la sala principale per raggiungere una zona con tre comode sedie posizionate di fronte a quattro camerini.

Amber le sorrise e si alzò in piedi per abbracciarla. "Ciao! Sono felice che ti sia unita a noi per festeggiare la non proprio grandiosa inaugurazione."

"Non proprio grandiosa... Che cosa è successo?"

"Brooke è preoccupata perché non ha avuto quasi nessun cliente. Le ho detto che andrà tutto bene. Si trattava di un'apertura di prova per testare le attrezzature e la nuova routine. Il grande annuncio uscirà la prossima settimana. Quello ci darà un vero riscontro."

"Rosso o bianco?" domandò Amber, mentre indicava le bottiglie di vino sul tavolo accanto a lei.

"Rosso," disse Cate. "Non troppo. Cerco di essere prudente."

"Ancora niente?" le chiese Amber.

"No," rispose Cate, cercando di non far tremare il labbro. "Mi dico di non preoccuparmi, ma non ci riesco. A volte ho la sensazione che, se non rimango incinta prima di sposare Jackson, il nostro matrimonio sarebbe basato su un inganno."

Amber fece un suono di disapprovazione con la lingua. "Cate, non metterti in questa posizione. Hai già detto che Jackson non è preoccupato. Di sicuro non ti mollerà, se non dovessi rimanere incinta."

"Non esiste," disse Brooke raggiungendole.

Cate si sedette su una delle sedie. "È vero. È solo che sento che non c'è niente che mi vada bene in questo momento. Abby non ha chiamato per la proposta di romanzo che le ho mandato e non so se alla nuova redattrice piacerà il finale che ho appena scritto per l'ultimo libro della serie di *Galeon.*"

"Se non le piace, come farai?" chiese Brooke, con uno sguardo preoccupato.

"Lo riscriverò, se necessario. Io e lei non la pensiamo allo stesso modo. Probabilmente non saremo mai d'accordo."

"Mantieni la calma," disse Amber. "Mi sento inquieta quanto te. Vorrei mettere sul mercato il mio appartamento e trasferirmi qui. Ma poi mi chiedo se sia il caso di farlo."

"Come vanno le cose con Wynton?" le domandò Cate.

Le guance di Amber si colorarono di un bel rosa. "Anche se

a qualcuno potrebbe sembrare troppo presto, siamo innamorati."

"È successo in fretta," commentò Cate, "ma non sei una che fa la sciocca. Soprattutto sugli uomini."

"Giusto. Credo che Jesse abbia aperto il mio cuore alle possibilità e che Wynton mi stia facendo credere in esse."

Cate pensò a ciò che aveva scritto. *Dovere significava fare la scelta giusta. Amore significava aprire il cuore a ogni possibilità.* "A me sembrate fatti l'uno per l'altra."

Il sorriso di Amber ne illuminò i lineamenti. "Lo penso anch'io."

"Adesso non dovresti prendere nessuna decisione sul tuo appartamento. E se Wynton ti chiedesse di sposarlo?" disse Brooke.

"Penso che siamo tutte e tre in una fase di attesa," rispose Amber.

"Sì, io sto aspettando di sapere se mia madre è disposta a darci una mano," spiegò Brooke. "Amber è stata bravissima ad aiutarmi, ma nessuna di noi due vuole passare tutti i giorni al negozio. Presto assumerò un manager, ma nel frattempo ho bisogno di staccare un po' la spina."

"Ma tieni aperto solo dal giovedì al sabato," notò Cate.

"Sì, ma devo avere tutte le scorte pronte per quei tre giorni," rispose Brooke. "Ed è un sacco di lavoro, perché voglio che tutto venga fatto nel modo giusto."

"Deve anche sfoltire gli articoli che non si vendono. C'è molto di più di quanto la maggior parte delle persone possa immaginare," aggiunse Amber.

"Lo vedo," rispose Cate amichevolmente. "È lo stesso per il settore dei libri. La gente pensa che oltre a scrivere un libro non ci sia altro da fare. Ci si siede e si incassano i soldi. Non è affatto così. Scrivere il libro è solo il primo passo, dopodiché lo si ritocca molte, molte volte. Non parliamo poi di tutte le attività di correzione, dei social media e di tutto il resto."

"Oltre a coinvolgere mia madre nella gestione del negozio," intervenne ancora Brooke, "devo assicurarmi che la mia famiglia possa fare molto di più in autonomia, visto che non sarò più la mamma casalinga di una volta. Come se non bastasse, le bambine vogliono prendere un cane come Buddy."

Appena sentì il proprio nome, Buddy si mise seduto e abbaiò.

Brooke gli accarezzò le orecchie. "So com'era Buddy da cucciolo. Le gemelle dovranno prendersi cura di qualsiasi cane che prenderemo. E poi c'è P.J. Adoro quel ragazzo, ma è un vortice frenetico ovunque vada e lascia dietro di sé una scia di vestiti e di disordine."

"Cosa pensi di fare con tutto il tempo libero che cerchi?" le chiese Cate.

Brooke le sorrise. "So che non può accadere subito, ma un giorno prenderò lezioni di pittura e ricomincerò a dipingere."

"Grande! Però... Ehi, aspetta! Aprire questo negozio non è quello che vuoi fare davvero?" domandò Cate, sgomenta al pensiero che tutto il lavoro andasse sprecato.

"Anche se non potevo dire molto al riguardo quando ho avviato l'attività, il mio progetto è sempre stato quello di farla partire e poi di affidarla a donne che altrimenti non troverebbero lavoro. Donne che non parlano bene la nostra lingua, o che non possono permettersi di proseguire gli studi oltre la scuola superiore."

"Oh, è una bella idea," commentò Cate.

"Si tratterebbe di una partnership. Non consegnerei semplicemente l'attività a loro," aggiunse Brooke. "E potrebbe essere necessario molto tempo per trovare le persone giuste e formarle. Ma se riuscirò ad avviare questo progetto per tutti gli interessati, sarà un ottimo modo per fare qualcosa per la comunità e per tenermi occupata per un po'."

Cate sollevò il bicchiere. “A te e a tutto il buon lavoro che puoi fare.”

“Attenzione! Attenzione!” esclamò Amber tra le risa, mentre tutti i bicchieri tintinnavano.

CAPITOLO QUARANTASEI

BROOKE

Quando Brooke arrivò a casa, non trovò nessuno, solo un biglietto di Paul che diceva che lui e le bambine erano andati a mangiare fuori perché nessuno aveva preparato la cena. Brooke si sentiva allo stesso tempo sollevata e infastidita. Non potevano aspettarla? Non era affatto tardi: le sei e mezza.

Aprì il frigorifero e tirò fuori un pezzo di pollo avanzato dalla cena della sera prima. Lo stava mangiando quando sentì la porta del garage aprirsi e l'auto di Paul entrare.

Qualche istante dopo, le bambine si precipitarono in cucina.

"Mamma! Dov'eri?" gridò Brynn.

"Papà ha detto che saresti dovuta tornare a casa da un momento all'altro, ma non sei venuta," disse Bradley con uno sguardo preoccupato. "Abbiamo mangiato senza di te."

"Stamattina vi ho detto che avrei potuto fare tardi, per via dell'inaugurazione del negozio," disse Brooke. "Vi ricordate?"

"Sì, ma non pensavo che sarebbe stato così tardi," brontolò Brynn. "Pensi di tornare a casa in tempo domani? Hai detto che potevamo fare un pigiama party."

"Aspetta!" replicò Brooke. "Non vi ho detto che potevate farlo questo fine settimana. Sapete tutto dell'apertura del negozio. Non posso essere lì e qui allo stesso tempo."

"Ciao, Brooke! Vedo che sei a casa!" disse Paul con una punta di ironia nella voce.

"Sì, certo. Sono un po' in ritardo, tutto qui. Volevo

festeggiare il primo giorno di apertura di Refresh con Amber e Cate. È importante per me."

"Ho capito. Sono felice per te, davvero," disse Paul. "Ma non pensavo che saresti arrivata così tardi. Tutto qui."

Brooke affrontò i tre. "Dovrete abituarvi a qualche cambiamento in questa casa. Ne abbiamo già parlato. Ora che sono io a gestire il negozio, ci saranno momenti in cui non sarò disponibile."

"Il negozio è aperto solo tre giorni alla settimana, giusto?" chiese Paul.

"Sì, ma in alcuni degli altri giorni lavorerò in negozio per preparare tutto per l'orario di apertura. Dopotutto, mi occupo di affari." Alzò la mano per fermare il chiacchiericcio delle bambine. "Ascoltate, ragazze. In passato sono sempre stata disponibile per voi. Ora dovremo organizzarci meglio per rispettare i miei orari."

"Ma..." Paul iniziò.

Brooke lo interruppe. "Non rendere la situazione più difficile del necessario. È ora che faccia qualcosa per me stessa."

Si rese conto di quanto fosse stata legata alle esigenze della propria famiglia e di come, per molti versi, avesse perso la libertà a causa delle loro richieste. Fece un respiro profondo e cercò di stare calma.

"Voi due potete imparare ad aiutare di più in cucina e nei giorni in cui bisogna andare a prenderle a scuola, puoi farlo tu, Paul, oppure possiamo trovare altri accordi. Ma i miei nuovi orari sono fissi."

"Va bene," disse Paul. "Non è un problema. Vero, ragazze?"

"Va tutto bene, mamma," disse Brynn.

"Sappiamo che sei impegnata," aggiunse Bradley.

"Ora è il momento di fare i compiti e poi il bagno." Il senso di colpa, come un serpente subdolo, era lì arrotolato, pronto a colpire. Lei lo allontanò con forza. La libertà di fare quello che voleva non sarebbe arrivata facilmente, ma Brooke era disposta a lottare per ottenerla.

Le ragazze presero i loro libri dal bancone della cucina e si diressero al piano di sopra, insolitamente silenziose.

Dopo che se ne furono andate, Brooke si rivolse a Paul. "Ho già parlato con un'agenzia per assumere qualcuno che stia con le bambine dopo la scuola il giovedì e il venerdì, e tutto il giorno il sabato. Ma fino a quando non troveremo qualcuno, tu o mia madre, se proprio sarà necessario rivolgerci a lei, dovrete sostituirmi."

"Speriamo di trovare presto qualcuno," disse Paul. "Non so come avremmo fatto, se fossi dovuto rimanere a scuola fino a tardi."

"Hai accettato di andare a prendere le bambine," gli ricordò Brooke.

"Sì, ma in futuro potrei non riuscire a scappare così facilmente come oggi," rispose.

"È per questo che assumeremo qualcuno che ci aiuti. Perché ho bisogno di fare il progetto del negozio per me."

Le rivolse un sorriso incoraggiante. "Te lo meriti, tesoro."

Dalle spalle di Brooke si allontanò un po' di tensione e quando lui la baciò, lei ricambiò il gesto. Un passo alla volta, si disse, perché stava trovando le proprie ali.

CAPITOLO QUARANTASETTE

AMBER

In una limpida mattina di maggio, Amber si trovava al centro della dépendance nella proprietà di Cate e si guardava intorno. “È perfetta. Sei sicura che non ti dispiaccia se rimango?” Dopo quattro settimane, ne aveva abbastanza di fare su e giù dalla città alla periferia per aiutare Brooke a gestire il negozio.

Cate sorrise. “Stai scherzando? Sarà fantastico averti qui. Puoi restare quanto vuoi.”

“Solo a patto che mi lasciate pagare l’affitto, come avevamo concordato,” disse Amber. Non aveva alcuna intenzione di approfittare dell’ospitalità dell’amica. Aveva lavorato duramente per mettere da parte qualche risparmio e ne era orgogliosa.

“Non è necessario, ma va bene. E non preoccuparti del tuo andare e venire. La dépendance è privata. È uno dei motivi per cui abbiamo deciso di sistemarla per me. Volevo sentirmi come se potessi scappare nel mio posto speciale.”

“Ma se resto qui significa che dovrai tenere l’ufficio in casa tua ancora per un po’. Influirà sulla tua scrittura?”

Cate sospirò e scosse la testa. “Niente aiuterà la mia scrittura. Sto ancora aspettando che la mia agente e la nuova editrice mi dicano qualcosa. Se ci fossero state buone notizie, sono sicura che le avrei già sentite. Siamo a metà maggio, per l’amor del cielo!”

“Posso solo immaginare quanto sia difficile quest’attesa,

ma... Cate, hai avuto successo. Questo non può essere ignorato."

"Vedremo," disse Cate con una smorfia.

"Come va con l'altra questione?" le chiese Amber, sperando di non essere indiscreta.

"Lo saprò solo tra un po'. Non voglio fare alcun test di gravidanza finché non sarà arrivato il momento delle mestruazioni."

"Incrocio le dita per te."

"D'altro canto," disse Cate, "i piani per il matrimonio stanno procedendo. Jackson è entusiasta del fatto che tutti i suoi fratelli, tranne uno, saranno presenti. Penso che ti piaceranno. Sono un gruppo divertente."

"Sarà favoloso. Ho aspettato a lungo che finalmente vi sposaste. Grazie per aver incluso Wynton e per averlo invitato a condividere il Seashell Cottage con noi."

"Figurati. A me e a Jackson ha fatto un'ottima impressione, quando l'abbiamo incontrato a cena."

"Sono davvero contenta," disse Amber, mentre ricordava la gentilezza con cui un sabato, dopo la chiusura del negozio, Wynton aveva offerto a tutti una cena improvvisata da Arturo.

Cate le diede un colpetto con il gomito. "Sei sicura di non voler accettare la proposta di andare a stare da lui?"

Amber fece una pausa prima di rispondere. "Non ancora. Lo amo, ma me ne sono successe talmente tante nell'ultimo anno, che non voglio correre. Lui capisce quello che ho passato e non mi spinge affatto."

"È un gesto dolce, perché chiunque può vedere quanto lui ti adori."

"Sì. Per la prima volta nella mia vita, mi sento sicura in una relazione. Sua moglie doveva essere una donna meravigliosa; anche se Wynton è pronto a stare con me dopo essere rimasto vedovo, lei farà sempre parte della sua vita. Questo mi piace di lui."

"Piace anche a me," aggiunse Cate. "Ti lascio il tempo di sistemarti. Se hai bisogno di qualcosa, non sono lontana."

Amber la abbracciò e la accompagnò alla porta.

Rimasta sola, attraversò lo spazio piccolo ma ben arredato. Col tempo, se il rapporto con Wynton avesse continuato ad andare bene, avrebbe potuto trasferirsi da lui. Per il momento, la dépendance era perfetta.

Il suo cellulare squillò. *Wynton.*

Sorrise e fece clic sulla chiamata. "Pronto."

"Come ti trovi nel nuovo alloggio?" le chiese lui.

"Per adesso, benissimo," rispose lei. "Non vedo l'ora che tu venga a dare un'occhiata. Come sta andando la tua giornata?"

"Sono impegnato come al solito, ma ho pensato che ti avrebbe fatto piacere cenare insieme. È troppo chiederti di venire in città? In questo modo, con la riunione serale, non faremo troppo tardi."

"In realtà è una buona idea, perché voglio prendere altri oggetti per questo posto."

"Fantastico! Perché non ci vediamo da *Chez Simone* alle otto e poi andiamo insieme in macchina a Ellenton?"

"È perfetto." Amber chiuse la telefonata e si crogiolò nel calore che provava dopo la conversazione con Wynton.

Non appena Amber entrò nel ristorante, le sembrò di essere a Parigi, in un piccolo localino di quartiere, conosciuto solo dalla gente del posto. C'erano fiori freschi ovunque, la musica di sottofondo suonava dolcemente e l'aroma di cibo raffinato aleggiava nell'aria.

Una donna attraente, vestita con un semplice tubino nero, le si avvicinò. "Posso aiutarla?"

"Sì, devo incontrare Wynton Barr."

"Ah, *oui*," disse lei. "Mi segua."

Amber fu accompagnata a un tavolo in un angolo in fondo al locale. Appena la vide, Wynton si alzò in piedi e le rivolse un sorriso. "Sono felice che tu sia riuscita a venire, tesoro."

"Anch'io," rispose lei, accettando il suo bacio. Sentì un trambusto alle proprie spalle e si voltò. Con orrore, vide Belinda avvicinarsi a lei con passi forti e battaglieri.

"Beh, non ci hai messo molto a trovare un sostituto per Jesse. Per cosa è famoso, questo qui?"

"Non voglio degnarti di una risposta, Belinda." Amber parlò con voce tremante, ma affrontò l'ex capo con determinazione. "Prima ammiravo il modo in cui hai costruito la tua attività da sola, ma ora capisco che persona maligna sei."

"Sì? Beh, puoi dire a quel tuo avvocato di smettere di tormentarmi per i tuoi risparmi. Saranno trasferiti a tempo debito."

"Forse dovresti dirglielo tu stessa," disse Amber, poi fece un cenno a Wynton che si era spostato accanto a lei.

Belinda spalancò gli occhi. Fece un passo indietro. "Lei? L'avvocato di Amber? Beh, mi ha sentito. Ci penseremo noi a risolvere la questione. Quindi, la smetta di farmi chiamare dai suoi collaboratori."

"La questione è seria. Stiamo valutando la possibilità di farle causa per aver trattenuto fondi dovuti alla mia cliente, oltre che per aver cercato di aggredirla in un ambiente di lavoro molto ostile. È semplice, signora Galvin... Se non farà ciò che deve, andrò avanti con la causa."

Amber osservò le spalle larghe di Wynton, ascoltò il tono di comando nella sua voce e si rese conto di quanto lui potesse essere intimidatorio, a volte. Nascose un sorriso.

Belinda le agitò contro un dito. "Ti ho rimpiazzato con un'altra persona che fa un lavoro migliore di quello che hai fatto tu."

"Buon per te, Belinda. Vedremo quanto resterà. Ho sentito che è la seconda che hai assunto, da quando me ne sono andata."

"C'è qualcos'altro di cui dobbiamo discutere?" chiese Wynton con una voce che sfidava Belinda ad aggiungere altro.

Lei imprecò sottovoce, si allontanò, prese il cappotto da una sedia vicino all'ingresso e lasciò il ristorante con aria stizzita.

"Mi dispiace per la sua scenata," disse Amber, mentre Wynton la aiutava a sedersi. "È una persona molto difficile e infelice."

Wynton scosse la testa. "È incredibile che tu abbia lavorato per una così. Non deve essere stato facile."

"No, per niente, ma almeno sapevo qual era la mia posizione nei suoi confronti."

Lui la studiò un attimo. "Immagino che la brutale onestà sia meglio dell'essere sempre presi in giro. È così?"

"Sì," rispose Amber, ricordando come, da giovane, ogni mattina si svegliasse temendo che per la madre quella sarebbe stata una giornata no.

Wynton ordinò una bottiglia di vino rosso e, man mano che la cena procedeva, i ricordi d'infanzia di Amber la abbandonarono.

Più tardi, quando mostrò a Wynton la dépendance, nuovi pensieri d'amore le riempirono la mente. Ancora più tardi, mentre erano insieme sdraiati, non riusciva a pensare ad altro che a quanto lo amasse.

CAPITOLO QUARANTOTTO

CATE

Cate aspettò due settimane oltre le normali mestruazioni prima di usare il test di gravidanza che aveva comprato il novembre precedente. Seduta in bagno, in attesa dei risultati, sussurrò più volte: "Per favore, per favore, per favore!"

Quando controllò e vide le due linee che indicavano che era incinta, si nascose il viso tra le mani e pianse. Sapeva di essere fortunata: c'erano voluti solo sei mesi di tentativi. A ogni modo, la preoccupazione che l'aveva consumata ormai apparteneva al passato e lei poteva godersi il matrimonio.

Si alzò, si lavò le mani e cercò di pensare a un modo speciale per dirlo a Jackson. Avevano concordato di non parlarne finché non avesse avuto la certezza.

Buddy grattò la porta.

Lei aprì e gli accarezzò la testa. "Bene, piccoletto, sembra che avrai un po' di concorrenza da queste parti."

Buddy la guardò con gli occhi marroni adoranti e abbaiò.

"Sì, sapevo che saresti stato contento," gli disse lei. Lo prese in braccio e lo fece roteare in cerchio. "Aspetta che papà lo venga a sapere!"

Cate, felice, entrò in ufficio. Aveva fatto delle ricerche online sul tempo in Florida a giugno e stava cercando di decidere cosa mettere in valigia per il matrimonio e per la luna di miele che sarebbe seguita a Naples, lungo la costa. Brooke e Amber l'avevano aiutata a scegliere l'abito: uno semplice e lungo in crêpe color avorio, senza maniche e con una vita stretta che le donava. Tuttavia, aveva bisogno anche di prendisole e di abiti per il caldo estivo.

Quando le squillò il cellulare, controllò il numero e si lasciò andare a un respiro profondo, nella speranza di altre buone notizie. "Ciao, Abby! Tutto bene? Ero preoccupata per il tuo silenzio. Ti sono piaciuti il riassunto e i tre capitoli che ti ho mandato? Sei riuscita a farne qualcosa?"

"Mi dispiace, Cate. Ho provato a fare di tutto, ma non sono riuscita a vendere. Ho la sensazione che il tuo cuore non fosse nella scrittura. È per questo che ti chiamo. Penso che dovresti iniziare una nuova serie di fantascienza, questa volta incentrata sui ragazzi. Quella è la tua vera strada."

Cate sentì le spalle crollare mentre un sospiro di delusione le lasciava il corpo. Poteva ricominciare? Poteva creare un altro mondo complesso come quello di Galeon ma con caratteristiche uniche? Aveva amato Serena e Rondol fin dall'inizio. Sarebbe riuscita a immaginare altri personaggi che avrebbe amato altrettanto?

"Cosa ne pensi?" le chiese Abby.

"Chi lo comprerebbe? L'editrice con cui sto lavorando alla serie *Guerre di Galeon* non ha nemmeno avuto la cortesia di richiamarmi."

"Ti chiamo anche per questo . La tua vecchia redattrice ha deciso che non vuole essere una madre casalinga. Abbiamo già parlato. Vorrebbe lavorare di nuovo con te. Lavorerà sull'ultimo libro della serie *Galeon*, ma tu devi anche presentare un'altra proposta. Questa volta non c'è bisogno di fornirle tre capitoli, le basta una breve sintesi."

"Ah, Abby, la fai sembrare così facile. Sai che dovrò sviluppare tutti i dettagli di un mondo completamente nuovo prima di poterlo raccontare."

"Non necessariamente. Sono i personaggi che portano avanti la storia. Il mondo può essere elaborato intorno a loro."

Cate rimase in silenzio mentre le idee le si affollavano in testa. "Ok. Allora, magari questa ragazza incontra un ragazzo che le sembra un po' strano, ma poi si scopre che è un principe di un altro mondo, che è sulla Terra solo per vincere la sfida di battere suo cugino per la corona, o qualcosa del genere."

La risatina sommessa di Abby attirò la sua attenzione.

"Beh?" chiese Cate, preoccupata che Abby pensasse fosse un'idea stupida.

"Vedi? Hai già iniziato la serie successiva. Non preoccuparti, Cate, hai molte altre storie dentro di te, andrà tutto bene. Ho sbagliato a incoraggiarti a fare qualcosa di diverso. Devi scrivere quello che ti viene naturale, non quello che vorremmo io o qualche editore."

Cate si sentì sollevata. "Grazie. Non sai quanto avevo bisogno di sentirmelo dire."

"È tutto pronto? Vorrei che mi facessi avere qualcosa prima del matrimonio. È possibile?"

"Probabilmente. Sto impazzendo senza qualcosa da scrivere."

"Ora riconosco la mia ragazza," disse Abby, con un tono soddisfatto nella voce.

Cate sorrise e riattaccò il telefono. La sua vita era tornata in ordine. Prese in braccio Buddy e, tenendolo stretto ancora un po', ballò per il puro gusto di farlo.

Cate sentì Jackson che entrava dalla porta sul retro e si affrettò a salutarlo. Rapidamente, prima che lui potesse capire di cosa si trattasse, tirò fuori da dietro le spalle un pacchetto di pannolini e glielo porse.

"Cos'è?" chiese, poi si lasciò sfuggire un fischio. "Aspettiamo un bambino?"

"Sì. Ora, quando Buddy e io ti chiameremo paparino, sarà

per davvero."

Jackson la prese in braccio e la strinse forte.

Cate si aggrappò a lui. "Ora possiamo avere un vero matrimonio."

La mise giù e la guardò confuso. "Di cosa stai parlando?"

"Volevi sposarti e avere dei figli. Se non fossi rimasta incinta, non sarebbe stato giusto nei tuoi confronti."

Jackson le prese il viso tra le mani. "Cate, non capisci? Ti sposo perché *ti amo*, non per i figli che potremmo avere o meno. È fantastico che ne avremo uno, ma devi sapere quanto tu significhi per me. Stiamo insieme da quasi sette anni. In quale altro modo avrei potuto dimostrartelo?"

Lei vide il dolore nei suoi occhi e sollevò una mano per toccargli la guancia. "Mi dimostri ogni giorno quanto mi ami. Mi dispiace. Non volevo ferire i tuoi sentimenti. Voglio solo renderti felice in ogni modo."

"Lo fai." La sua espressione si illuminò. "E ora mi stai rendendo padre."

Amber lo abbracciò a sua volta, grata per aver ricevuto quel dono meraviglioso.

La mattina seguente, dopo aver accompagnato Jackson al lavoro, Cate uscì dalla porta. Mentre si recava a Refresh, si fermò al Margie's Pastry Shoppe per prendere dei cornetti e del caffè caldo. Non vedeva l'ora di dare la buona notizia alle amiche.

Portò con sé i dolcetti ed entrò nel negozio con una marcia in più. Brooke la guardò da dietro il bancone dove stava registrando una vendita e le fece un cenno. "Vai nella stanza sul retro. Ci vediamo lì."

Nella zona dei camerini, Amber stava parlando con due donne del vestito che una di loro indossava. Sorrise a Cate e continuò a parlare.

Cate entrò nel retrobottega, posò la colazione e controllò i vestiti appesi su uno scaffale in attesa di essere etichettati. Stava ammirando un prendisole rosa pallido, quando entrò Brooke.

"Ehi! Che bello vederti! Cosa ti porta qui in questa soleggiata mattina di maggio?"

Cate sentì un enorme sorriso allargarsi sul viso. "Sono incinta!"

Brooke si precipitò in avanti e la abbracciò. "Che notizia meravigliosa! Sono così felice per te!"

"Che succede?" disse Amber, mentre correva verso di loro.

"Cate è incinta!" Brooke gridò, si voltò e agitò un pugno in aria.

"Oh, tesoro! È una notizia fantastica!" Amber le gettò le braccia al collo e la strinse forte. "Sono felice per te e Jackson. Sarete degli ottimi genitori per questo bambino fortunato."

A quelle parole, Cate abbassò lo sguardo sulla pancia e si chiese come sarebbe andata nei mesi successivi. Poi, senza preavviso, fu investita da un'ondata di nausea. Si aggrappò al tavolo accanto a lei.

"Stai bene?" domandò Brooke.

Lei annuì. "È la gravidanza. Vi ho portato dei dolcetti, ma non resterò. Volevo solo condividere la buona notizia."

Un momento prima stava parlando con loro, un momento dopo stava vomitando nel bagno del negozio.

"Mi dispiace tanto," disse quando tornò da loro. "Per quanto tempo andrà avanti?"

Amber e Brooke si guardarono e si voltarono verso di lei.

"Dipende," disse Brooke. "Con le gemelle è durata per i primi sei mesi."

"Sei mesi? Significa che starò male al matrimonio?" Il pensiero di vomitare nel suo abito da sposa era orribile. "Non voglio che qualcosa rovini quel giorno. Abbiamo aspettato tanto."

"Anch'io voglio che il tuo matrimonio sia perfetto," disse Amber.

Cate non riuscì a fermare le lacrime che le riempivano gli occhi. La abbracciò. "Se tu e Brooke ci sarete, sarà perfetto."

Brooke avvolse le braccia intorno alle due.

CAPITOLO QUARANTANOVE

CATE

Un giorno di maggio, di prima mattina, Cate lasciò lo studio medico stupita di ciò che stava accadendo al proprio corpo. I progressi della gravidanza erano stati confermati e, secondo i calcoli, il bambino sarebbe nato alla fine dell'anno. La madre di Jackson aveva già avvertito gli altri figli che, qualunque cosa fosse successa, si sarebbe tenuta libera per l'arrivo del bambino. Cate ne rimase colpita e da quel momento provò gratitudine per Diana. Il periodo che l'attendeva si preannunciava molto intenso. Il medico aveva parlato di vari esami a cui lei e il bambino sarebbero stati sottoposti per assicurarsi che il piccolo nascesse sano e crescesse bene. Pensarci la spaventava.

Decise di fermarsi al negozio.

Quando entrò, tutto era tranquillo. "Come vanno gli affari?" chiese a Brooke, facendo del suo meglio per nascondere la preoccupazione per la mancanza di clienti.

Brooke la sorprese con un sorriso. "Molto bene. Il sito web che ho fatto allestire sta andando meglio del negozio. Però non mi dispiace stare qui. Sto acquistando sempre più capi di abbigliamento da buone fonti. A molte donne piace sbarazzarsi di vecchi vestiti per acquistarne di nuovi, il che mi facilita le cose."

"Oh, bene," disse Cate. "Dov'è Amber?"

"Ha chiamato e ha chiesto se poteva essere esonerata per il fine settimana; vuole passare del tempo con Wynton."

"Sono così felice che tra loro vada bene."

"Anch'io. Come stai, Cate?"

Cate le raccontò della visita dal medico. "È un momento così emozionante, ma mi preoccupano tutti quegli esami."

"Sarebbe meglio non pensarci. Sei in salute e sono sicura che lo sarà anche il bambino. È fastidioso che i medici di oggi debbano rivelare tutto ciò che potrebbe andare storto. Mia madre diceva che non era così quando mi ha partorito."

"Come sta Diana?" domandò Cate.

"Ha deciso che invece di assumere qualcuno che si occupi delle gemelle mentre io lavoro, lo farà lei. Pensavo che si sarebbe lamentata per tutto quello che sbagliavo. Invece, mi ha elogiato per aver dato il massimo. La parte più bella, però, è il rapporto che ha con le bambine. È bello il modo in cui vanno d'accordo."

"È fantastico," rispose Cate. "Meglio che chiamarla a lavorare qui."

"Esattamente. Preferisce essere agli occhi di tutti una nonna affettuosa piuttosto che una commessa."

Cate e Brooke si scambiarono una risata di cuore.

Una settimana prima del matrimonio, in una mattina di sole, Cate preparò la valigia e mise con cura l'abito da sposa in una busta di plastica, insieme a un paio di abiti eleganti che aveva scelto di portare con sé. Lei e Jackson avevano deciso di andare in Florida in auto per poter portare Buddy. A Cate piaceva l'idea di potersi fermare ogni volta che ne sentiva la necessità. Aveva anche acquistato alcuni audiolibri da ascoltare lungo il tragitto. Come scrittrice, aveva bisogno di leggere e ascoltare regolarmente altri autori.

"Tutto pronto?" le chiese Jackson.

"Penso di sì," rispose. "Alcuni mesi fa, non avevo idea di

ritrovarmi a fare le valigie per il mio matrimonio."

"Aspetta di dover caricare in macchina tutto ciò che servirà per il bambino. Sarà un'altra storia," disse Jackson.

Si sorrisero a vicenda. Avevano iniziato una lista di tutto quello di cui avrebbero avuto bisogno e ognuno di loro era rimasto scioccato dal numero di oggetti suggeriti.

Quando Jackson entrò nel vialetto del Seashell Cottage, Cate provò un senso di ritorno a casa. C'era qualcosa in quelle mura che le parlava. Forse perché era lì che aveva deciso di lasciar andare le preoccupazioni e di sposare Jackson e di avere dei figli con lui. Prima aveva avuto tanta paura, ma in quel momento era profondamente soddisfatta dell'idea.

"Eccoci qui, Buddy!" Jackson annunciò, prima di scendere e aprire lo sportello posteriore per il cane. Con un guaito di emozione, Buddy si lasciò mettere a terra da Jackson, poi si mise a correre in cerchio alla velocità massima che le sue corte zampe gli consentivano.

"Immagino sia contento che finalmente ce l'abbiamo fatta," disse Cate ridendo. Alzò le braccia al cielo e respirò profondamente l'aria salata. "Mi piace!" Si rivolse a Jackson. "Sono davvero felice che abbiamo deciso di sposarci qui."

"Anch'io. È qui che hai promesso di sposarmi. Sarà sempre un posto speciale per me."

Cate lo abbracciò. "Ti amo, Jackson Hubbard!"

Mentre lui la baciava, Buddy scodinzolava e abbaiava intorno a loro.

Jackson si allontanò da lei e aggrottò le sopracciglia verso il cane. "Dai, piccoletto, lasciami in pace. Non la bacio da stamattina."

Cate rise, poi disse: "Scarichiamo la macchina."

Più tardi, dopo aver portato le loro valigie in casa e averle disfatte, Cate andò verso la spiaggia. Il rumore dell'acqua del golfo che arrivava a riva e tornava indietro davanti a lei generava un ritmo costante nelle sue orecchie. Immerse le dita dei piedi nell'acqua schiumosa, e la trovò sorprendentemente calda sulla pelle.

Jackson la raggiunse. "Bello, eh?"

"Sì. C'è qualcosa di eterno nel guardare le onde. Mi sento come se fosse stato il destino a portarmi qui, in questo momento, con te."

Jackson le strinse la mano. "Adoro quando parli in questo modo. Non c'è da stupirsi che i lettori amino i tuoi libri."

"Anche su Galeon esistono la vita e l'amore." Sentì un'espressione accigliata rovinarle il sorriso. "Non so se ai lettori piacerà una luna chiamata Ouris."

"Non preoccuparti. Ti verrà in mente una bella storia. Hai già iniziato dando un nome al luogo in cui vivono i tuoi nuovi personaggi."

Cate annuì. Doveva imparare a fidarsi di se stessa e ad ascoltare le parole che le venivano dal profondo.

Guardò Buddy inseguire i bordi spumosi delle onde che si allontanavano dopo aver baciato la sabbia. Rise quando un'onda di ritorno bagnò il muso del cagnolino, spaventadolo. Sopra di lei volavano i gabbiani, con le loro ali bianche che si muovevano sullo sfondo del cielo blu.

La soddisfazione la riempì e scacciò ogni dubbio. Era tempo di godersi semplicemente la giornata.

La vigilia del matrimonio, gli ospiti arrivarono nel corso della giornata. I primi furono Brooke, Paul e la loro famiglia, poi i genitori di Jackson, alcuni fratelli, Abby e infine Amber e Wynton.

"Scusa se siamo un po' in ritardo," disse Amber mentre

abbracciava Cate.

"Avevo degli affari importanti da sbrigare," disse Wynton, che sorrise a Cate mentre cingeva con un braccio Amber.

Amber tese la mano sinistra.

"Oh, mio Dio!"

Amber sorrise a Wynton e si rivolse all'amica. "Ci siamo fidanzati ufficialmente ieri sera."

Cate abbracciò Amber. "Sono troppo felice per voi!" Abbracciò velocemente Wynton. "Aspetta che Brooke senta la notizia! Ora è in spiaggia."

"No, sono qui," disse Brooke. "Cosa sta succedendo?"

"Amber e Wynton si sono fidanzati!" Cate non riuscì a trattenere il trillo di felicità nella voce. Amber brillava di luce propria e Wynton non riusciva a smettere di sorriderle.

"Siete prossimi alle nozze? Che meraviglia!" gridò Brooke, dopodiché abbracciò Amber.

Gli altri si affollarono intorno ai due per congratularsi.

"Volevo che il mio matrimonio fosse perfetto. Ora lo è, grazie a voi due," disse Cate. Sapere che Amber e Brooke stavano guardando avanti, proprio come lei, aveva raddoppiato la sua felicità.

Gli invitati si spostavano facilmente dal Seashell Cottage al Salty Key Inn e viceversa, si godevano le varie passeggiate sulla spiaggia, le nuotate in piscina o le chiacchierate. Buddy cercò di seguire tutti finché la stanchezza non si fece sentire. Nel tardo pomeriggio, Cate lo trovò accucciato sul letto della camera che lei e Jackson condividevano.

Dopo il continuo trambusto in casa, Cate era sollevata dal fatto che lei e il fidanzato avessero prenotato una sala privata al Purple Pig per la cena della sera prima del matrimonio.

Più tardi, seduta a uno dei tavoli del ristorante, Cate studiò i membri della famiglia di Jackson. Erano tutti amichevoli e avevano in comune molti tratti del viso.

Seduta accanto a lei, la madre di Jackson sorrise. "Sei bellissima, Cate. Non so dirti quanto io sia felice che Jackson ti sposi. Mio figlio è semplicemente raggiante di felicità."

Cate guardò Jackson che parlava con la sorella Jenn e sorrise. Lui si accorse che lei lo stava guardando e le fece l'occhiolino. "Anch'io sono felice. È un uomo davvero buono."

"Come suo padre," disse Laurie. "A domani, che sia una giornata stupenda!" Sollevò il bicchiere di vino e lo fece tintinnare contro il calice di Cate.

Più tardi quella notte, mentre i loro uomini dormivano, Cate si sedette con Amber e Brooke nel soggiorno del cottage.

"Ricordate quando ci siamo incontrate qui al Seashell Cottage l'anno scorso? Allora ho detto che, con tutte noi che diventavamo quarantenni, sarebbe stato un anno da ricordare. Chi avrebbe potuto immaginare tutte le avventure che ci sono successe?" disse Brooke. "E non abbiamo ancora compiuto ufficialmente quarant'anni. Sarà il prossimo passaggio importante."

"È stato un anno positivo, anche se avevo dei dubbi," disse Cate. "Tuttavia, anche nel migliore dei casi, la vita è dolce-amara."

"I tuoi libri mi fanno credere che non sia vero," commentò Amber. "Mi piacciono anche per questo."

Cate alzò un dito in segno di avvertimento. "Non si può scrivere d'amore se non si conosce il dolore."

"Questo vale per tutte le persone. Se non avessi incontrato Jesse, forse non avrei mai saputo di essere capace di amare. E il mio sentimento per Wynton è molto, molto più profondo."

"Oh, cielo! Mi sono appena resa conto di una cosa," ha

detto Brooke. “Quest’anno ci siamo aperte alla vita e abbiamo sperimentato un amore più significativo.”

“Mi sembra di avere di nuovo tredici anni... È come se avessimo davanti una nuova vita,” disse Cate. “A noi!”

“Le ragazze della spiaggia!” gridarono insieme Amber e Brooke, poi risero da amiche quali erano e che sarebbero sempre state.

CAPITOLO CINQUANTA

AMBER, BROOKE, CATE

Il giorno del matrimonio fu bello come Cate e le sue amiche avevano sperato. Il cielo azzurro ospitava nuvole gonfie come panna montata, che fluttuavano sopra di loro e di tanto in tanto tenevano a bada il sole caldo.

Amber e Brooke aiutarono Cate a vestirsi per la cerimonia. Avrebbero accompagnato l'amica all'altare allestito sulla spiaggia al posto del padre che lei non aveva mai conosciuto. Il coordinatore del matrimonio del Salty Key Inn aveva aiutato a trovare il ministro che avrebbe officiato il rito, il quale, in quel momento, le stava aspettando con Jackson e Buddy per salutarle. Gli invitati avevano formato un cerchio intorno a loro.

"Sei davvero bellissima, Cate," disse Brooke. "La gravidanza ti dona."

Amber le sorrise. "Anche l'amore. Sei raggiante."

Cate si guardò allo specchio e mise le dita sulla collana di perle che le era stata regalata. Non riusciva a credere di essere diventata la donna sicura di sé che la guardava dallo specchio. I mesi condivisi con le amiche l'avevano aiutata a scoprire una parte di sè più matura. Era pronta a iniziare una nuova fase della propria vita con l'uomo che le aveva fatto capire che era degna di attenzione e di amore.

Non vedeva l'ora di cominciare. "Andiamo!"

Si diressero verso la spiaggia: Amber in testa, Brooke a seguire e poi Cate.

###

Una volta raggiunta la spiaggia, Amber si mise accanto a Wynton nel cerchio di persone riunite per il matrimonio. Le note musicali del chitarrista si alzarono nell'aria e danzarono intorno a lei. Sospirò per la bellezza della scena e per il momento magico che stava vivendo la sua amica.

Wynton si avvicinò, le avvolse la mano con le dita e la strinse dolcemente, come se sapesse quello che lei pensava. Amber si voltò verso di lui e sorrise. Un anno prima, non avrebbe nemmeno potuto immaginare i cambiamenti che ci sarebbero stati. Le sembrava di essere maturata, di essersi trasformata da bambina a donna. Di sicuro, un fiore tardivo. Il futuro le si prospettava pieno di promesse. Non aveva ancora deciso se aprire un'attività in proprio, ma il pensiero rimaneva.

Aveva imparato a conoscere molti aspetti di se stessa. Aveva il diritto di proteggere il proprio corpo. Nessuno avrebbe mai dovuto cercare di portarglielo via. E nell'innamorarsi, aveva capito che dono fosse condividere la gioia di quell'amore, sia fisicamente che spiritualmente.

Mentre osservava Cate e Jackson prendere posizione davanti al ministro, Amber strinse la mano di Wynton. Era l'amore della sua vita, l'uomo a cui lei offriva il proprio cuore per il presente e per il futuro.

Wynton si voltò verso di lei con un sorriso, lo sguardo pieno di tenerezza. Era un uomo affidabile, forte e sicuro.

Gli sollevò la mano, se la portò alle labbra e la baciò.

Brooke lasciò Cate con Jackson e si unì ai propri parenti e amici che erano venuti a festeggiare il matrimonio.

I pensieri le tornarono alla prima volta che aveva visto il Seashell Cottage e alla riunione con le due migliori amiche che avrebbero sempre fatto parte di lei. I quarant'anni si stavano rivelando una pietra miliare per tutte loro. Lei aveva trovato una nuova forza interiore, una nuova indipendenza di cui aveva disperatamente bisogno. Il suo matrimonio era stato messo alla prova in modi che non avrebbe mai pensato possibili e ne era uscito ancora più forte. Paul era un brav'uomo, una persona rispettabile, un padre meraviglioso. Senza di lui, Brooke non avrebbe avuto la sicurezza che le serviva per espandere i propri orizzonti e rimanere fedele al ruolo di madre. Aveva imparato che non si trattava di scegliere tra i propri desideri e quelli della famiglia, ma che gli uni bilanciavano gli altri. La famiglia era ciò che le teneva i piedi per terra, mentre l'amore di Paul le metteva le ali.

Il marito si chinò e le sussurrò all'orecchio: "Ti amo."

Gli occhi di Brooke si offuscarono di gratitudine. "Ti amo anch'io," disse, con tutto il cuore.

Cate era sulla spiaggia, in piedi davanti al ministro e di fronte a Jackson, piena di un amore tale da indurla a chiedersi come avrebbe fatto a trovare le parole. Jackson aveva appena giurato di essere sempre presente, di amarla, di prendersi cura di lei e di proteggerla, e lo aveva fatto con una voce che assomigliava molto a quella con cui, nell'immaginazione di Cate, Rondol si sarebbe rivolto a Serena.

Cate strinse le dita intorno alla mano di Jackson. Mentre iniziava a parlare, le lacrime le offuscarono la vista.

"Ti amo, Jackson, più di quanto tu possa immaginare. Ho fatto tesoro del mio mondo inventato e dell'eroe e dell'eroina innamorati, che affrontano sfide e sopravvivono. Tuttavia, ora so che ho sempre scritto di te. *Tu* sei il mio eroe. Mi hai dato l'amore e la fiducia di cui avevo bisogno per crescere. Ma soprattutto, mi hai permesso di imparare come l'onestà, la fiducia e la gentilezza possano esercitare la loro magia su una giovane donna che ha paura di aprire il proprio cuore all'idea di una famiglia amorevole. Prometto di cercare di essere tutto ciò che tu sei per me, di prendermi cura di te e di stare al tuo fianco per il resto della nostra vita. Te lo prometto con tutta me stessa."

Jackson la prese tra le braccia, la baciò e approfondì il bacio quando lei rispose.

Dopo qualche secondo, il ministro disse: "Credo che sia superfluo dichiararvi marito e moglie."

Ridacchiando, Cate e Jackson si separarono.

Il piccolo gruppo di persone intorno a loro iniziò ad applaudire.

Cate guardò i presenti e il cuore le si riempì di gratitudine. Lo sguardo si posò su Brooke e Amber, le ragazze della spiaggia, le sue più care amiche. In quel momento, con loro che la incitavano, Jackson al suo fianco e Buddy ai suoi piedi, si sentiva come Serena. Ma non era una fantasia, era la realtà.

Sopraffatta da tutto ciò che le era stato dato, guardò coloro che la circondavano, poi, rivolta al cielo blu luminoso e a chiunque potesse sentire, disse dolcemente: "Grazie!"

# # #

Grazie per aver letto *Le ragazze della spiaggia*. Se ti è piaciuto questo libro, aiuta gli altri lettori a trovarlo con una recensione su Amazon, Goodreads, BookBub, o il tuo sito preferito. È un gesto piccolo ma importante.

Per ulteriori letture, ecco i link agli altri libri della collezione Seashell Cottage:

Cambiamento di cuore:

https://www.amazon.com/Change-Heart-Seashell-Cottage-Book-ebook/dp/B07RBDNWH1/ref=sr_1_23?keywords=judith+keim&qid=1557008773&s=gateway&sr=8-23

Un viaggio in auto da ricordare:

https://www.amazon.com/gp/product/B08XJZB8S4/ref=dbs_a_def_rwt_hsch_vapi_tkin_p3_i2

Un'estate di sorprese:

https://www.amazon.com/Summer-Surprises-Judith-Keim-ebook/dp/B0883XJ9RX/ref=sr_1_12

Una stella di Natale:

https://www.amazon.com/Christmas-Star-Judith-Keim-ebook/dp/B07HXQ14G4/ref=sr_1_2

Iscriviti alla mia newsletter per ricevere un racconto gratuito. Le mie newsletter sono brevi e divertenti, con omaggi, ricette e le ultime, imperdibili notizie su di me e sui miei libri. Benvenuti! Ecco il link:

https://BookHip.com/RRGJKGN

L'autrice

Judith Keim, **autrice di bestseller per *USA Today***, è un'autrice che ha un editore e pubblica autonomamente alcune delle sue storie. Scrive romanzi commoventi su donne che affrontano sfide inaspettate con forza e trovano l'amore e la felicità lungo la strada: storie che hanno un cuore. I suoi libri più venduti si basano, in parte, su molti dei luoghi in cui ha vissuto o che ha visitato e sulle persone interessanti che ha incontrato. La signora Keim crea ambientazioni realistiche e personaggi credibili amati dai suoi numerosi e fedeli lettori.

Ha trascorso l'infanzia e la giovinezza a Elmira, New York, e ora vive a Boise, Idaho, con il marito Peter, i due bassotti Winston e Wally e altri membri della famiglia.

La signora Keim ama sentire le opinioni dei lettori e apprezza il loro entusiasmo per le storie che scrive.

TUTTI I LIBRI SONO ORA DISPONIBILI IN AUDIO su Audible, iTunes, Findaway, Kobo e Google Play! È molto divertente avere questi personaggi che prendono vita!

La signora Keim può essere contattata tramite il sito web www.judithkeim.com.

E per mettere "Mi piace" alla sua pagina su Facebook e tenersi aggiornati sulle novità, basta andare su: **http://bit.ly/2pZWDgA**

Per ricevere notifiche relative a nuovi libri, seguitela su Book Bub:

https://www.bookbub.com/authors/judith-keim

Iscriviti alla mia newsletter e ricevi un racconto gratuito. Le mie newsletter sono brevi e divertenti, con omaggi, ricette e le ultime, imperdibili notizie su di me e sui miei libri. Benvenuti! Ecco il link:

https://BookHip.com/RRGJKGN

La signora Keim è anche su Twitter @judithkeim, LinkedIn, and Goodreads. Passa a salutarla!

Ringraziamenti

Come sempre, sono eternamente grata al team editoriale, costituito da Peter Keim e Lynn Mapp, alla designer di copertine, Lou Harper, e alla narratrice per Audible e iTunes, Angela Dawe. Sono le persone che prendono ciò che scrivo e mi aiutano a trasformarlo nel libro che presento con orgoglio a voi, i miei lettori! Desidero anche ringraziare il mio gruppo di scrittori che mi ascoltano e mi incoraggiano ad andare avanti. Grazie a Peggy, Lynn, Cate, Nikki Jean e Megan. Un grazie speciale a te, dolce lettrice/lettore, per il continuo sostegno e l'incoraggiamento.

www.ingramcontent.com/pod-product-compliance
Lightning Source LLC
Chambersburg PA
CBHW061555190726
48288CB00007B/2045
9781962452403